RÉGION ET DÉVELOPPEMENT

n° 50-2019

Le rôle des institutions dans la croissance économique en Afrique

L'Harmattan

REVUE RÉGION ET DÉVELOPPEMENT

Revue fondée en 1995 par Gilbert Benhayoun et Maurice Catin

Revue semestrielle référencée dans ECONLIT et dans IDEAS (REPEC)

Site web : www.regionetdeveloppement.org

ISSN 2117-0843

5-7, rue de l'Ecole-Polytechnique, 75005 Paris

http://www.editions-harmattan.fr

ISBN : 978-2-343-19009-9

EAN : 9782343190099

Région et Développement

n° 50-2019

Le rôle des institutions dans la croissance économique en Afrique

Coordonné par
Dalila NICET-CHENAF et Ines TROJETTE

Compte-rendu

Théophile Ahoua N'Doli, *Le réveil de l'éléphant d'Afrique.*
Tome 1 : Côte d'Ivoire : des élans maintes fois brisés.
Tome 2 : Côte d'Ivoire : de l'effondrement au sursaut.
(par Guéby Joseph DAGO)

Région et Développement

n° 50-2019

www.regionetdeveloppement.org

Introduction

Le rôle des institutions dans la croissance économique en Afrique

Dalila NICET-CHENAF* et Ines TROJETTE**

Au cours des dernières décennies, les pays asiatiques ont connu une croissance soutenue grâce à leur ouverture commerciale, un accès plus facile aux chaînes de valeur mondiales (CVM) et à l'attraction d'investissements directs étrangers (IDE). Ils ont renforcé leur industrialisation et accéléré leur changement structurel (Kim et Lau, 1994 ; Young, 1995 ; Hausmann et Hwang, 2007 ; Iapadre et Memedovic, 2009). La part de l'industrie dans la valeur ajoutée des pays d'Asie de l'Est et du Pacifique a ainsi régulièrement augmenté pour atteindre 37,1% de la valeur de leur PIB en 2006, après quoi elle a amorcé une baisse relative en faveur du secteur des services notamment à haute valeur ajoutée. Actuellement, l'industrie de ces pays représente environ 30% de la valeur ajoutée mondiale (selon les données de la Banque mondiale).

Dans le même temps, la plupart des pays africains n'ont pas réussi à la fois à exploiter pleinement le potentiel de leur capital humain et à diversifier leur production industrielle et leurs exportations dans un contexte de concurrence croissante. L'Afrique reste la région la moins industrialisée du monde. Ainsi, dans les pays d'Afrique subsaharienne (ASS) la part de la valeur ajoutée industrielle dans leur PIB a diminué régulièrement au cours des trois dernières décennies. En 2018, l'industrie de ces pays ne représentait que 24% de leur PIB. La même année, la part de l'ASS dans la valeur ajoutée industrielle mondiale n'était que d'environ 2,2% (données Banque mondiale).

Les faibles résultats des pays d'Afrique subsaharienne au regard des industries manufacturières peuvent avoir plusieurs origines comme une forte spécialisation dans les ressources naturelles et une industrialisation tardive. En effet, à l'époque de leur transformation structurelle, un grand nombre de pays asiatiques disposait de surfaces et de ressources naturelles limitées mais d'un grand nombre de travailleurs qualifiés et faiblement rémunérés. En outre, ils étaient confrontés à un marché mondial dans lequel le secteur manufacturier était largement dominé par les pays industriels à salaires élevés. En conséquence, leur itinéraire de transformation vers une production à plus forte valeur ajoutée a pu d'abord passer par des activités manufacturières à bas salaires. Aujourd'hui, les pays d'ASS sont dans une situation assez différente. Ils disposent en général d'abondantes terres et ressources naturelles,

* LAREFI, Université de Bordeaux ; bnicet@yahoo.com
** ESPI, Paris ; inestrojette@hotmail.fr

tout en étant confrontés à un marché mondial dont de nombreux segments sont déjà dominés par des économies pratiquant de bas salaires. Les dotations en ressources naturelles et les conditions du marché favorisent donc un mode de transformation dans lequel les secteurs primaires et celui des services sont prépondérants.

En Afrique subsaharienne, le déclin relatif du secteur agricole n'a ainsi pas été marqué ces dernières décennies. Au début des années 1980, l'agriculture représentait 23 % du PIB de l'Afrique subsaharienne, alors qu'elle représente encore 16 % du PIB en 2017 (données Banque mondiale). Le rapport OCDE/FAO (2018) prévoit même une forte croissance de la production agricole dans cette région au cours de la prochaine décennie, cependant cette croissance ne sera pas due à une augmentation de la productivité agricole mais à une expansion des terres arables (Brink et Eva, 2009). Comme le note le rapport du NEPAD (2014), la productivité par travailleur n'a augmenté que de 1,6% en Afrique au cours des 30 dernières années, contre 2,5% en Asie. L'extension de l'agriculture à des surfaces non cultivables et l'utilisation des engrais constituent les principales explications des différences de productivité du travail dans l'agriculture entre l'ASS et l'Asie.

En ASS, c'est le secteur des services qui a pris de l'importance, puisqu'il représente aujourd'hui plus de 53% du PIB en 2018. Cependant, Timmer et al. (2015) et MacMillan et al. (2014 et 2016) montrent que si, au cours des dernières décennies, le transfert de main-d'œuvre s'est fait en faveur des secteurs de services, ce sont surtout les secteurs à faible productivité qui en ont bénéficié (par exemple, la construction, le commerce de gros et de détail). Toutefois, la hausse de la productivité des services dans certains pays à revenu intermédiaire comme l'Afrique du Sud et le Botswana a été comparable, voire meilleure, au cours des dix dernières années à celle des pays asiatiques à revenu intermédiaire (Indonésie, Philippines). Les gains de productivité ont aussi été élevés dans certains pays comme le Mali et le Sénégal, ce qui confirme l'idée qu'un certain nombre de pays d'ASS suit sans doute un processus de développement favorisant les services, aidé par la révolution numérique, plutôt que la production manufacturière.

Le bilan pour l'Afrique est donc lourd, en contraste avec celui des pays d'Asie de l'Est et du Pacifique : une agriculture à faible productivité qui peine à dégager des excédents, un secteur des services qui progresse souvent dans des activités à faible valeur ajoutée et un faible niveau d'industrialisation.

Pour expliquer ces échecs africains, deux types d'approches ont été proposées. Dans la première approche, les études expliquent pourquoi le changement structurel n'a pas vraiment lieu ou va dans la mauvaise direction et finalement pourquoi les performances économiques des pays sont médiocres. Cette littérature empirique et théorique met généralement en avant les rôles asymétriques du commerce international (Bourguignon et Verdier, 2005 ; Galor et Mountford, 2008 ; Muendler, 2010 ; Nicet-Chenaf et Rougier, 2011), de la spécialisation dans les ressources minières ou pétrolières et le développement des activités nouvelles qui semblent trop risquées aux entrepreneurs (Hausmann et Rodrik, 2003 ; Kangning et Jian, 2006 ; Dasgupta et al., 2008 ; MacMillan et Rodrik, 2011). Elle met également l'accent sur la faible profondeur du secteur financier (Acemoglu et Zilibotti, 1997 ; Estrada et al., 2010) et, au-delà, sur les rigidités du marché, les réglementations excessives et les capacités d'ajustement limitées (Hopenhayn et Rogerson, 1993 ; Bertola, 1994 ; Rodriguez et Rodrik, 2001 ; Boeri et Terrel, 2002 ; Bolaky et Freund, 2004 ; DasGupta et al., 2008 ; Chang et al., 2009 ; Helpman et al., 2010). L'ensemble de ces travaux précise donc les mécanismes par lesquels l'absence de changement structurel peut être liée à une faible croissance.

Dans une autre approche, des études plus récentes insistent plutôt sur les conditions générales dans lesquelles la politique économique peut être menée efficacement dans les économies en développement (Banerjee et Duflo, 2014). La transparence, la qualité administrative et institutionnelle, l'absence de corruption et de clientélisme, le niveau élevé de responsabilité publique et les incitations et sanctions (carotte et bâton) sont généralement mentionnés (Rodrik, 2008a et 2008b). Ces études empiriques tentent de mettre en évidence les mécanismes par lesquels des institutions imparfaites affectent la croissance, que ce soit sur le plan de la productivité et de l'accumulation du capital (Hall et Jones, 1999 ; Acemoglu et al., 2005), en lien avec le développement financier (La Porta et al., 1997 et 1998), ou sur le plan des avantages comparatifs dans le commerce (Dollar et Kraay, 2002 ; Costinot, 2009), des IDE (Trojette, 2016) et de la diversification des exportations (Bénassy-Quéré et al., 2007). Des auteurs avancent aussi la faible protection des droits de propriété qui peut décourager les investisseurs (Engerman et Sokoloff, 1997 ; Acemoglu et al., 2003).

Il apparaît dans ces travaux que les déterminants standards des performances économiques (accumulation du capital humain et physique, développement financier, ouverture commerciale) ne peuvent aujourd'hui s'analyser sans que ne soient introduits dans la réflexion la place et le rôle des institutions. L'objet du présent numéro est justement de considérer les trajectoires de croissance des pays d'ASS et leurs déterminants à travers le prisme de la qualité des institutions.

Faibles performances économiques : principaux déterminants et effet des institutions

En expliquant les échecs africains, en particulier en Afrique subsaharienne, la littérature empirique et théorique propose généralement plusieurs pistes de réflexion.

La première voie d'analyse concerne le rôle asymétrique joué par le commerce international qui, le cas échéant, peut ralentir la transition démographique dans les pays non industrialisés ou accélérer les investissements en capital humain dans les pays industrialisés. Ce résultat conduit à l'idée que le commerce international pourrait être à l'origine de la "grande divergence" (Galor et Mountford, 2008). De même, selon Bourguignon et Verdier (2005), une ouverture au commerce mondial avant de s'assurer d'un niveau satisfaisant de performance pour les activités à forte intensité de compétences peut enfermer une économie pauvre dans un équilibre de bas niveau en raison d'une diminution à la fois du prix relatif de la main-d'œuvre qualifiée et de l'investissement en capital humain. L'ouverture commerciale peut également décourager la répartition des compétences dans des circonstances où la spécialisation des pays est moins axée sur des productions nécessitant du travail qualifié (Muendler, 2010).

Les études empiriques montrent également que l'ouverture au commerce et aux entrées de capitaux accélère la diversification et les transferts technologiques et entretient le processus de croissance (Imbs et Warcziarg, 2003 ; Cadot et al., 2011 ; Javorcik, 2010 et 2012). De même, le renforcement de la capacité d'un pays à produire et exporter des biens plus complexes permet de créer plus de revenus et conduit à une distribution supplémentaire de richesse à la population. La diversification vers des produits ayant des retombées plus importantes et des effets d'entraînement sur d'autres secteurs peut aussi contribuer à créer des emplois formels et inciter les en-treprises informelles à rejoindre le secteur formel. Il a été également montré que de faibles niveaux de diversification commerciale réduisent l'impact des IDE sur la croissance (Nicet-Chenaf et Rougier, 2011). Selon cette dernière étude les économies peu diversifiées sont confrontées à trop peu de facteurs complémentaires et de capacités d'absorption pour obtenir des effets d'entraînement positifs.

La plupart des pays africains exportent effectivement peu de produits transformés. Cette concentration des exportations autour de certains produits agit sur leurs performances et sur la qualité des emplois. Cependant, pour la majorité des pays africains, la difficulté ne réside pas dans le niveau d'intégration à l'économie mondiale. L'Afrique est déjà ouverte au commerce international et reliée à des CVM. L'amélioration des mesures de facilitation des échanges (logistiques et douanes), les politiques de protection de la propriété intellectuelle, les infrastructures commerciales et l'approvisionnement électrique participent à l'essor de ces chaînes de valeur régionales (CVR). Le problème tient plus à la mauvaise qualité de cette intégration régionale. Comme le souligne le FMI (IMF, 2016), un accord d'intégration régionale ne provoque pas automatiquement des flux commerciaux soutenus ou la création de CVR. En effet, les entreprises locales ont besoin de politiques de soutien pour atteindre la frontière technologique et exploiter les débouchés commerciaux. Ces politiques peuvent passer par une amélioration des infrastructures routières et portuaires, des procédures de dédouanement ou des politiques permettant la baisse des coûts de transaction et la facilitation des échanges. L'étude de **Ludé Djam'Angai et Thérèse Elomo Zogo** proposée dans ce numéro spécial s'inscrit dans la lignée de ces analyses qui soulignent la nécessité des politiques et des réformes d'accompagnement à l'insertion internationale. Ils mettent l'accent sur l'importance du cadre juridique et du délai à l'exportation dans la facilitation des échanges et l'attractivité des IDE en Afrique subsaharienne.

Il faut noter de manière générale le rôle des rigidités, des réglementations excessives et des capacités d'ajustement limitées. Les changements structurels et la croissance peuvent être entravés par l'existence de contraintes à la réaffectation de la main-d'œuvre (Hopenhayn et Rogerson, 1993 ; Bertola, 1994), de compétences ou de capital physique d'une activité à une autre, surtout lorsque les entreprises exportatrices appartiennent au secteur des ressources naturelles. Des analyses ont montré que lorsque les réallocations de facteurs sont limitées par les distorsions du marché, les réformes commerciales peuvent avoir des effets négatifs sur l'emploi, l'inégalité salariale (Helpman et al., 2010), la spécialisation et au final sur le bien-être global (Bolaky et Freund, 2004). Pour Chang et al. (2009) et Rodriguez et al. (2001), la libéralisation du commerce sans réformes structurelles ou complémentaires appropriées peut avoir des effets négatifs sur une économie en transition (Boeri et Terrel, 2002 ; Dasgupta et al., 2008). Ces réformes complémentaires doivent permettre la libre concurrence, le développement financier, l'amélioration du capital humain et une mobilité supérieure de la main-d'œuvre. L'article de Ludé Djam'Angai et Thérèse Elomo Zogo analyse à partir d'un modèle gravitaire le rôle de ces rigidités au regard de l'insertion internationale de 14 pays d'ASS. Ils montrent ainsi les effets néfastes de ces réglementations excessives et du non-respect des contrats sur les échanges et les flux d'IDE.

La deuxième voie de réflexion explore la notion selon laquelle, même en l'absence de rigidités du marché, la réaffectation des facteurs vers des activités plus productives n'est pas systématique lorsque la demande mondiale emprisonne un pays dans une spécialisation basée sur les ressources et lorsque les nouvelles activités semblent les plus risquées (Hausmann et Rodrik, 2003 ; MacMillan et Rodrik, 2011). Par exemple, Dasgupta et al. (2008) ont montré que le faible impact du commerce et de l'IDE sur l'emploi dans les pays de la région MENA peut s'expliquer par une forte concentration des exportations tant dans les activités en aval, comme les industries énergétiques à forte intensité de capital (gaz raffiné, engrais ou plastiques), que dans les produits à faible croissance et faible valeur ajoutée, comme pour les produits non pétroliers. En ce qui concerne le cas des provinces chinoises possédant des ressources naturelles abondantes, Kangning et Jian (2006) ont indiqué que ces facteurs ne sont pas favorables au développement économique ou à l'industrialisation parce que le secteur des ressources concentre trop de capitaux au détriment des autres secteurs. Une croissance basée sur les exportations de biens primaires peut aussi affecter l'accumulation du capital humain comme cela a pu être mis en évidence par Hou et Karayalcin (2019) en Amérique latine. Le continent africain connaît typiquement ce genre de problème puisque les IDE y ont représenté 2,5 % du PIB entre 2009 et 2016 mais ils sont fortement concentrés dans le secteur extractif (36 % du total des IDE). Cette concentration a ainsi limité les retombées sur les économies locales puisqu'ils n'ont pas provoqué de nouveaux investissements domestiques ni créé assez d'emplois.

Plus récemment, l'analyse d'une bonne complémentarité entre une agriculture plus productive et les processus d'industrialisation a été remise au gout du jour par plusieurs études (Paulo et De Souza, 2015). Dans ces dernières, une agriculture productive et innovante reste une condition initiale nécessaire pour générer à la fois des excédents qui sont exportés mais aussi des revenus qui peuvent être dirigés vers le secteur industriel. La modernisation de la structure productive peut alors être obtenue par une accumulation accrue de capital (Engerman et Sokoloff, 1997 et 2002 ; Acemoglu et al., 2001 et 2005 et Galor et al., 2009).

Un système financier profond assurant une accélération de l'accumulation du capital et par conséquent la formation d'une base industrielle solide est également suggéré comme un déterminant des transformations structurelles (Acemoglu et Zilibotti, 1997 ; Estrada et al., 2010). La faiblesse du secteur financier dans les pays en développement est alors considérée comme un obstacle à la création de nouvelles activités et au changement structurel. Il en va de même pour les flux financiers illicites (FFI) qui privent les pays de ressources qui pourraient servir à la redistribution, au financement de biens publics et à la stimulation d'investissements privés dans les entreprises locales. Chaque année, l'Afrique perd ainsi 50 milliards USD à cause de ces FFI (CEA/CUA, 2017), ce qui représente une somme équivalente à l'aide publique au développement en faveur du continent. Les FFI émanent de cinq grandes sources : les pots-de-vin, l'évasion fiscale, les revenus liés à des activités criminelles, et le transfert des bénéfices des entreprises vers des juridictions fiscales favorables (Reuters, 2017). **Chérif Sidy Kane et Idrissa Yaya Diandy** reviennent dans ce numéro sur le lien fort qui existe entre la qualité des institutions, le développement financier et la croissance économique en Afrique subsaharienne. Ils montrent qu'il existe bien, selon le niveau de revenu des pays, une relation de double causalité entre le développement financier et la croissance et que celle-ci est plus forte lorsque la qualité des institutions s'améliore. Ils valident ainsi l'hypothèse de seuils institutionnels (Trojette, 2016) qui une fois passés autorisent les pays à accéder à de meilleures performances.

Si un grand nombre de travaux, tels ceux qui viennent d'être présentés, soulignent le bien-fondé des déterminants jusqu'ici mis en évidence, il apparaît que les changements structurels doivent s'analyser plus en profondeur à la lumière de la qualité des institutions.

Le rôle affirmé des institutions dans le changement structurel

A la lumière des travaux de Noland et Pack (2007) et de ceux de la Banque mondiale (World Bank, 2009), la bureaucratie, les climats de corruption et de recherche de rente établis par les régimes autocratiques et leurs systèmes administratifs ont accru l'incertitude quant aux règles du jeu, entravant finalement l'investissement privé et bloquant finalement le changement structurel et la croissance dans certains pays, notamment ceux d'Afrique subsaharienne. Les réformes institutionnelles ont ainsi souvent été présentées comme des facteurs déterminants du développement économique des pays (Easterly et al., 1997).

Parmi les diverses dimensions institutionnelles qui entravent les investissements et en fin de compte, les changements structurels et la croissance, la corruption a été régulièrement mise en évidence. Ces dernières années, la corruption a été analysée alternativement comme un facteur d'efficacité, graissant les rouages de systèmes excessivement réglementés, ou comme une entrave à l'esprit d'entreprise (sable dans les rouages), car elle exacerbe l'incertitude et les coûts de transaction (Aidt, 2003). Plusieurs études empiriques confirment ainsi l'existence d'une relation significative mais négative entre la corruption et l'investissement (Mauro, 1995 et 1999). Pour Noland et Pack (2007) et la Banque mondiale (World Bank, 2009), le climat de corruption et de recherche de rente instauré par les régimes autocratiques et leurs systèmes administratifs a par exemple accru l'incertitude quant aux règles du jeu, entravant ainsi l'investissement privé et bloquant finalement les changements structurels. Même si certains de ces résultats restent fragiles, ils semblent pour la plupart significatifs pour les pays d'Afrique (Gyimah-Brempong, 2002). Dans ce présent numéro, **Fabrice Nguegang, Luc Nembot Ndeffo et Germain Ndjieunde**, dans le cadre d'un modèle PTR appliqué à 41 pays d'ASS, reviennent sur l'impact différencié de la lutte contre la corruption et de la stabilité politique sur la croissance et les IDE, où différentes communautés régionales sont considérées comme la CAE, la CEEAC, la CEDEAO et la SADC. Les auteurs montrent que de manière générale la qualité du service public, le poids des réglementations, et la primauté du droit ont un rôle important au regard de l'impact des IDE sur la croissance économique en Afrique subsaharienne. Ils peuvent exercer un rôle de catalyseur.

Les études d'économie politique sur les pays de la région MENA ont souvent souligné l'incapacité des gouvernements à réformer en profondeur les institutions et les réglementations commerciales (Banque mondiale, 2009 ; Aysan et al., 2007 ; Banque mondiale, 2009). Ces échecs ont peut-être suscité des appels soudains à la transition politique, comme l'ont mis en évidence les révolutionnaires tunisiens et égyptiens qui ont souligné la nature corrompue des relations entre l'État, l'administration et la société civile. Le clientélisme (Robinson et al., 2014), les "éléphants blancs" (Robinson et Torvik 2005) et d'autres relations déficientes entre l'État et les entreprises ont aussi souvent été évoqués pour décrire les pays africains. Dans ce numéro spécial c'est sur ce point que **Hibrahim Limi Kouotou et Boniface Ngah Epo** éclairent l'analyse. Ils montrent, en distinguant le court du long terme, les effets significatifs de la démocratie et de l'alternance des chefs d'Etat au pouvoir dans la croissance économique en Afrique subsaharienne. Il en va de même pour la contribution de **Lewis Landry Gakpa** qui montre, en ébauchant un modèle à équations simultanées dynamique, que l'instabilité politique affecte la croissance économique aussi bien directement qu'indirectement, à travers les IDE notamment, et qu'il est impératif pour les pays d'ASS de veiller à la qualité des institutions pour prévenir les conflits internes et externes et agir sur les problèmes de la corruption.

L'investissement privé en Afrique n'a atteint que 15 % du PIB en moyenne entre 2009 et 2016, nettement sous le chiffre de la moyenne asiatique de 24 % et la moyenne des pays d'Amérique latine et Caraïbes de 17 %. Pour expliquer les faibles niveaux d'investissements privés et de croissance observés dans les pays en développement, plusieurs auteurs soulignent le rôle de la qualité administrative. Par exemple, pour un échantillon d'économies en développement, Aysan et al. (2007) montrent que l'investissement privé est fortement influencé par la qualité des institutions, le contrôle de la corruption, la qualité bureaucratique, l'ordre public, le degré de stabilité politique et le degré de responsabilité publique. De manière générale, **Armand Totouom, Hervé Fotio Kaffo et Fabien Sundjo** soulignent que la qualité des institutions telles que la stabilité du gouvernement, l'absence de violence et d'actes de terrorisme, l'efficacité du gouvernement, la qualité de la régulation et l'application des lois ont un rôle prépondérant dans les transformations structurelles des pays d'ASS.

Les analyses ci-dessus montrent que la transformation structurelle des pays d'ASS est bel et bien en cours, mais à un rythme lent car les entreprises font toujours face à des techniques de gestion souvent de médiocre qualité (Aghion et al., 2017) et à une informalité qui réduit fortement les gains de productivité (De Vries et al., 2015). Les PME africaines dans le secteur manufacturier se heurtent toujours à d'importants coûts d'opportunité pour quitter le secteur informel, ce qui les décourage d'investir et de se moderniser (Rodrik, 2017). Le manque d'accès à des réseaux efficaces de commercialisation, aux labels de qualité et à la certification et à une demande soutenue empêche également les entreprises informelles de réinvestir leurs profits dans l'innovation ou l'amélioration de leurs produits. A cette succession d'entraves, il faut ajouter la corruption, le captage des rentes, la bureaucratie, les conflits internes, ou ethniques, etc. Le présent numéro spécial a pour ambition d'éclairer le débat sur les difficiles transformations structurelles des pays ASS justement à la lumière de la qualité des institutions.

Ce numéro a la particularité de ne contenir que des articles d'auteurs africains (Université ou Ecole au Cameroun, en Côte-d'Ivoire, au Sénégal, au Tchad ici) qui dévoile aussi l'émergence et la montée en puissance d'une production scientifique et d'une réflexion significative en économie.

RÉFÉRENCES

Acemoglu, D., Zilibotti, F. (1997) Was Prometheus Unbound by Chance? Risk, Diversification, and growth. *Journal of Political Economy* 105(4), 709-751.

Acemoglu, D., Johnson, S., Robinson, J.A. (2005) Institutions as a Fundamental Cause of Long-Run Growth. In: O. Aghion, P. and Durlauf, D. (eds.) *Handbook of Economic Growth.* Volume IA, Elsevier, 385-472.

Acemoglu, D., Johnson, S., Robinson, J.A., Thaicharoen, Y. (2003) Institutional causes, macroeconomic symptoms: volatility, crises and growth. *Journal of Monetary Economics 50(1)*, 49-123.

Acemoglu, D. Cantoni, D., Johnson, S., Robinson, J. (2001) The Consequences of Radical Reform: The French Revolution. *American Economic Review* 101.

Aghion, P., Bloom, N., Lucking, B., Sadun, R., Van Reenen, J. (2017) Turbulence, firm decentralization and growth in bad times. *NBER Working Paper* 23354.

Aidt, T.S. (2003) Economic Analysis of corruption: a survey. *The Economic Journal* 113(491), 632-652.

Aysan, A.T., Ersoy, Z., Véganzonès-Varoudakis, M.A. (2007) *Does the Perception of Governance Institutions Matter for Private Investment: the case of Middle East and North Africa.* In: Shinnick, E. (ed.) *Public Finance, Monetary Policy and Market Issues.* London, U.K: Part 1, Chapter 3, 69-102.

Banerjee, A., Duflo, E. (2014) Under the Thumb of history ? Political institutions and the scope for action. *NBER Working Paper 19848.*

Bénassy-Quéré, A. Coupet, M., Mayer. T. (2007) Institutional Determinants of Foreign Direct Investment. *The world Economy* 30(5), 764-782.

Bertola, G. (1994) Flexibility, investment, and growth. *Journal of Monetary Economics* 34 (2), 215-238.

Boeri, T., Terell, K. (2002) Institutional Determinants of Labor Reallocation in Transition. *Journal of Economic Perspectives* 16(1), 51-76.

Bolaky, B., Freund, C. (2004) Trade, Regulations, and Income. *Journal of Development Economics* 87(2), 309-321.

Bourguignon, F., Verdier, T. (2005) The Political Economy of Education and Development in an Open Economy. *Review of International Economics* 13(3), 529-548.

Brink, A.B., Eva, H. (2009) Monitoring 25 years of land cover change dynamics in Africa: A sample based remote sensing approach. *Applied Geography* 29(4), 501-512.

Cadot, O., Carrère, C., Strauss-Kahn, V. (2011) Export Diversification: What's behind the Hump? *Review of Economics and Statistics* 93(2), 590-605.

CEA (2017) *Accelerating industrialization in Southern Africa through Benefication and value addition*. Commission économique des Nations Unies pour l'Afrique, Addis Abeba.

Chang, R., Kaltani, L., Loayza, N. V. (2009) Openness can be good for growth: The role of policy complementarities. *Journal of Development Economics* 90(1), 33-49.

Costinot, A. (2009) An Elementary Theory of Comparative Advantage. *Econometrica,* 77(44), 1165-1192.

Dasgupta, D., Nabli, M.K., Pissarides, C., Varoudakis, A. (2008) Making trade work for jobs: international evidence and lessons for MENA. In: Nabli, M. K. (ed.) *Breaking the barriers to higher economic growth: better governance and deeper reforms in the Middle East and North Africa.* Washington DC: World Bank Publications, 39-61.

de Vries, G., Timmer, M., de Vries, K. (2015) Structural transformationin Africa: static gains, dynamic losses. *Journal of Development Studies* 51(6), 674-688.

Dollar, D., Kraay, A. (2002) Growth is Good for the Poor. *Journal of Economic Growth* 7, 195-225.

Easterly, W., R. Levine. (1997) Africa's Growth Tragedy: Policies and Ethnic Divisions. *Quarterly Journal of Economics* 113, 1203-1249.

Engerman, S. L., Sokoloff, K.L. (1997) Factor Endowments, Institutions, and Differential Paths of Growth among New World Economies: A View from Economic Historians of the United States. In: Haber, S. (ed.) *How Latin America Fell Behind.* Stanford University Press, 260-304.

Engerman, S. L., Sokoloff, K.L. (2002) Factor Endowments, Inequality, and Paths of Development among New World Economies. *NBER Working Paper 9259.*

Estrada, G., Park, P., Ramayand, E. (2010) Financial Development and Economic Growth in Developing Asia. *Asian Development Bank Working Papers Series* Number 233.

Galor, O., Mountford, A. (2008) Trading Population for Productivity: Theory and Evidence. *Review of Economic Studies* 75(4), 1143-1179.

Galor, O., Moav, O., Vollrath, D. (2009) Inequality in landownership, the Emergence of human-capital promoting institutions, and the great divergence. *The Review of Economic Studies* 76(1), 143-176.

Gyimah-Brempong, K. (2002) Corruption, economic growth, and income inequality in Africa. *Economics of Governance* 3(3), 183-209.

Hall, R., Jones, C.I. (1999) Why do some countries produce so much more output per worker than others? *The Quarterly Journal of Economics* 114(1), 83-116.

Hausmann, R., Hwang, J., Rodrik, D. (2007) What you export matters. *Journal of Economic Growth* 12(1), 1-25.

Hausmann; R., Rodrik, D. (2003) Economic development as self-discovery. *Journal of Development Economics 72,* 603-633.

Helpman, H., Itskhoki, O., Redding, S. (2010) Inequality and Unemployment in a Global Economy. *Econometrica* 78(4), 1239-1283.

Hopenhayn, H., Rogerson, R. (1993) Job Turnover and Policy Evaluation: A General Equilibrium Analysis. *Journal of Political Economy* 101(5), 915-938.

Hou, Y., Karayalcin, C. (2019) Exports of primary goods ans human capital accumulation, *Review of International Economics* 27(5), 1371-1408.

Iapadre, L., Memedovic, O. (2009) Structural Change in the World Economy: Main Features and Trends. *UNIDO Working Paper 24.*

Imbs, J., Wacziarg, R. (2003) Stages of diversification. *American Economic Review* 93(1), 63-86.

IMF (Internaltional Monetary Fund) (2016) Small States' Resilience to Natural Disasters and Climate Change-Role of the IMF. IMF Policy Paper, Washington, DC.

Javorcik, B.S. (2010) New Kids on the Block: Adjustment of Indigenous Producers to FDI Inflows. In: Porto G., and B. M. Hoekman (eds.), *Trade Adjustment Costs in Developing Countries: Impacts, Determinants and Policy Responses.* The World Bank and CEPR.

Javorcik, B.S. (2012) Foreign Direct Investment and International Technology Transfer. In: Caprio, G. (ed.) *The Evidence and Impact of Financial Globalization.* Elsevier Chapter 15.

Kangning, X., Jian, W. (2006) An Empirical Study of a Linkage Between Natural Resource Abundance and Economic Development. *Economic Research Journal* 01.

Kim, J.I., Lau, L.J. (1994) The sources of economic growth of the East Asian newly industrialized countries. *Journal of Japanese and International Economies* 8(3), 235-271.

La Porta, R., Lopez-de-Silanes, F., Shleifer, A., Vishny, R. (1997) Legal Determinants of External Finance. *The Journal of Finance* 52(3), 1131-1150.

La Porta, R., Lopez-de-Silanes, F., Shleifer, A., Vishny, R. (1998) Law and Finance. *Journal of Political Economy* 106(6), 1113-1150.

MacMillan, M., Rodrik, D., Sepilveda, C. (2016) *Structural Change, Fundamentals and Growth: A Framework and Case Studies.* Washington, DC: International Food Policy Research Institute.

MacMillan, M.S., Rodrik, D. (2011) Globalization, Structural Change and Productivity Growth. *NBER Working Paper Series* Number 17143.

Mauro, P. (1995) Corruption and Growth. *Quarterly Journal of Economics* 110(3), 681-712.

Mauro, P. (1999) The Effects of Corruption on Growth, Investment, and Government Expenditure: A Cross-Country Analysis. In: Elliot, K.A. (ed) *Corruption and the Global Economy*, Washington D.C.: Institute for International Economics, 83-107.

Muendler, M.A. (2010) Trade Reform, Employment Allocation and Worker Flows. In: Porto, G. and Hoekman, B.M. (eds.) *Trade Adjustment Costs in Developing Countries: Impacts, Determinants and Policy Responses.* The World Bank and Center for Economic Policy Research, 103-141.

NEPAD report (2014) Strategic plan 2014/2017. NEPAD planning and coordinating agency.

Nicet-Chenaf, D., Rougier, E. (2011) New exports matter: Discoveries, foreign direct investment and growth, an empirical assessment for Middle East and North African countries, *Journal of International Trade and Economic Development* 20(4), 507-533.

Noland, M., Pack, H. (2007) *The Arab economies in a changing world.* Washington, D.C. The Peterson Institute for International Economics.

OECD/FAO (2018) *Agricultural Outlook 2018-2027.* OECD Publishing, Paris/Food and Agricultural Organization of the United Nations, Rome.

Paulo, J., De Souza, A. (2015) Evidence of growth complementarity between agriculture and industry in developing countries. *Structural Change and Economic Dynamics* 34(C), 1-18.

Robinson, J.A., Torvik, R. (2005) White elephants. *Journal of Public Economics* 89(2-3), 197-210.

Reuters Thomson (2017) *Annual Report.*

Rodriguez, F., Rodrik, D. (2001) Trade policy and economic growth: a sceptic guide to the cross-national evidence. In: Bernanke, B. and Rogoff, K. (eds.). NBER Macroeconomics Annual 2000, Cambridge, MA: MIT Press , Volume 15, 261-325.

Rodrik, D. (2008a) Industrial Policy: Don't Ask Why, Ask How. *Middle East Development Journal* 1(2), 1-29.

Rodrik, D. (2008b) Second-Best institutions. *NBER Working Paper Series* Number 14050.

Rodrik, D. (2017) *Straight Talk on Trade: ideas for a sane world economy.* Princeton University Press.

Timmer, M. P., De Vries, G. J., De Vries, K. (2015) Patterns of Structural Change in Developing Countries. In: Weiss, J. and Tribe, M. (eds.), *Handbook of Industry and Development,* Routledge, 65-83.

Trojette, I. (2016) The Effect of Foreign Direct Investment on Economic Growth: The Institutional Threshold. *Région et Développement* 43, 112-138.

Young, A. (1995) The tyranny of numbers: Confronting the statistical realities of the East Asian growth experience. *Quarterly Journal of Economics* 110(3), 641-680.

World Bank (2009a) *From privilege to competition. Unlocking private-led growth in the Middle East and North Africa.* World Development Report. Washington, D.C.

World Bank (2009b) *Unlocking the employment potential in the Middle East and North Africa - Toward a new social contract.* World Development Report. Washington, D.C.

Région et Développement

n° 50-2019

www.regionetdeveloppement.org

Facilitation des échanges et flux d'investissements directs étrangers en Afrique subsaharienne

Ludé DJAM'ANGAI *

Thérèse ELOMO ZOGO **

Résumé – Cet article vise à déterminer les effets de la facilitation des échanges sur les flux d'investissements directs étrangers en Afrique subsaharienne. L'approche économétrique s'appuie sur le modèle de gravité augmenté fondé sur la méthode du Pseudo Maximum de Vraisemblance de la loi de Poisson (PPML). Les données utilisées couvrent la période de 2008 à 2012 et concernent 14 pays d'Afrique subsaharienne. Les résultats économétriques montrent que le cadre institutionnel et les délais à l'exportation constituent un frein pour les investissements directs étrangers en Afrique subsaharienne.

Classification JEL

F13, F18, F23

Mots-clés

Facilitation des échanges

IDE

Afrique subsaharienne

Les auteurs tiennent à remercier la revue et les évaluateurs pour leurs remarques qui ont permis d'améliorer la qualité de l'article.

* LAEREAG, Université de N'Djamena, Tchad ; djamangailude@gmail.com

** Université de Yaoundé II, Cameroun ; zogoastrid@yahoo.fr

1. INTRODUCTION

Les réflexions sur les coûts de transaction commerciale liés à la faiblesse du cadre institutionnel et à la mauvaise qualité des infrastructures physiques ont connu ces dernières années un regain d'intérêt avec le concept de facilitation des échanges (Portugal-Perez et Wilson, 2012).

Le contenu de la facilitation des échanges (FE) varie selon les définitions des organisations internationales et de la littérature sur le commerce international (OMC, 2015; Moïsé et Le Bris 2013; Portugal-Perez et Wilson, 2012). Il convient toutefois de rappeler que, quelle que soit la définition précise retenue, les mesures de facilitation des échanges visent à réduire les obstacles et les goulots d'étranglement qui freinent le mouvement des marchandises à l'échelle internationale et alourdissent les coûts commerciaux. Portugal-Perez et Wilson (2012) regroupent ces coûts en deux catégories. La première catégorie est celle de « hard infrastructure » faisant référence aux infrastructures physiques (routes, aéroports, rails, voie maritime ainsi que les technologies de l'information et de la communication). La deuxième catégorie appelée « soft infrastructure » considère l'environnement institutionnel.

Pour l'OCDE (2005), la FE profite à la fois aux gouvernements, aux entreprises et aux consommateurs. Les gouvernements tirent avantage de la FE grâce à la mise en œuvre de procédures efficaces aux frontières : elles permettent aux services douaniers de traiter davantage de marchandises et de mieux lutter contre la fraude, ce qui accroît les recettes publiques. Ensuite, lorsque les mesures de FE sont mises en place, les entreprises renforcent leur compétitivité en évitant des coûts d'immobilisation et d'improductivité et en livrant plus rapidement les produits à leurs clients.

Des installations aux frontières telles que les douanes et les bureaux de l'immigration se traduisant par des déficiences administratives et règlementaires limitent la capacité des actifs infrastructurels à fournir les services appropriés. Le cadre institutionnel apparaît alors comme un obstacle aux échanges commerciaux (Teravaninthorn et Raballand, 2008). A l'inverse, l'amélioration du cadre institutionnel à travers la simplification des procédures est de nature à encourager et attirer les entreprises dans leurs activités de production (François et Manchin, 2013).

Les différents obstacles aux échanges s'interprètent comme des barrières aux investissements directs étrangers (IDE) (Christopher et Tabitha, 2015) et ne créent pas pour les pays hôtes un environnement favorable pour l'attraction des IDE sur leur territoire (Ghazouani, 2005).

Généralement, l'IDE est motivé par des facteurs d'impulsion et d'attraction. Les facteurs d'impulsion dépendent du pays d'origine comme sa croissance et la taille du marché. Par contre, les facteurs d'attraction dépendent d'autres facteurs liés aux politiques nationales et aux caractéristiques économiques propres des pays hôtes (voir OCDE, 2010). Pour cette raison, Wilhelms et Witter (1998) ont montré que les IDE sont sensibles aux facteurs institutionnels (taxe, lois, stabilité politique, corruption, appareil judiciaire, fonctionnement de l'administration publique), à la qualification de la main-d'œuvre (niveau d'instruction) et au développement du secteur privé facilité par l'État central (amélioration de l'environnement des affaires, développement de l'entrepreneuriat).

Bien qu'il existe une abondante littérature empirique sur les déterminants des IDE dans les pays en développement et en Afrique (Ajayi, 2006 et Anyanwu, 2011), il n'existe pas à notre connaissance d'étude spécifique sur l'impact de la facilitation des échanges sur les flux d'IDE entrant de manière générale en Afrique subsaharienne (ASS). Quelques rares travaux ont analysé l'impact de la facilitation des échanges sur les IDE au Kenya (Christopher et Tabitha, 2015) et dans les pays asiatiques (Duval et Utoktham, 2014). L'article proposé ici vise donc à combler ce manque de littérature, et ce à plusieurs égards. D'une part, le modèle utilisé inclut plusieurs gammes de variables de facilitation des échanges (*hard and soft infrastructure*) et, d'autre part, le modèle évalue les effets de la facilitation des échanges sur les IDE en utilisant des techniques économétriques avancées en rapport avec la nature des données et permettant de vérifier la robustesse des résultats.

Plusieurs aspects justifient le choix de l'Afrique subsaharienne comme champ d'investigation. Les flux d'IDE vers l'ASS ont fortement progressé depuis le milieu de l'année 2000, de l'ordre de 15 milliards $ US, pour atteindre 47,5 milliards en 2014[1] (voir graphique 2). En parallèle toutefois, l'ASS montre la présence de coûts d'échange élevés tenant à des faiblesses institutionnelles et en matière d'infrastructures. Selon le rapport sur les tendances de financement des infrastructures en Afrique réalisé par l'ICA en 2014, les contraintes telles que les incertitudes liées à la politique, les retards bureaucratiques et un manque de transparence restent un frein à l'augmentation des investissements pour les infrastructures. De plus, ces dernières années de nombreux pays de l'Afrique subsaharienne tels que le Mali, la Libye, le Soudan, le Niger, le Burundi, l'Angola, le Tchad, le Cameroun et la Centrafrique ont connu des problèmes d'instabilité politique, traduisant la fragilité des institutions dans ces pays.

Nous devons cependant souligner que la non-disponibilité des données pour certains pays de l'Afrique subsaharienne réduit l'analyse à 14 pays : Angola, Afrique du Sud, Congo, Nigéria, Éthiopie, Cameroun, Côte d'Ivoire, Gabon, Ghana, Kenya, Sénégal, Tchad, Zaïre, Zimbabwe.

En résumé, cet article cherche à déterminer les effets de la facilitation des échanges sur les flux d'IDE en Afrique subsaharienne et particulièrement les effets de la « *hard infrastructure* » et de la « *soft infrastructure* ».

Cet article est organisé comme suit. La section 2 présente la revue de littérature; la section 3 présente les faits stylisés sur l'évolution des coûts aux échanges et des IDE en Afrique subsaharienne; la section 4 présente une évaluation empirique des effets de la facilitation des échanges sur les flux d'IDE en ASS et la section 5 conclut.

2. LES EFFETS DE LA FACILITATION DES ÉCHANGES SUR LES IDE : UNE REVUE DE LA LITTÉRATURE

Il n'est pas aisé de donner une définition unique de la facilitation des échanges, même si elle est généralement vue comme un critère d'attraction des firmes multinationales dont les réseaux de production exigent de faibles coûts de transaction entre leurs implantations. Pour l'OMC (2013), la facilitation des échanges peut être perçue comme la simplification et l'harmonisation des procédures du commerce international. Ces procédures incluent les activités, les pratiques et les formalités impliquées dans la collecte, la présentation et la vulgarisation des informations exigées pour le mouvement international des marchandises. Moïse et Le Bris (2013) complètent cette définition en intégrant les facteurs qui sont directement liés au commerce international. Ceux-ci englobent l'amélioration des infrastructures de transport et de télécommunication, l'amélioration de l'environnement des affaires, du cadre de financement (procédures aux banques et assurances) et la réduction des crimes commerciaux comme les pirateries maritimes.

Dans la réalité, on peut affirmer que la facilitation des échanges renvoie simplement à la réduction des coûts liés au commerce, et concerne aussi bien l'amélioration des infrastructures physiques que l'environnement des affaires (Portugal-Perez et Wilson, 2012 ; OMC, 2015).

---

[1] Ces différents chiffres proviennent de la CNUCED.

Il convient de souligner que les IDE peuvent être classés en deux grands groupes, des IDE horizontaux et des IDE verticaux. La nature horizontale de l'IDE dépend souvent de la décision de la firme multinationale d'exporter ou de s'implanter à l'étranger pour satisfaire le marché étranger (Krugman et al., 2012). Une facilitation accrue des échanges tend à réduire le niveau des IDE horizontaux et favorise plutôt les exportations vers ce pays (Blonigen et al., 2005).

Par contre, les IDE verticaux prennent la forme d'activités de production de biens intermédiaires ou de produits finis par la multinationale. Sont souvent rangés dans cette catégorie les investissements étrangers dans les pays producteurs de pétrole ou de minerais. Asiedu (2006) a montré que la taille du marché et la disponibilité des ressources naturelles sont les déterminants indéniables dans le processus de décision de localisation des firmes multinationales en Afrique. Il convient également de signaler que les IDE verticaux découlent des conjectures d'avantage comparatif où les étapes de la production se situent dans différents pays en fonction du lieu où elles peuvent être réalisées à moindre coût. Comme ce processus s'accompagne d'échanges entre la société mère et ses filiales étrangères, le commerce et les IDE peuvent dans ce cas être considérés comme des activités complémentaires. Dès lors, des procédures efficaces et prévisibles à la frontière ont un effet attractif sur les IDE notamment verticaux (Olofsdotter et Persson, 2013).

Différentes études ont considéré la relation entre facilitation des échanges et IDE. Les auteurs (Walkenhorst et Yasui, 2003 ; Bernard et al., 2006) qui se sont penchés sur les aspects microéconomiques des mesures de facilitation des échanges montrent que celles-ci conduisent à des gains de compétitivité par la réduction des coûts fixes et augmentent aussi le nombre de firmes à l'exportation. D'autres travaux (Duval et Utoktham, 2014 ; Nguyen, 2015 et Olubiyi, 2015) ont conclu que les mesures visant la réduction des coûts commerciaux, par leurs effets d'entraînement et de redistribution, ont pour conséquence la promotion de l'attractivité des IDE.

Mukherjee et Kapoor (2017) montrent que la facilitation des échanges à travers la baisse des coûts commerciaux peut augmenter la motivation des entreprises étrangères si le marché du pays hôte est plus vaste que celui du pays d'origine et si la demande du pays d'accueil est plus élastique que celle du pays d'origine. De même en intégrant les tailles de marché des pays d'accueil et d'origine de la firme, ils montrent également qu'une baisse du coût commercial peut accroître les IDE en présence d'un marché concurrentiel où l'entreprise domestique est moins rentable que l'entreprise étrangère.

L'OMC (2015) établit une relation positive et significative entre la facilitation des échanges et les flux d'IDE dans 141 pays sur la période de 2004 à 2013. Une plus grande facilité des échanges réduit globalement les coûts liés au commerce de 14,3%. Ces coûts baissent entre 13 à 15 % dans les pays développés et de 17 % dans les pays moins développés.

Chimilila et al. (2014) étudient l'impact de la facilitation des échanges dans les pays de l'Afrique de l'Est en utilisant une approche descriptive. Les auteurs tendent à montrer que la réduction des coûts d'échange améliore la performance commerciale, les flux d'IDE et les revenus liés au commerce dans tous les pays de l'Afrique de l'Est.

Plusieurs études ont été réalisées au Kenya pour étudier les facteurs déterminant les flux d'IDE. Njoroge et Okech (2011) ont montré que le manque d'investissement étranger dans l'industrie des fleurs est expliqué par la faiblesse des infrastructures, et particulièrement des infrastructures de transport et de télécommunications. Ils ont montré également que des facteurs tels que le cadre réglementaire, les procédures, les lois du travail et les accords commerciaux régionaux ont plutôt encouragé les flux d'IDE dans ce pays.

Onyango et Kiriti-Nganga (2016) ont analysé les effets de la facilitation du commerce sur les IDE au Kenya sur la période 2001-2012. Les résultats indiquent que l'amélioration des indicateurs liés à l'environnement des entreprises, la qualité de l'infrastructure portuaire, le nombre de jours requis pour l'application des contrats et les activités qui améliorent la performance logistique sont des moteurs essentiels à l'entrée des IDE.

Christopher et Tabitha (2015) ont également analysé les effets de la facilitation des échanges sur les IDE au Kenya sur la période 2001-2012. S'appuyant sur le modèle de gravité avec l'approche du pseudo maximum de vraisemblance de la loi de Poisson (PPML). Ils montrent que l'environnement des affaires, l'infrastructure portuaire, le nombre de jours d'attente et la performance logistique sont les éléments d'attraction des IDE au Kenya.

3. ÉVOLUTION DES IDE ET DES COÛTS LIÉS AUX ÉCHANGES EN AFRIQUE SUBSAHARIENNE : QUELQUES FAITS STYLISÉS

3.1. Coûts aux échanges

Depuis 2007, la Banque mondiale publie un indicateur de performance logistique internationale (LPI) qui est un indicateur composite de différents critères (dédouanement, infrastructures, organisation des expéditions, qualité des services, suivi et traçabilité, ponctualité). Il est compris entre 1 et 5 où 5 correspond à la meilleure performance et 1 la moins bonne. Pour l'ASS cet indicateur est faible et tourne en moyenne autour de 2,15 pour les périodes 2008, 2010 et 2012, ce qui montre la présence de coûts d'échange élevés.

En s'intéressant au rapport 2015 *« Doing Business »* de la Banque mondiale, il apparaît que pour exporter un conteneur de marchandises de l'ASS, il faut dépenser en moyenne 2200,7 $US et fournir en moyenne 8 documents. Du côté de l'importation d'un conteneur, ces valeurs sont en moyenne de 2931 $US et de 9 documents. Pour les pays développés comme ceux à revenu élevé de l'OCDE, ces valeurs sont divisées par deux. Ainsi, l'exportation d'un conteneur de marchandises pour ces pays coûte en moyenne 1080 $US environ et exige seulement 4 documents. Le coût de l'importation d'un conteneur est de 1100 $US en moyenne et mobilise seulement 4 documents. Le temps nécessaire pour le déplacement des marchandises reste plus élevé en ASS que partout ailleurs. Il faut en moyenne 31 jours environ pour exporter et 38 jours environ pour importer. Ces valeurs sont le triple de celles rencontrées dans les pays à revenu élevé de l'OCDE (environ 11 jours pour exporter et 10 jours pour importer) (World Bank, 2015).

Au regard du graphique 1, les coûts à l'exportation d'un conteneur (CCX) sont plus élevés au Ghana que dans les aux autres pays de l'ASS. Les procédures et les délais d'échange (DELX) sont très longs en Afrique centrale, notamment au Tchad et en Angola. Le nombre de documents demandés à l'exportation (DOCX) est élevé en Angola, au Nigéria et en Côte d'Ivoire. Cette mauvaise qualité des institutions concernant le transit apparaît comme une taxe déguisée. Freud et Rocha (2010) ont montré qu'en Afrique, une augmentation d'une journée de transit réduit les exportations de 7%.

Le tableau 1 présente une comparaison au niveau régional des six dimensions des coûts de transaction. Elles constituent une mesure normalisée et internationalement comparable des conditions requises en matière de documents, de délais et de coûts monétaires associés au commerce international. Les chiffres indiquent que l'Afrique subsaharienne reste de loin l'une des régions où le commerce international est le plus coûteux, tout comme l'Europe orientale et l'Asie centrale où la part des pays sans littoral est toutefois plus élevée (CEA, 2006, 2013).

Graphique 1. Coûts des transactions commerciales internationales en Afrique subsaharienne sur la période 2006-2014

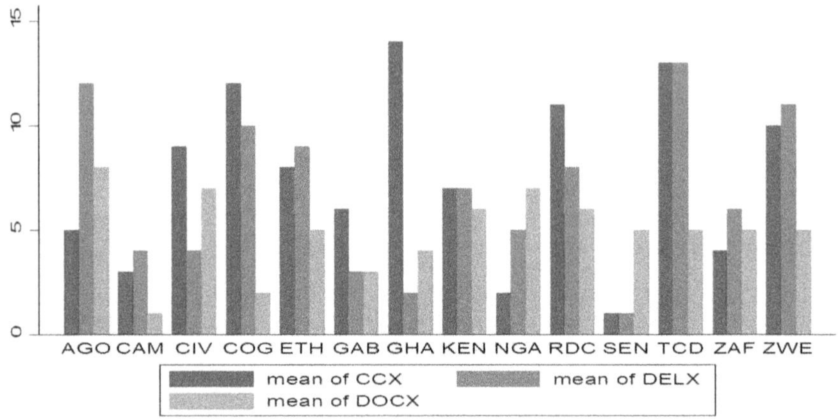

Moyenne arithmétique en ASS des documents (DOCX), des coûts (CCX), des délais à l'exportation (DELX). Pays : AGO=Angola, CAM=Cameroun, CIV=Côte d'Ivoire, COG=Congo, ETH=Éthiopie, GAB=Gabon, GHA=Ghana, KEN=Kenya, NGA=Nigéria, RDC=République Démocratique du Congo, SEN=Sénégal, TCD=Tchad, ZAF=Afrique du Sud et ZWE= Zimbabwe. Source : construction des auteurs.

Tableau 1. Coûts des transactions commerciales internationales, moyennes régionales en 2012

	Documents à l'export (nombre)	Durée à l'export (jours)	Coûts à l'export ($ US par conteneur)	Documents à l'import (nombre)	Durée à l'import (jours)	Coûts à l'import ($ US par conteneur)
Asie de l'Est & Pacifique	6	21	923	7	22	958
Europe orientale & Asie centrale	7	26	2134	8	29	2349
Amérique latine & Caraïbes	6	17	1268	7	19	1612
Moyen-Orient Afrique de l'Est & du Nord	6	19	1083	8	22	1275
OCDE	4	10	1028	5	10	1080
Asie du Sud	8	32	1603	9	33	1736
Afrique subsaharienne	8	31	1990	9	37	2567

Source: Base de données Doing Business.

3.2. Entrées des flux d'IDE

Le graphique 2 montre de façon générale, derrière leur croissance manifeste, une certaine volatilité des flux d'IDE en Afrique subsaharienne. Plusieurs faits peuvent justifier cette volatilité. Il s'agit notamment des bouleversements politiques et de la conjoncture économique internationale. Ainsi l'instabilité politique de la Guinée Bissau et la guerre en Côte d'Ivoire peuvent expliquer la baisse des flux des investisseurs étrangers en 2004-2005. Peuvent être notés aussi plus récemment la guerre en Libye et la menace terroriste de la secte « Boko Haram » dans la région de l'Afrique Centrale (Tchad et Cameroun) et une partie de l'Afrique occidentale (Nigéria). La forte hausse de 2006 à 2008 trouve une explication dans l'augmentation du prix des matières premières sur le marché international. La stagnation en 2008-2009 puis la baisse après sont dues aux conséquences de la crise économique et financière mondiale.

Graphique 2. Évolution des flux d'IDE en Afrique subsaharienne

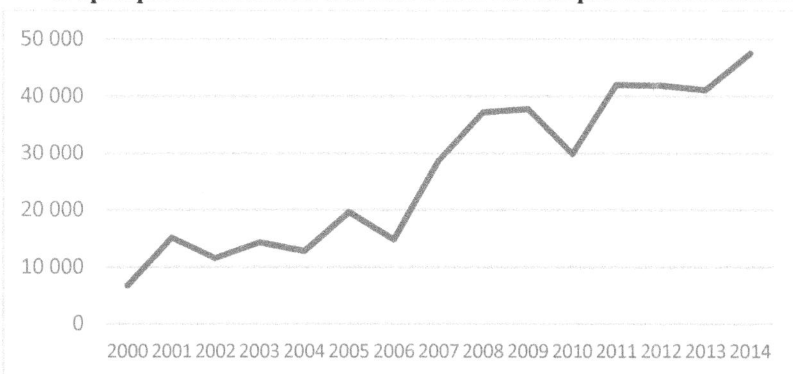

En milliards de $ US. Source : construction des auteurs à partir des chiffres de la CNUCED.

4. ÉVALUATION DES EFFETS DE LA FACILITATION DES ÉCHANGES SUR LES IDE EN AFRIQUE SUBSAHARIENNE

4.1. Modèle théorique et présentation de la forme empirique

Le modèle de gravité est l'outil le plus utilisé ces dernières années pour modéliser le commerce international. Le modèle théorique s'appuie sur les travaux de Christopher et Tabitha (2015) et Duval et Utoktham (2014) qui se sont inspirés du modèle gravitationnel d'Anderson et Van Wincoop (2003). La prise en considération des coûts relatifs s'avère prépondérante dans un modèle de gravité bien spécifié. Les coûts relatifs peuvent désigner la langue commune, une frontière commune, l'enclavement et si l'un des pays était une colonie de l'autre à un moment donné.

En considérant les forces d'attraction et de répulsion dans les échanges, l'équation d'Anderson et Van Wincoop (2003) peut s'écrire :

$$X_{ij} = \frac{Y_i Y_j}{Y} \left(\frac{T_{ij}}{P_i P_j} \right)^{1-\sigma}$$

X_{ij} est le commerce bilatéral entre un pays i (exportateur) et un pays j (importateur), Y_i et Y_j représentent respectivement la taille de l'économie i et j évaluée par le PIB, Y représente la taille de l'économie mondiale (mesurée par le PIB mondial) et σ est l'élasticité de substitution entre les biens échangés. T_{ij} représente le coût des échanges ; P_i et P_j représentent la résistance multilatérale aux échanges des pays *i* et *j* respectivement. Celle-ci traduit la résistance moyenne aux échanges entre un pays et l'ensemble de ses partenaires. Trois approches existent pour résoudre le problème lié à l'inobservabilité des termes de résistance multilatérale : l'utilisation des données publiées sur les indices de prix (Head et Mayer, 2011), l'utilisation de la méthode itérative (Anderson et van Wincoop, 2003) et enfin l'usage des effets fixes pays exportateurs et pays importateurs. Cette dernière approche, en raison de sa souplesse, est largement utilisée dans la littérature (Baldwin et Taglioni, 2006).

Selon Baldwin et Taglioni (2006, 2007), le biais d'estimation du modèle de gravité peut provenir de trois erreurs : (*i*) une erreur liée à l'omission de certains déterminants potentiels du commerce bilatéral (*Gold Medal Error*) ; (*ii*) une erreur relative à la comptabilisation des exportations bilatérales comme une moyenne des flux réciproques (*Silver Medal Error*) et (*iii*) une erreur induite par l'utilisation du PIB réel (*Bronze Medal Error*). Pour corriger ces erreurs, les variables muettes invariantes dans le temps et les résistances multilatérales sont à la fois introduites dans le modèle. Ainsi, une spécification en données de panel est adoptée pour éviter de calculer la moyenne des flux réciproques, et des variables muettes temporelles figurent dans le modèle (Baldwin et Taglioni, 2006 ; 2007).

Dans ce travail, la forme log-linéaire augmentée est adoptée. En remplaçant les exportations par les flux d'IDE, le modèle empirique à des fins d'estimation s'écrit :

$$LnIDE_{ijt} = \beta_0 + \beta_1 LnY_{it} + \beta_2 LnY_{jt} + \beta_3 LnPOP_{it} + \beta_4 LnPOP_{jt} + \beta_5 LnDIST_{ij} + \beta_6 TF_{jt} + \beta_7 LANG_{ij} + \beta_8 CCOL_{ij} + \alpha_{ij} + \alpha_t + \varepsilon_{ijt}$$

avec $LnIDE_{ijt}$ le logarithme des flux d'investissement direct étranger du pays investisseur (i) vers le pays hôte (j) à la période t. LnY_{it} *et* LnY_{jt} désignent respectivement le logarithme du PIB des pays i et j à la période t. $LnPOP_{it}$ *et* $LnPOP_{jt}$ représentent respectivement le logarithme de la population des pays i et j à la période t. $LANG_{ij}$ est une variable muette qui indique si les pays partagent la même langue. $CCOL_{ij}$ une variable muette pour désigner si les pays ont eu un même colonisateur. $LnDIST_{ij}$ est la somme des distances entre les principales villes de chaque pays i et j pondérées par leur taille relative. TF_{jt} désigne le vecteur des différentes variables d'intérêt à la période t. Ce vecteur est composé de l'indice de performance logistique (LPI), du coût à l'exportation d'un conteneur (CCX), du délai à l'exportation du conteneur (DELX), des documents nécessaires demandés à l'exportation (DOCX), du téléphone mobile (MOBILE), des droits de propriété (DPROP) et de l'accès à internet (INTERNET). La définition des variables et leur source sont données dans le tableau 2.

α_{ij} et α_t désignent respectivement les effets individuels bilatéraux entre le pays i et j et les effets fixes temporels à la période t ; β_0 la constante ; ε_{ijt} le terme d'erreur à la période t ; i représente l'ensemble des pays investisseurs et j l'ensemble des pays d'accueil.

La matrice des corrélations entre les variables d'intérêt est donnée au tableau 3. Il existe une faible corrélation entre ces variables, sauf peut-être entre DELX et DPROP. On ne peut donc en déduire une présomption de multicolinéarité.

Les signes attendus des coefficients de différentes variables du modèle sont de signe positif pour $POP_{(i)j}$ et $Y_{(i)j}$, de signe négatif pour $DIST_{ij}$; les coefficients de $LANG_{ij}$ *et* $CCOL_{ij}$ peuvent être de signe positif ou négatif ; l'ensemble des variables constituant le vecteur TF_{jt} sont de signe négatif.

Les données utilisées couvrent la période de 2008 à 2012. Les informations sur les flux d'IDE ne sont pas disponibles pour tous les pays de l'Afrique subsaharienne. Ce qui nous conduit à considérer seulement 14 pays de l'Afrique subsaharienne (pays d'accueil d'IDE)[2] et 5 pays investisseurs (pays d'origine)[3].

Pour estimer ce modèle, les flux d'IDE négatifs ainsi que les données manquantes sont remplacés par des zéros. L'approche d'estimation retenue est le pseudo maximum de vraisemblance de la loi de Poisson (PPML). Cette approche a l'avantage de

[2] Angola, Afrique du Sud, Congo, Nigéria, Éthiopie, Cameroun, Côte d'Ivoire, Gabon, Ghana, Kenya, Sénégal, Tchad, Zaïre, Zimbabwe.
[3] Belgique, France, Italie, Etats-Unis et Chine.

résoudre le problème des flux nuls et de fournir les estimateurs convergents en présence d'hétéroscédasticité (Santos Silva et Tenreyro, 2006). L'estimateur de Poisson intègre toutes les observations et évite ainsi un biais potentiel de sélection.

Tableau 2. Description des variables et source des données

Variables	Description	Sources des données
IDE_{ij}	Variable bilatérale qui capte les flux d'IDE des pays investisseurs (i) vers les principaux pays hôtes ou les pays d'accueil (j).	UNCTAD
$DIST_{ij}$	Somme des distances entre les principales villes de chaque pays pondérées par leur taille relative	CEPII
$Y_{(i)j}$	Produit intérieur brut (PIB) du pays i ou j	CNUCED
$POP_{(i)j}$	Population du pays i ou j	CNUCED
$LANG_{ij}$	Variable muette indiquant le partage d'une langue commune entre les pays i et j	CEPII
$CCOL_{ij}$	Variable muette qui indique si les pays i et j ont un colonisateur commun	CEPII
LPI_j	Indice agrégé de la Banque mondiale (2007) comprenant les infrastructures, les services, les procédures de traversée des frontières et les délais.	WDI
$DPROP_j$	Indicateur de qualité du cadre juridique. Il représente une mesure du degré de protection des droits de propriété privée. Il englobe, d'une part, le niveau de protection offert par la loi et, d'autre part, le degré d'application des contrats.	Héritage Fondation
$DELX_j$	Délais à l'exportation du conteneur exprimés en jours civils. Le temps d'attente entre les procédures (par exemple, pendant le déchargement de la cargaison) est inclus dans le calcul.	Doing Business
$DOCX_j$	Variable représentant le nombre des papiers demandés à la frontière lors d'exportation de marchandises.	Doing Business
CCX_j	Coût à l'exportation du conteneur, exprimé en dollars. Il correspond aux frais perçus pour un conteneur de 20 pieds. Tous les frais relatifs aux procédures d'exportation des marchandises sont pris en compte, y compris les coûts engagés pour les documents, les frais administratifs liés au dédouanement et aux inspections, les frais de courtiers douaniers, les frais liés aux ports et les frais de transports terrestres.	Doing Business
$INTERNET_j$	Pourcentage des personnes qui ont accès à internet (100 habitants).	UIT
$MOBILE_j$	Pourcentage des personnes qui ont accès à la téléphonie mobile (100 habitants).	UIT

Tableau 3. Tableau de corrélation

	IDEij	INTERNETj	MOBILEj	LPIj	DELXj	CCXj	DOCXj	DPROPj
IDEIJ	1.0000							
INTERNETj	0.0131	1.0000						
MOBILEj	0.0489	0.5520	1.0000					
LPIj	0.0959	0.0500	0.5188	1.0000				
DELXj	-0.0060	-0.3602	-0.5031	-0.3422	1.0000			
CCXj	-0.0364	-0.2369	-0.1739	-0.1698	0.4615	1.0000		
DOCXj	0.0326	0.2257	-0.1362	-0.1175	0.1645	-0.1216	1.0000	
DPROPj	0.0411	0.1534	0.4376	0.4277	-0.6949	-0.2537	-0.5354	1.0000

Source : auteurs.

L'estimateur PPML est seul retenu pour l'interprétation des résultats. A titre d'information, nous présentons dans le tableau 4 les résultats obtenus par d'autres techniques d'estimation présentées dans la littérature (NEGBIN, GAMMA, ZIP, TPRM, OLS).

De Benedictis et Taglioni (2011) soulignent que lorsque le taux de prévalence de zéro est élevé dans les flux commerciaux, le PPML n'est plus approprié et ils suggèrent d'utiliser le « zero-inflated poisson model ou zero-inflated negative binominal model ». En revanche, Head et Mayer (2014) déconseillent le recours à la loi binomiale négative (NEGBIN), même en cas d'une assez grande dispersion de la variable dépendante, à cause de la forte sensibilité de cet estimateur à l'unité de mesure de la variable dépendante. L'utilisation du modèle TPRM (Truncated Poisson Regression Model) est possible pour tenir compte de la nature de la variable dépendante qui peut être tronquée. Le modèle ZIP (Zero-Inflated Poisson Model) est également robuste en cas de forte dispersion de la variable dépendante (De Benedictis et Taglioni, 2011). On sait que les moindres carrés ordinaires (OLS) à effets fixes présentent plusieurs problèmes économétriques dans le cadre du modèle de gravité. Par exemple, la présence d'effets fixes pairs de pays dans le modèle ne permet pas d'identifier l'effet des variables explicatives invariantes dans le temps à l'instar de la distance, de la langue et d'une frontière communes. L'autre problème dont souffrent les moindres carrés ordinaires est celui de l'hétéroscédasticité des résidus. La présence d'hétéroscédasticité n'entraîne pas un biais sur les coefficients estimés mais elle affecte les écarts-types de ces coefficients et les statistiques de Student (Freudenberg et al., 1998).

4.2. Interprétation des résultats

Les résultats des estimations économétriques sont présentés dans le tableau 4.

D'après l'estimateur PPML, il apparaît que la distance, appréhendée comme une approximation des coûts de transaction, présente un coefficient significatif à 10% et de signe négatif attendu. Plus la distance est grande plus les coûts de transport peuvent être élevés (Baldwin et Taglioni, 2006) et cela peut affecter les prix. Toutefois, il importe de rappeler que la distance dans un modèle gravitationnel peut ne pas traduire uniquement les coûts de transport (Grossman, 1998), c'est le phénomène de « distance puzzle ». On peut supposer que d'autres facteurs implicites sont captés à travers la variable distance. Par exemple, la géographie ou la nature des voies de communication qui nécessitent parfois de longs détours entre des villes proches.

Le partage de la langue commune agit positivement sur les flux d'IDE. Anderson et Van Wincoop (2004) assimilent la barrière linguistique à une taxe qu'ils estiment à 7%. Trotignon (2009) considère que le partage d'une langue commune est une variable proxy de rapprochement culturel qui s'assimile à une réduction des coûts de transaction commerciale.

Les estimations révèlent que les coefficients associés aux PIB ont des signes attendus. Ainsi, si le PIB du pays d'accueil (Yj) augmente de 1 %, il y a un accroissement de 0,47 % de l'IDE vers ce dernier. Cette augmentation du PIB tend à traduire une hausse de la demande et donc de la taille du marché. Une hausse de 1% du PIB dans le pays d'origine (Yi) conduit à augmenter leurs IDE, entraînant 2,1 % de plus d'IDE dans le pays d'accueil.

Si la population du pays d'accueil augmente de 1 % cela augmente les IDE de 0,24 %. L'accroissement du nombre de consommateurs potentiels peut attirer les IDE horizontaux.

Concernant les effets de la facilitation des échanges, deux variables paraissent particulièrement significatives : DPROP et DELX.

Tableau 4. Résultats des estimations

VARIABLES	PPML	NEGBIN	GAMMA	ZIP	TPRM	OLS
$LnDIST_{ij}$	-0.493*	-0.474*	-1.534**	-0.0112*	-0.0593	-0.282*
	(0.300)	(0.537)	(69.58)	(0.277)	(0.0751)	(1.073)
Y_j	0.471***	0.0592	0.817	0.00175	0.0627***	2.716**
	(0.155)	(0.234)	(0.874)	(0.0937)	(0.0238)	(1.117)
Y_i	2.110***	1.687***	2.256	0.134	0.412***	4.382***
	(0.273)	(0.267)	(3.757)	(0.119)	(0.0411)	(0.541)
$LnPOP_j$	0.245*	0.229	21.59**	0.0166	0.0822***	1.928*
	(0.150)	(0.251)	(8.881)	(0.0982)	(0.0251)	(1.020)
$LnPOP_i$	1.554	0.999***	26.11	0.129	0.407***	2.650***
	(0.209)	(0.232)	(23.53)	(0.107)	(0.0363)	(0.775)
$LANG_{ij}$	0.558***	1.905***	-52.42	0.110	0.344***	3.255*
	(0.194)	(0.356)	(68.66)	(0.142)	(0.0395)	(1.924)
$CCOL_{ij}$	0.927	1.134	-150.6**	-0.101	-0.444**	-2.448
	(0.992)	(1.005)	(67.44)	(0.445)	(0.183)	(2.629)
$INTERNET_j$	0.00983	-0.0423	-0.00296	0.00506	0.0157***	0.0625
	(0.0263)	(0.0308)	(0.0272)	(0.0158)	(0.00396)	(0.101)
$MOBILE_j$	-0.00563	-0.00443	-0.0208*	-0.00159	-0.0035***	-0.0381
	(0.0071)	(0.0082)	(0.0118)	(0.00426)	(0.00107)	(0.0301)
LPI_j	0.225	0.207	-0.0683	0.0517	0.140***	-0.233
	(0.254)	(0.332)	(0.418)	(0.163)	(0.0430)	(1.475)
$DELX_j$	-0.0169**	0.0170	0.0443	-0.000973	-0.00141	0.0761
	(0.00801)	(0.0107)	(0.0294)	(0.00516)	(0.00109)	(0.0579)
CCX_j	-3.65e-07	3.30e-08	-4.85e-07	-4.57e-08	-2.65e-07	-7.40e-07
	(1.57e-06)	(2.29e-06)	(2.04e-06)	(1.19e-06)	(3.06e-07)	(6.47e-06)
$DOCX_j$	0.0619	0.0975	0.103	-0.00307	0.0295***	0.369
	(0.0703)	(0.0911)	(0.113)	(0.0507)	(0.0104)	(0.427)
$DPROP_j$	-0.00579*	0.0550***	-0.00953*	-0.00276*	0.0218	0.0278
	(0.0142)	(0.0188)	(0.0645)	(0.00911)	(0.0231)	(0.0890)
Constant	-10.81***	-25.46***	883.1**	0.792	1.206**	-34.52**
	(3.216)	(4.427)	(418.5)	(1.998)	(0.529)	(14.21)
Obs.	1043	1043	1043	1043	1043	1043
Effet fixe	oui	oui	oui	oui	oui	oui
Effet pair	oui	oui	oui	oui	oui	oui
R-squared	0.386		0.464			

*Standard errors in parentheses. *** p<0.01, ** p<0.05, * p<0.10. Source : auteurs.*

Si DPROPj s'accroît d'une unité, les IDE diminuent de 0,0058 vers l'Afrique subsaharienne. La mauvaise qualité des institutions apparaît comme une taxe cachée qui pénalise les exportations (Anderson et Marcouiller, 2002). La faiblesse de la qualité des institutions caractérisée par le non-respect des contrats légaux décourage de manière générale les investisseurs étrangers. Ainsi, l'évolution de la qualité du cadre juridique peut être envisagée comme un facteur significatif d'attraction ou de répulsion des IDE en Afrique subsaharienne.

L'augmentation du délai à l'exportation d'un conteneur (DELX) affaiblit les flux d'IDE. Les barrières non tarifaires viennent s'ajouter souvent aux coûts de transaction provoqués par des réglementations spécifiques à certains pays pour grever significativement les coûts de transfert des marchandises. L'influence des délais à l'exportation peut s'expliquer également par la localisation géographique et les distances qui séparent les exportateurs et les importateurs. En suivant les estimations par les PPML, les coefficients associés aux autres variables d'intérêt n'ont pas d'effets significatifs.

5. CONCLUSION

L'analyse des facteurs déterminant la facilitation des échanges et leurs effets sur les IDE fait l'objet de différentes études en économie internationale ces dernières années. Pour estimer les effets de la facilitation des échanges sur les flux d'IDE en Afrique subsaharienne, nous avons utilisé un modèle de gravité augmenté fondé sur la méthode PPML. Les données couvrent la période de 2008 à 2012 et concernent 14 pays d'Afrique subsaharienne.

Il se dégage des résultats que deux facteurs principalement exercent un effet significatif de la FE sur l'attraction des IDE dans les pays d'Afrique subsaharienne. Il s'agit du cadre juridique (*soft infrastructure*) et du délai à l'exportation (nombre de jours). Ainsi, un bon cadre institutionnel caractérisé par la sécurité dans les transactions et le respect des contrats constitue un gage pour les investisseurs étrangers dans la mesure où il contribue à diminuer les coûts de transaction.

De manière générale, il ressort donc de cette analyse que la réduction des coûts d'échange est un facteur d'attractivité des IDE en ASS. Toutefois, quelques limites concernant cette étude méritent d'être évoquées. D'abord, les difficultés liées aux données statistiques n'ont pas permis de considérer dans l'échantillon tous les pays de l'Afrique subsaharienne. Ensuite, le manque de données par type d'IDE a limité l'analyse empirique. Ces éléments peuvent offrir une piste de recherche pour un travail futur qui soulignerait la nature de la spécialisation des pays vis-à-vis des IDE et en faisant une étude comparée précisant des sous-groupes de pays.

REFERENCES

Anderson, J.E., Van Wincoop, E., 2003, Gravity with Gravitas: A Solution to the Border Puzzle, *American Economic Review*, Vol. 93(1), 170-192.

Anderson, J.E., Marcouiller, D., 2002, Insecurity and the Pattern of Trade: An Empirical Investigation, *The Review of Economics and Statistics*, 84(2), 342-352.

Ajayi, S.I., 2006, The Determinants of Foreign Direct Investment in Africa: A survey of the Evidence, In S. Ibs Ajayi (eds), *Foreign Direct Investment in Sub-Saharan Africa: Origins, Targets, Impact and Potential*, African Economic Research Consortium, 11-32.

Anyanwu, J.C., 2011, Determinants of Foreign Direct Investment Inflows to Africa, 1980-2007, African Development Bank Group, Working paper series, 136.

Asiedu, E., 2006, Foreign Direct Investment in Africa: The role of National Resources, Market Size, Government Policy, Institutions and Political Instability, *The World Economy*, 29(1), 63-77.

Baldwin, R., 2006, The euro's trade effects, European Central Bank, Working Paper Series 594.

Baldwin, R., Taglioni, D., 2007, Trade Effects of the Euro: A Comparison of Estimators, *Journal of Economic Integration*, 22(4), 780–818.

Bernard, A.B., Jensenn, J.B., Schott, P.K., 2006, Trade costs, firms and productivity, *Journal of Monetary Economics*, 53(5), 917-937.

Blonigen, B.A., Piger, J., 2011, Determinants of Foreign Direct Investment, *NBER Working Paper*, No. 16704.

Commission Économique pour l'Afrique (CEA), 2006, *État de l'intégration régionale II, Rationalisation des communautés économiques régionales*, Nations-Unies, Addis-Abeba, Éthiopie.

Commission Économique pour l'Afrique (CEA), 2013, *Rapport économique sur l'Afrique 2013*, Nations-Unies, Addis-Abeba, Éthiopie.

Chimilila, C., Sabuni, C., Benjamin, A., 2015, Trade Facilitation in EAC Customs Union: Its Achievement and Implementation in Tanzania, *Journal of Economics and Sustainable Development,* 5(25).

Christopher, H.O., Tabitha, K.N, 2015, Trade facilitation and foreign direct investment flows in Kenya, World Trade Organisation.

De Benedictis, L., Taglioni, D., 2011, The Gravity Model in International Trade, in: L. De Benedictis et L. Salvatici, (Eds.), *The Trade Impact of European Union Preferential Policies: An Analysis Through Gravity Models,* Springer, 55-90.

Djankov, S., Freund, C., Pham, C.S., 2010, Trading on Time, *The Review of Economics and Statistics,* 92(1), 166-173.

Duval, Y., Utoktham, C., 2014, Impact of Trade Facilitation on Foreign Direct Investment, ESCAP Trade and Investment Division, *TID Working Paper,* No. 04/14, 18 August 2014. Bangkok.

Figueiredo De Oliveira, G., Peridy, N., 2015, L'impact des coûts à l'échange sur le commerce des pays MENA : le rôle des coûts directs et indirects liés au transport maritime, *Région et Développement,* 41, 125-147.

François, J.F., Manchin, M., 2007, Institutions, Infrastructure and Trade, *CEPR Working Paper* 6068.

François, J., M. Manchin, M., 2013, Institutions, infrastructure, and trade, *World Development,* 46, 165-175.

Freund, C., 2010, Third-country Effects of Regional Trade Agreements, *World Economy,* 33, 1589-1605.

Freund, C., Rocha, N., 2011, What Constrains Africa's Exports?, *World Bank Economic Review,* 25, 361-386.

Ghazouani, K., 2005, L'attraction des IDE est une question d'adaptation institutionnelle : modèle théorique et estimations pour les régions PECO & MENA, *Revue Tunisienne d'Économie,* 104-163.

Grossman, G., 1998, Comment on Deardorff, in Frankel J.A. (ed.), *The Regionalization of the World Economy,* Chicago, University of Chicago Press, 33-57.

Head, K., Mayer, T., 2014, Gravity Equations: Workhorse, Toolkit, and Cookbook, Handbook of International Economics Volume 4, eds. Gopinath, Helpman, Rogoff, Elsevier

Hummels, D., Schaur, G., 2013, Time as a Trade barrier, *American Economic Review,* 103(7), 2939-2959.

Heckman, J., 1979, Sample Selection Bias as a Specification error, *Econometrica,* 47, 153-161.

Hildegunn, K.N., 2006, Les délais comme obstacle aux échanges commerciaux : conséquences pour les pays à faible revenu, *Revue économique de l'OCDE,* 42.

ICA, 2014, Tendances du financement des infrastructures en Afrique, Rapport du Consortium pour les infrastructures en Afrique, Banque Africaine de Développement.

Krugman, P.R., Obstfeld, M., Mélitz, M.J., 2012, *International Economics: Theory & Policy,* Addison-Wesley, Pearson Education, Ninth Edition.

Moïsé, E., Sorescu, S., 2013, *Trade Facilitation Indicators: the Potential Impact of Trade Facilitation on Developing Countries Trade,* OECD, Trade Policy Papers No. 144.

Michel, D., Prud'homme, R., 2007, *Infrastructures de transport, mobilité et croissance,* La Documentation française.

Moïsé, E., Delpeuch, C., Sorescu, S., Bottini, N., Foch, A., 2013, Estimating the Constraints to Agricultural Trade of Developing Countries, OECD Trade Policy Papers, No. 142.

Mukherjee, A., Kapoor, A., 2017, India and Trade Facilitation in Services (TFS) Agreement: Concerns and Way Forward, Indian Council For Research On International Economic Relations working paper n° 347.

Nguyen Viet, C., 2015, The impact of trade facilitation on poverty and inequality: Evidence from low-and middle-income countries, *The Journal of International Trade and Economic Development,* 24(3), 315-340.

Njoroge, S., Okech, T., 2011, An Assessment of the Factors Influencing Foreign Direct Investment Inflows in Kenya's Horticultural Industry, *International Journal of Business and Social Science,* 2(5), 101-108.

Nordas, H., E. Pinali, Geloso Grosso, M., 2006, « Logistics and Time as a Trade Barrier », Trade Policy Working Paper 35.

OCDE, 2005, Forum régional de l'OCDE: Optimiser les retombées de la facilitation des échanges en termes de développement. Direction des échanges et de l'agriculture de l'OCDE, Paris (TD/TC/WP/2006).

Onyango C.H., Kiriti-Nganga, T., 2016, Trade facilitation and foreign direct investment flows in Kenya, In *Trade costs and inclusive Growth,* Chap 2: Policy reforms and the reduction of trade costs, World Trade Organisation.

Olubiyi, E., 2015, Effects of Trade Facilitation on Inequality: A Case Study of Sub-Sahara Africa, *Turkish Economic Review,* 2(3), 169-185.

Otsuki, T., 2011, *Quantifying the Benefits of Trade Facilitation in ASEAN,* OSIPP Discussion Paper : DP-2011-E-006.

Olofsdotter, K., Persson, M., 2013, Trade Facilitation and Foreign Direct Investment, Draft working paper, Lund University.

OCDE, 2010, Perspectives Économiques en Afrique, Centre de Développement de l'OCDE.

OMC, 2013, Rapport sur le commerce mondial 2013.

OMC, 2015, Rapport sur le commerce mondial 2015.

Portugal-Perez, A., Wilson, J. S., 2012, Export performance and trade facilitation reform: hard and soft infrastructure, *World Development,* 40(7), 1295-1307.

Pomfret, R., Sourdin, P., 2009, Have Asian Trade Agreements Reduced Trade Costs?, *Journal of Asian Economics,* 20, 255-268.

Santos Silva, J., Tenreyro, S., 2006, The Log of Gravity, *Review of Economics and Statistics,* 88, 641-658.

Santos Silva, J., Tenreyro, S., 2011, Further Simulation Evidence on the Performance of the Poisson-PML Estimator, *Economics Letters,* 112, 220-222.

Teravaninthorn, S., Raballand, G., 2008, Transport prices and costs in Africa: a review of the main international corridors, Working paper No. 14.

Trotignon, J., 2009, Are the New Trading Blocs Building or Stumbling Blocks? A Gravity Model Using Panel Data, GATE Working Paper, n°09-33.

Walkenhorst, P., Yasui, T., 2009, Quantitative assessment of the benefits of trade facilitation, in *Overcoming Border Bottlenecks: The Costs and Benefits of Trade Facilitation,* OCDE Trade Policy Studies, 19-49.

Wilhelms, S.K.S., Witter, S.M.D.,1998, Foreign direct investment and its determinants in emerging economies, *African Economic Policy Paper,* Discussion Paper No.9.

World Bank, 2015, *Doing Business,* Washington, D.C.

Trade facilitation and FDI flows in Subsaharan Africa

Abstract - This paper aims to determine the effects of trade facilitation on the FDI for fourteen countries of Subsaharian Africa. The methodological approach is the gravity model over the period spanning 2008-2012 based on the Poisson Pseudo Maximum Likelihood (PPML) Method. The results show that the institutionnal setting and the number of day to export constitute a brake for the FDI in Subsaharian Africa.

Key-words

Trade facilitation
FDI
Subsaharian Africa

Région et Développement

n° 50-2019

www.regionetdeveloppement.org

Développement financier, institutions et croissance économique en Afrique subsaharienne : quelle causalité ?

Chérif Sidy KANE *, Idrissa Yaya DIANDY **

Résumé - L'objet de cet article est d'examiner la relation de causalité entre le développement financier et la croissance économique en tenant compte de la qualité de l'environnement institutionnel. L'échantillon est composé de 20 pays d'Afrique subsaharienne, sur une période allant de 1980 à 2015. Une analyse de cointégration montre, à travers des estimations par les FMOLS et DOLS, que la qualité des institutions a un impact sur le développement financier. À la suite, les tests de causalité effectués à partir du modèle vectoriel à correction d'erreur révèlent des résultats différents selon deux groupes de pays : pour les pays ayant un système financier plus avancé, c'est le développement financier qui induit la croissance ; par contre pour le groupe de pays où les marchés financiers sont peu structurés, c'est la croissance qui induit le développement financier s'il y a en parallèle une amélioration des institutions.

Classification JEL

G21, O16, O40

Mots-clés

Développement financier
Croissance
Institutions
Afrique subsaharienne
Données de panel

Les auteurs remercient la revue et les rapporteurs dont la contribution a permis l'amélioration de cet article.

* Université Cheikh Anta Diop, Dakar, Sénégal ; cherifsidy@yahoo.fr ; cherifsidy.kane@ucad.edu.sn

** Université Cheikh Anta Diop Dakar, Sénégal ; idrissa.diandy@ucad.edu.sn

INTRODUCTION

Le rôle du développement financier dans le processus de développement économique a fait l'objet de nombreuses analyses dans la littérature économique et financière (Gurley et Shaw, 1955 ; Hicks, 1969 ; King et Levine, 1993). Théoriquement, le lien de causalité entre développement financier et croissance économique oppose deux visions. L'approche du point de vue de l'offre soutient que le développement financier est une condition préalable à la croissance économique. Pour McKinnon (1973) et Hassan, Sanchez et Yu (2011) des marchés financiers structurés sont un facteur important pour la croissance. En revanche, l'approche par la demande (Robinson, 1952) soutient que le développement financier suit la croissance dans le sens où l'augmentation des capacités productives d'une économie entrainerait dans leur sillage celle des banques.

Pour les pays en développement, et ceux de l'Afrique subsaharienne en particulier, bien que de nombreuses études empiriques aient examiné le lien de causalité entre développement financier et croissance économique, les résultats restent ambigus (Agbetsiafa, 2003 ; Adu et al., 2013). Certaines analyses suggèrent que la causalité dépend du niveau de développement économique et financier des pays : le développement financier entraînerait une croissance économique au cours des premières phases du développement (Spears, 1992 ; Odedokun, 1996). Par contre, d'autres auteurs pensent qu'un système financier ne peut favoriser la croissance des économies que s'il atteint un certain niveau de structuration (Odhiambo, 2004 ; Ang et Mckibbin 2007). Ils stipulent que c'est plutôt la croissance économique qui mène au développement financier.

Par ailleurs, la littérature s'intéresse de plus en plus au rôle des institutions pour mieux caractériser la relation de causalité entre le développement financier et la croissance (Beji et Youssef, 2010 ; Kim et al., 2010). Des études empiriques tendent à montrer que les institutions influent de manière différente sur le lien entre la finance et la croissance. En particulier, Demetriades et Law (2006) trouvent que le développement financier a des effets plus importants sur la croissance économique lorsque le système financier est intégré dans un cadre institutionnel solide. Les auteurs ont également constaté que l'effet du développement financier est plus puissant dans les économies à revenu intermédiaire si la qualité institutionnelle est élevée. Dans les économies à bas revenu, des institutions faibles ne permettent pas à la finance de soutenir une dynamique de croissance.

Toutefois, il apparaît que la littérature n'apporte pas de résultat concluant. Dans ce cadre, très peu d'études portent de manière spécifique sur les pays en développement et n'intègrent pas de manière explicite la dimension institutionnelle. Notre étude a pour ambition de contribuer au débat sur la relation entre développement financier et croissance économique. Plus précisément, elle se propose d'analyser le rôle des institutions dans le lien entre développement financier et la croissance économique pour 20 pays d'Afrique subsaharienne (ASS). De plus, nous tiendrons compte de l'hétérogénéité des pays car les différentes approches suggèrent que les caractéristiques institutionnelles et les politiques financières peuvent entraîner des différences sensibles quant à la relation de causalité d'un pays à l'autre (Arestis et Demetriades, 1996 ; Levine et Zervos, 1998).

Une autre contribution de cet article est d'ordre méthodologique et concerne l'utilisation des tests de racines unitaires, de cointégration et de causalité sur données de panel. Un certain nombre d'études (Fowowe, 2010 ; Hassan et al., 2011 ; Bangake et Eggoh, 2011) ont utilisé des tests de cointégration et de causalité en panel pour explorer la relation finance-croissance. Les problèmes de stationnarité exigent de recourir à des méthodes d'estimation plus adaptées comme les estimateurs FMOLS (*Fully-modified OLS*) et DOLS (*Dynamic OLS*), ou encore le modèle vectoriel à correction d'erreur (VEC) lors de l'examen de la relation de causalité. En particulier, la méthode DOLS permet d'obtenir des estimateurs cohérents et efficaces de la relation à long terme (Kao et Chiang, 2000).

L'article est structuré comme suit : la section 1 revient sur le lien entre croissance et développement financier dans la littérature. La section 2 fait ressortir quelques faits stylisés à travers une analyse exploratoire. La section 3 présente la méthodologie d'analyse et les principaux résultats.

1. APPORTS DES INSTITUTIONS SUR LE LIEN ENTRE FINANCE ET CROISSANCE ÉCONOMIQUE

Des systèmes financiers performants ont été identifiés comme des déterminants importants de la croissance (Gurley et Shaw, 1955 ; Hicks, 1969 ; Miller, 1988). Des analyses plus récentes (Levine, 1997 ; Hassan, Sanchez et Yu, 2011) viennent appuyer cette idée et mettent aussi en avant le rôle des institutions dans cette relation (Demetriades et Law, 2006 ; Kim et al., 2010). La principale fonction des systèmes financiers est l'intermédiation du capital entre les agents excédentaires et déficitaires. La mobilisation du capital est le processus coûteux de collecte de l'épargne auprès des agents excédentaires pour combler le besoin de financement des agents déficitaires (Levine, 2005). Les systèmes financiers agissent donc sur l'allocation des ressources à travers l'espace et le temps. Le développement financier peut ainsi permettre la réduction des frictions présentes sur le marché et une amélioration de l'intermédiation (Cezar, 2012).

Sur le plan empirique, il existe plusieurs études sur le lien entre la croissance et le développement financier. Une première vague d'études menée par King et Levine (1993), Giuliano et Ruiz-Arranz (2009) notent que le développement du système financier est une condition de la croissance économique. En particulier, Giuliano et Ruiz-Arranz (2009), en s'appuyant sur un échantillon de 100 pays en développement, constatent que les transferts de fonds stimulent la croissance dans les pays ayant des systèmes financiers peu avancés en fournissant un moyen alternatif de financer les investissements et d'aider à surmonter les contraintes de liquidité. Rousseau et Watchell (2000) ont appliqué la méthode des VAR en panel sur les variables de développement financier et de croissance économique pour 47 pays développés et en développement. Selon ces auteurs, l'approche VAR permet d'identifier les effets à long terme du développement financier sur la croissance en considérant les interactions dynamiques entre les variables explicatives. En utilisant des mesures du développement financier telles que le crédit bancaire ou la masse monétaire au sens large M3 rapportés au PIB, Rousseau et Watchell (2000) montrent que la causalité la plus dominante va du développement financier vers la croissance économique.

Kargbo et Adamu (2009) ont trouvé pour le Libéria que c'est la croissance qui induit le développement financier, de même que Adu et al. (2013) pour le Ghana, même si ces derniers soulignent la forte sensibilité du résultat par rapport à l'indicateur de développement financier choisi. Toutefois, ces études ont été menées sur des données nationales. Plus récemment, Eng et Habibullah (2011), en s'intéressant à un panel de 70 pays en développement, concluent que même si d'autres cas de figure peuvent être observés, les éléments de preuve en faveur de la causalité de la finance à la croissance sont beaucoup plus solides. Ce résultat est confirmé par Enisan-Akinlo et Egbetund (2010) qui ont utilisé le modèle vectoriel à correction d'erreur sur un certain nombre de pays d'Afrique subsaharienne.

Cependant, d'autres études comme celles d'Agbetsiafa (2003), Waqabaca (2004) et Odhiambo (2004) rejettent cette position et avancent plutôt que c'est la croissance économique qui mène au développement financier. Plus particulièrement, Agbetsiafa (2003), en s'appuyant sur un échantillon de pays d'Afrique subsaharienne, arrive à la conclusion selon laquelle la croissance est un préalable à la formation et à l'élargissement des marchés financiers. Dans ce sillage, Ang et Mckibbin (2007) se proposent d'examiner si le développement financier conduit à la croissance économique ou l'inverse dans une petite économie ouverte comme la Malaisie. Ils soutiennent que les résultats obtenus à partir d'études transversales ne sont pas en mesure de répondre à cette problématique de manière satisfaisante et soulignent l'importance des études spécifiques au pays. En utilisant des données chronologiques de 1960 à 2001, ils s'appuient sur la cointégration et divers tests de causalité pour évaluer le lien entre la finance et la croissance en tenant compte de l'épargne, de l'investissement, du commerce et du taux d'intérêt réel. Contrairement à d'autres résultats dans la littérature, ils trouvent que la croissance économique entraîne le développement financier à long terme.

Enfin, quelques travaux soutiennent l'existence d'une relation de causalité bidirectionnelle entre finance et croissance (Fowowe, 2010 ; Rachdi et Ben Mbarek, 2011). Ces derniers auteurs montrent, à l'aide d'un modèle à correction d'erreur, une causalité bidirectionnelle pour les pays de l'OCDE ; toutefois la relation de causalité demeure unidirectionnelle pour les pays du MENA, où c'est la croissance économique qui stimule le développement financier. Bangake et Eggoh (2011), en utilisant les méthodes de panel sur un échantillon composé de pays développés et en développement sur la période 1960-2004, trouvent une causalité bidirectionnelle entre finance et croissance. De plus, ils montrent des différences significatives entre les groupes de pays en considérant la causalité à long terme et à court terme. Alors que dans les pays à revenu faible et intermédiaire, il n'existe aucune preuve probante de la causalité à court terme entre le développement financier et la croissance économique, dans les pays à revenu élevé la croissance économique influe nettement sur le développement financier.

Par ailleurs, la littérature économique considère de plus en plus le rôle des institutions pour mieux appréhender la relation entre finance et croissance. Selon Arestis et Demetriades (1996), les caractéristiques institutionnelles et les politiques financières peuvent entraîner des différences sensibles quant à la relation de causalité d'un pays à l'autre. Des auteurs (Acemoglu et Johnson, 2005 ; Beck et al., 2003) ont montré que la qualité des institutions, notamment le développement des droits de propriété, a un effet direct important sur le développement financier. Cezar (2012) montre que le développement financier est aussi étroitement corrélé à la qualité des institutions. Knack et Keefer (1995) ont constaté une relation positive et significative entre des indicateurs institutionnels tels que la qualité de la bureaucratie, les droits de propriété, la stabilité politique et la croissance économique.

La qualité des institutions semble être une variable déterminante pour établir le sens de la causalité entre le développement financier et la croissance (Kim et al., 2010 ; Muye et Muye, 2017). D'après Demetriades et Law (2006), le développement financier exercerait un effet favorable sur la croissance lorsque les institutions sont saines, alors que cette corrélation disparaîtrait dans les pays à contexte institutionnel dégradé. Kim et al. (2010) considèrent que les institutions qui opèrent sur le marché financier doivent être capables de fournir des informations sur la diversification des risques et les activités rentables pour favoriser la mobilisation des ressources.

Demetriades et Law (2006), en se fondant sur un modèle de croissance endogène, trouvent que la relation entre finance et croissance s'inverse en fonction d'un seuil de qualité institutionnelle : au-delà du seuil la relation est positive, alors qu'elle devient négative en deçà du seuil. De même, Beji et Youssef (2010) s'interrogent sur la place de la régulation dans le développement bancaire et la croissance. Ils analysent la nature de la relation entre le développement institutionnel, la régulation bancaire et le développement bancaire. Les résultats obtenus mettent en évidence l'existence d'un effet positif et significatif de la régulation sur le développement bancaire. Par contre, ils trouvent une absence de relation significative entre le niveau de développement institutionnel et le développement bancaire.

A partir d'un échantillon de pays d'Asie, Le et al. (2016) trouvent qu'une meilleure gouvernance et la qualité institutionnelle favorisent le développement du secteur financier dans les économies en développement. De même, Muye et Muye (2017), en s'intéressant à divers blocs régionaux, établissent une relation robuste entre le développement financier et les institutions.

Dans la même logique, Law et al. (2013) vérifient si l'effet du développement financier sur la croissance dans des pays ayant des niveaux distincts de développement institutionnel diffère. Les résultats montrent que l'impact de la finance sur la croissance n'est positif et significatif qu'à partir d'un certain seuil de niveau institutionnel et qu'en deçà de ce seuil l'effet de la finance sur la croissance est inexistant. Ces différentes recherches semblent globalement confirmer l'importance des institutions sous différents aspects dans la relation entre les marchés financiers et la croissance économique.

2. ANALYSE EXPLORATOIRE DE LA RELATION ENTRE DÉVELOPPEMENT FINANCIER, CROISSANCE ÉCONOMIQUE ET INSTITUTIONS

2.1. Développement financier et croissance

L'Afrique subsaharienne abrite les régions les plus pauvres du monde. Le sous-continent est en retard dans la plupart des indicateurs de développement : 32 économies sont classées parmi les pays les moins avancés, selon l'indicateur de développement humain (PNUD, 2018). Le développement financier n'est pas en reste. La figure 1 montre que, quel que soit le critère considéré (masse monétaire rapportée au PIB, part du crédit intérieur fourni au secteur privé dans le PIB, crédit domestique fourni par le secteur bancaire par rapport au PIB, densité de guichets automatiques, densité de succursales bancaires), le sous-continent accuse un retard considérable par rapport aux pays industrialisés, et dans une moindre mesure par rapport aux pays d'Asie du Sud et d'Amérique latine.

Les ajustements structurels des années 1980, sous l'égide des institutions internationales, avaient freiné le développement financier dans la plupart des pays africains où ils avaient été mis en œuvre (Cameroun, Côte d'Ivoire, Ghana, Kenya, Madagascar, Nigéria, Sénégal, etc.). Depuis la fin des années 1990, on observe un certain développement des services financiers dans les pays d'ASS, bien qu'il demeure encore modeste pour la plupart des pays. Cette période est celle qui coïncide aussi avec les taux de croissance économique les plus élevés.

La figure 2 permet d'observer une certaine corrélation entre les indicateurs de développement financier et le revenu par tête pour les 20 pays d'Afrique subsaharienne qui sont analysés ici (la liste est donnée dans le tableau 1 ou en annexe) : en moyenne sur la période 2005-2015, les pays ayant des marchés financiers plus structurés sont aussi ceux qui présentent des niveaux de revenu plus élevés, et vice versa.

Les évolutions récentes et la corrélation plutôt observée entre la croissance et le développement financier en ASS suggèrent donc un réexamen particulier de la relation de causalité entre ces deux variables.

Figure 1 : Développement financier : une comparaison avec quelques régions du monde (2015)

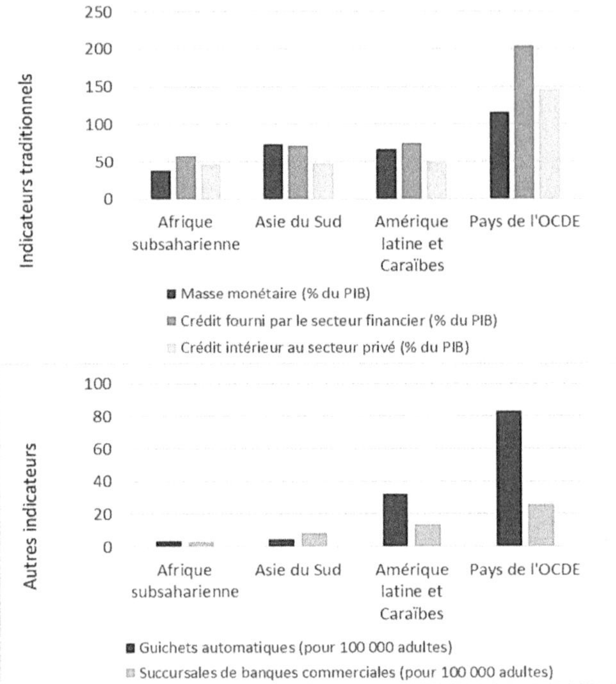

Source : Auteurs, données WDI 2017.

2.2. Mesure du développement financier

Un indicateur de développement financier doit évaluer l'efficience avec laquelle les intermédiaires parviennent à mobiliser et à allouer l'épargne disponible dans l'économie vers les projets d'investissement (Cezar, 2012).

Le premier indicateur est constitué par les actifs liquides du système financier (M2) qui est une mesure de la profondeur financière et de la taille du secteur financier formel d'intermédiation financière au sens large par rapport à la taille de l'économie. C'est la mesure la plus large de l'activité d'intermédiation financière, car elle couvre toutes les banques, les banques centrales ou les activités d'intermédiation non financières. Elle a été utilisée pour montrer que le système financier est lié au taux de croissance à travers le volume et l'efficacité des investissements (McKinnon, 1973 ; King et Levine, 1993).

Le deuxième indicateur est relatif au crédit intérieur fourni par le secteur financier. Il comprend tous les crédits aux divers secteurs de l'économie, y compris au gouvernement. Il peut donner une indication sur le degré selon lequel le secteur bancaire formel joue dans le financement. Toutefois, la simple mesure de la part des crédits domestiques dans le PIB ne permet pas d'avoir une vue complète sur le développement du secteur financier.

Le troisième indicateur, le crédit intérieur au secteur privé, se réfère quant à lui aux ressources financières fournies au secteur privé. Cet indicateur financier mesure la quantité de crédit engagé dans le secteur privé par rapport à la taille de l'économie. Le principal avantage de cet indicateur est qu'il exclut le crédit accordé au secteur public. Il présente plus précisément le rôle des intermédiaires financiers dans la transmission des fonds vers les participants du marché. Dans les pays en développement, le développement financier se produit à travers le système bancaire. Par conséquent, dans ces pays, le crédit au secteur privé est un meilleur indicateur de développement financier. Il a été utilisé pour la première fois par Levine et Zevros (1998).

Figure 2 : Corrélation entre développement financier et revenu (moyenne sur 2005-2015)

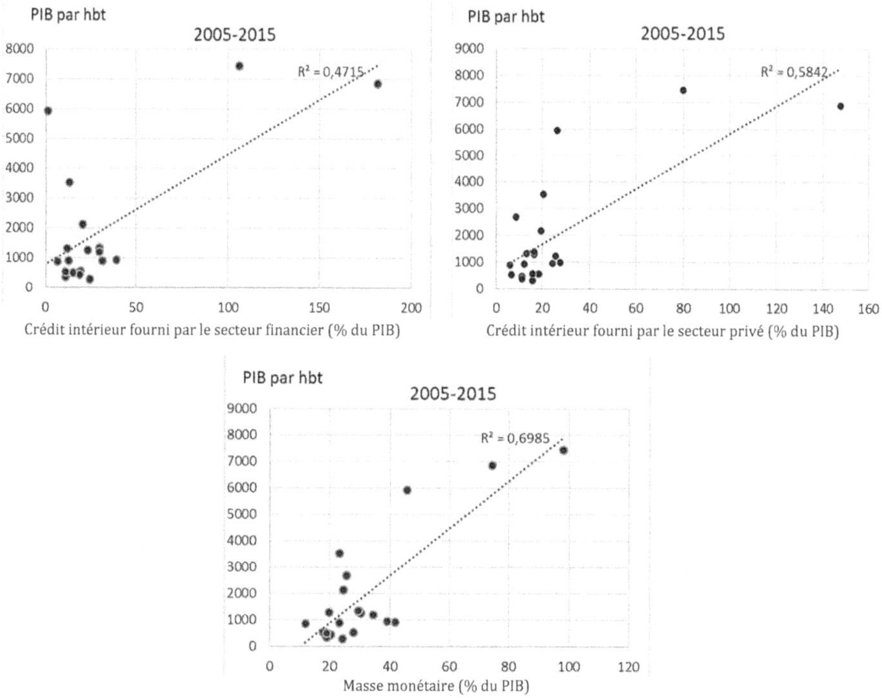

Source : Auteurs, données WDI 2017.

Ces indicateurs s'avèrent pertinents pour mesurer la profondeur financière et l'activité des intermédiaires financiers. L'annexe donne les résultats de l'analyse en composantes principales qui ont permis de calculer un indice synthétique de développement financier (Fi) pour chacun des 20 pays analysés. Notre indice calculé prend en compte les informations relatives à la taille, à la diversification et à l'efficacité de l'intermédiation financière.

3. MÉTHODOLOGIE ET RÉSULTATS

3.1. Méthodologie

Selon McKinnon (1973), l'interdépendance entre la monnaie et le capital permet d'établir un lien positif entre le niveau de production et le développement financier. Récemment, la littérature a pu montrer que l'ouverture commerciale est étroitement liée au développement financier via le cadre institutionnel (Mishkin, 2009 ; Law et al., 2013). Mishkin (2009) estime que la globalisation permet d'améliorer les réformes institutionnelles, encourageant ainsi le développement financier et la croissance économique. De même, Baltagi et al. (2009) à partir d'un panel de 42 pays et sur une période allant de 1980 et 2003, soulignent que le commerce et l'ouverture financière sont des déterminants statistiquement significatifs du développement du secteur financier.

Par conséquent, sur la base de ces différentes approches, nous pouvons spécifier une relation de développement financier comme suit :

$$Fi_{it} = f(PIB_{it}\ ;\ InstQ_{it}\ ;\ Ouv_{it}) \tag{1}$$

où Fi représente le développement financier ; PIB est le revenu réel par habitant, $InstQ$ la qualité des institutions et Ouv le degré d'ouverture. L'équation (1) est à la base du modèle empirique estimé dans cette étude en utilisant les techniques d'estimation dynamiques sur données de panel (DOLS et FMOLS) :

$$lnFi_{it} = \beta_{0i} + \beta_1 lnPIB_{it} + \beta_2 lnInstQ_{it} + \beta_3 lnOuv_{it} + \varepsilon_{it} \tag{2}$$

L'intérêt d'étendre les procédures de tests de causalité à des modèles de panel est largement reconnu (Granger, 2003). Au niveau macroéconomique, Weinhold (1996) utilisait déjà des tests sur données de panel en étudiant la relation entre l'investissement et la croissance. L'avantage des tests développés est qu'ils permettent une meilleure prise en compte de l'hétérogénéité des relations causales. On rappelle que la notion de causalité utilisée repose sur la définition de Granger (1969) qui considère qu'une série « cause » une autre série si la connaissance du passé de la première améliore la prévision de la seconde. Une version du test de Granger issue directement de la représentation autorégressive précédente propose d'estimer par la méthode des moindres carrés les deux équations suivantes :

$$y_{it} = \alpha_{1i} + \sum_{j=1}^{m} \beta_{1j} y_{it-j} + \sum_{j=1}^{m} \delta_{1j} x_{it-j} + \mu_{1it} \tag{3}$$

$$x_{it} = \alpha_{2i} + \sum_{i=1}^{m} \beta_{2j} y_{it-j} + \sum_{i=1}^{m} \delta_{2j} x_{it-j} + \mu_{2it} \tag{4}$$

où α_{1i} et α_{2i} sont des effets spécifiques individuels.

Cette spécification n'est valable que pour des variables stationnaires, ce qui n'est pas le cas pour la plupart des variables macroéconomiques. Un modèle à correction d'erreur est nécessaire dans le cas de figure où les variables sont cointégrées. L'équation à estimer est la suivante :

$$\Delta PIB_{it} = \alpha_{1i} + \sum_{j=1}^{m} \beta_{1j}\, \Delta PIB_{it-j} + \sum_{j=1}^{m} \delta_{1j}\, \Delta Fi_{it-j} + \lambda_1 InstQ_{it} + \gamma_1 Ouv_{it} + v_{1i} TCE1_{it-1} + \mu_{1it} \tag{5}$$

$$\Delta Fi_{it} = \alpha_{2i} + \sum_{i=1}^{m} \beta_{2j}\, \Delta PIB_{it-j} + \sum_{i=1}^{m} \delta_{2j}\, \Delta Fi_{it-j} + \lambda_2 InstQ_{it} + \gamma_2 Ouv_{it} + v_{2i} TCE2_{it-1} + \mu_{2it} \tag{6}$$

où v_{1i} et v_{2i} représentent les vitesses d'ajustement ; *TCE1* et *TCE2* sont les termes de correction d'erreur issus de la relation de cointégration ; m est le nombre de retards optimal, déterminé par les critères d'Akaike et de Schwarz.

Les données sur le PIB, les indicateurs de développement financier et le degré d'ouverture sont issus de *World Development Indicators* (WDI) de la Banque mondiale. L'indicateur de développement financier (Fi) est obtenu à l'aide d'une analyse en composantes principales ACP (voir annexe) à partir de trois dimensions du développement financier : la masse monétaire, le crédit intérieur alloué par le secteur bancaire et le crédit domestique fourni au secteur privé. Les résultats de l'ACP à partir desquels est construit l'indice de développement financier montrent que le premier axe explique en grande partie la variation totale des données de base.

Les données sur les institutions proviennent du Guide international sur les risques liés aux pays (ICRG). À la suite de Bekaert et al. (2005) et Muye et Muye (2017), trois indicateurs de ICRG peuvent être retenus pour mesurer l'environnement institutionnel global : (i) le contrôle de la corruption ; (ii) l'état de droit et (iii) la qualité de la bureaucratie. L'indicateur de corruption mesure l'ampleur de l'usage du pouvoir à des fins privées, ainsi que la mainmise des élites et des groupes d'intérêts sur l'Etat. L'état de droit capte la force et l'indépendance du système judiciaire, le degré de respect des lois et de l'ordre par les citoyens, y compris la qualité des droits de propriété, de la police et des tribunaux, ainsi que les risques de crime. La qualité de la bureaucratie mesure la capacité de l'administration à mener les affaires courantes sans changement d'orientation majeur ni interruption des services publics.

Tableau 1. Statistiques descriptives

	Mesure	Moy	Ec. type	Min	Max
PIB réel par habitant (*PIB*)	USD constant de 2011	1650,7	1887,8	202,4	9468,9
Développement financier (*Fi*)					
Masse monétaire M2	% du PIB	27,40	16,87	6,55	106,95
Crédit intérieur bancaire	% du PIB	27,95	33,85	-79,09	192,66
Crédit au secteur privé	% du PIB	21,51	25,33	1,54	160,12
Qualité des institutions (*InstQ*)					
Contrôle de la corruption	Échelle de 0 à 6	2,48	1,07	0,00	6,00
Etat de droit	Échelle de 0 à 6	2,47	1,09	0,00	5,00
Qualité de la bureaucratie	Échelle de 0 à 4	1,52	0,98	0,00	4,00
Ouverture (*Ouv*)	Export et Import en % du PIB	68,53	33,3	6,32	188,65

Pays : Afrique du Sud, Botswana, Burkina Faso, Burundi, Cameroun, République du Congo, Cote d'Ivoire, Ghana, Kenya, Madagascar, Malawi, Maurice, Niger, Nigéria, Rwanda, Sénégal, Sierra Leone, Swaziland, Tchad, Togo.

Tout comme Muye et Muye (2017), la variable institutionnelle est obtenue en faisant la moyenne des trois indicateurs selon la pondération suivante : 5/3 pour les deux premiers (dont les valeurs sont comprises entre 0 à 6) et 5/2 pour le dernier (qui prend des valeurs comprises entre 0 et 4). Cette pondération permet de donner le même poids aux indicateurs dans la construction de l'indice mesurant la qualité des institutions. Ce dernier se situe ainsi sur une échelle de 0 à 30.

Les données ont été recueillies sur 20 pays d'Afrique subsaharienne, sur une période allant de 1980 à 2015 (cf. tableau 1).

3.2. Résultats des estimations

Avant d'explorer la relation de cointégration, il est nécessaire de voir si les variables sont du même ordre d'intégration. Les tests de stationnarité permettent de confirmer un niveau d'intégration d'ordre 1 pour toutes les variables (tableau 2a).

Toutefois, l'échantillon global est composé de pays hétérogènes avec des niveaux de développement financier et de revenu très différents. Or, selon certains auteurs (Spears, 1992 ; Odhiambo, 2004 ; Ang et Mckibbin 2007), le lien entre développement financier et croissance économique dépend étroitement du stade de développement économique ou financier. C'est pourquoi l'analyse est affinée à ce niveau en distinguant deux sous-groupes de pays : ceux ayant un niveau de développement financier inférieur à la médiane (ainsi qu'un niveau de PIB par habitant plus faible, comme le montre la figure 2) et ceux ayant un niveau de développement financier supérieur à la médiane (Tableau 2b et 2c).

Les tests de stationnarité révèlent que toutes les variables sont intégrées d'ordre 1 pour tous les groupes. La relation de cointégration peut aussi être vérifiée (tableau 3).

Tableau 2a. Tests de stationnarité, tous les pays

	PIB		*Fi*		*InstQ*		*Ouv*	
Tendance	Non	Oui	Non	Oui	Non	Oui	Non	Oui
En niveau								
LLC	-1,1	-0,4	-0,8	2,6	-3,2***	-2,4***	-1,2	-0,7
Breitung		2,3		1,8		-1,9		-1,5*
IPS	1,68	2,1	1,0	3,1	-1,6*	-1,5*	-1,6*	-0,9
ADF	38,8	19,5	32,0	27,1	50,3	52,1*	49,1	47,2
PP	47,7	26,3	32,3	42,2	57,8**	30,8	58,1**	58,6**
En différence première								
LLC	-7,8***	-7,1	-8,9***	-7,1***	-12,8***	-11,6***	-12,8***	-11,6***
Breitung		-4,8		-11,2***		-13,1***		-8,2***
IPS	-11,1***	-10,7***	-13,9***	-12,8***	-11,9***	-10,0***	-15,0***	-13,4***
ADF	20,1***	-18,7***	26,1***	22,3***	21,6***	17,3***	28,2***	23,9***
PP	33,9***	-60,4***	50,5***	84,2***	31,8***	50,3***	48,5***	102,0***

*Notes : ***, **, et * significatif respectivement au seuil de 1%, 5%, et 10%.*

Tableau 2b. Tests de stationnarité, médiane supérieure

	PIB		*Fi*		*InstQ*		*Ouv*	
Tendance	Non	Oui	Non	Oui	Non	Oui	Non	Oui
En niveau								
LLC	-0,6	-0,7	-1,3	1,3	-1,5*	-2,0*	-1,4*	-0,2
Breitung		2,8		1,5		-1,1		-1,0
IPS	1,6	1,2	0,5	1,8	-0,8	-1,4*	-1,3*	-0,6
ADF	17,9	12,5	16,8	16,7	24,3	26,6	27,0	25,2
PP	24,6	17,9	12,8	24,0	27,6	29,0*	20,5	20,7
En différence première								
LLC	-5,9***	-5,6***	-7,1***	-6,5***	-9,3***	-8,7***	-8,4***	-7,9***
Breitung		-5,2***		-8,1***		-8,6***		-5,8***
IPS	-7,3***	-7,0***	-9,9***	-9,3***	-8,4***	-6,8***	-10,0***	-9,0***
ADF	92,4***	83,6***	13,1***	11,5***	10,6***	81,1***	13,2***	11,3***
PP	149,6***	156,5***	26,3***	54,7***	15,8***	139,2***	-23,4***	53,3***

*Notes : pays dont le développement financier est supérieur à la médiane. ***, **, et * significatif respectivement au seuil de 1%, 5%, et 10%.*

Tableau 2c. Tests de stationnarité, médiane inférieure

	PIB		*Fi*		*InstQ*		*Ouv*	
Tendance	Non	Oui	Non	Oui	Non	Oui	Non	Oui
En niveau								
LLC	-1,2	0,1	0,6	2,5	-3,0***	-1,4*	-0,2	-0,7
Breitung		0,1		1,1		-1,7*		-1,1
IPS	0,8	1,8	0,9	2,5	-1,4	-0,6	-0,9	-0,7
ADF	20,9	7,0	15,2	10,3	26,0	25,5	22,1	22,0
PP	23,1	8,4	19,5	18,2	30,3*	10,8	37,6***	-37,9
En différence première								
LLC	-5,1***	-4,5***	-5,6***	-3,5***	-8,8***	-7,7***	-9,9***	-8,6***
Breitung		-1,9***		-7,7***		-10,2***		-5,9***
IPS	-8,3***	-8,2***	-9,8***	-8,7***	-8,5***	-7,3***	-11,2***	-9,9***
ADF	109,0***	10,3***	129,2***	107,9***	109,8***	89,1***	150,2***	121,9***
PP	189,0***	44,8***	242,3***	301,1***	159,6***	369,1***	250,9***	487,5***

*Notes : pays dont le développement financier est inférieur à la médiane. ***, **, et * significatif respectivement au seuil de 1%, 5%, et 10%.*

Tableau 3. Résultats des tests de cointégration

	Tous les pays		Médiane inférieure		Médiane supérieure	
Tendance	Non	Oui	Non	Oui	Non	Oui
Panel PP	0,54	-3,80**	-2,16**	-3,80**	-1,54*	-1,43*
Panel ADF	2,68	-0,32	0,03	-0,33	2,68	0,17
Group PP	-1,39*	-1,97**	-1,90**	-1,97**	-1,39*	-1,96**
Group ADF	0,55	-0,41	-0,39	-0,41	0,55	0,53

*Note : ***, **, et * significatif respectivement au seuil de 1%, 5%, et 10%.*

Pour estimer une relation de long terme entre des variables dans un cadre de panel en présence de cointégration, plusieurs estimateurs sont proposés. Le choix de l'estimateur DOLS en particulier s'explique par le fait qu'il semble être plus performant que les autres (Kao et Chiang, 2000). Les estimations consignées dans le tableau 4 sont effectuées sur les différents sous-groupes de pays à partir de l'équation 2.

Tableau 4. Résultats des estimations avec les méthodes DOLS et FMOLS

	Tous les pays		Médiane inférieure		Médiane supérieure	
	DOLS	FMOLS	DOLS	FMOLS	DOLS	FMOLS
	(lag=1, lead=1)		**(lag=1, lead=1)**		**(lag=1, lead=1)**	
PIB	0,503**	0,427**	0,403**	0,170***	0,439***	0,448***
	(0,236)	(0,194)	(0,158)	(0,029)	(0,057)	(0,050)
Inst	0,288**	0,234**	0,632***	0,487***	0,342**	0,386***
	(0,130)	(0,108)	(0,122)	(0,030)	(0,139)	(0,122)
Ouv	0,129	0,043	0,221**	0,279****	-0,150*	-0,196**
	(0,134)	(0,097)	(0,096)	(0,035)	(0,081)	(0,077)
	(lag=2, lead=1)		**(lag=2, lead=1)**		**(lag=2, lead=1)**	
PIB	0,775**		0,723***		0,449***	
	(0,236)		(0,185)		(0,063)	
InstQ	0,408**		0,879***		0,349**	
	(0,130)		(0,117)		(0,156)	
Ouv	0,118		0,162*		-0,296*	
	(0,138)		(0,095)		(0,089)	

*Note : Les valeurs ( ) sont les erreurs standards ; ***, **, et * significatif respectivement au seuil de 1%, 5%, et 10%.*

On constate que les institutions ont généralement un effet positif sur le développement financier. Pour tous les groupes de pays, la qualité des institutions impacte positivement et significativement le développement financier. Il en est de même pour les autres variables considérées, à savoir le revenu par tête et le degré d'ouverture. Pour les pays d'Afrique subsaharienne, l'importance de la qualité des institutions pour le développement qui découle de ce résultat s'inscrit dans la lignée d'autres travaux empiriques (Demetriades et Law, 2006 ; Le et al., 2016). Cela confirme la nécessité de leur prise en compte comme variable de contrôle lors de l'examen de la relation de causalité entre le développement financier et la croissance.

Après avoir établi que la croissance économique entretient une relation à long terme avec le développement financier, nous examinons le lien de causalité entre ces deux variables. Pour notre cas précis, les tests de causalité sont effectués entre la croissance et un indicateur de développement financier. Les institutions sont introduites comme variable de contrôle lors de l'examen de la causalité. Les résultats de causalité sont issus du modèle vectoriel à correction d'erreur (VECM). Le coefficient sur le terme de correction d'erreur (TCE) doit être significativement négatif pour la présence d'une relation de long terme. La structure des retards optimale est choisie selon les critères d'information d'Akaike et de Schwarz. La nature de la causalité peut être définie en testant la significativité des coefficients des variables dépendantes des équations 5 et 6. La signification des tests de causalité est déterminée par la statistique du khi deux. Les résultats sont donnés dans les tableaux 5a et 5b.

Tableau 5a. Résultats des tests de causalité de Granger basés sur le modèle vectoriel à correction d'erreur (sans contrôle des institutions)

	ΔFi	ΔPIB	TCE_{t-1}	Test d'autocorrélation
	Khi2 (p-value)		Coefficients	LM-stat (p-value)
Tous les pays				
ΔFi		6,659** (0,04)	-0,004***	6,048
ΔPIB	1,612 (0,447)		-0,125***	(0,196)
Médiane sup.				
ΔFi		9,197** (0,01)	-0,011***	6,654
ΔPIB	0,071 (0,965)		-0,176***	(0,155)
Médiane inf.				
ΔFi		3,806 (1,15)	-0,038**	6,499
ΔPIB	1,492 (0,474)		-2,369***	(0,165)

*Note : ***, **, et * significatif respectivement au seuil de 1%, 5%, et 10%.*

Tableau 5b. Résultats des tests de causalité de Granger basés sur le modèle vectoriel à correction d'erreur (avec contrôle des institutions)

	ΔFi	ΔPIB	TCE_{t-1}	Test d'autocorrélation
	Khi2 (p-value)		Coefficients	LM-stat (p-value)
Tous les pays				
ΔFi		7,013** (0,030)	-0,001***	7,061
ΔPIB	2,060 (0,357)		-0,006***	(0,133)
Médiane sup.				
ΔFi		11,011**(0,012)	-0,002***	1,587
ΔPIB	0,848 (0,838)		-0,018*	(0,811)
Médiane inf.				
ΔFi		1,878 (0,391)	-0,081***	6,293
ΔPIB	4,725* (0,094)		-1,964***	(0,178)

*Note : ***, **, et * significatif respectivement au seuil de 1%, 5%, et 10%.*

Les termes de correction d'erreur associés au modèle VECM sont tous négatifs et significativement différents de zéro. Les faibles valeurs des coefficients de correction d'erreur suggèrent une vitesse d'ajustement plutôt lente. Les tests LM indiquent une absence d'autocorrélation des erreurs.

Les tests de causalité révèlent globalement une causalité unidirectionnelle, du développement financier au PIB (tableau 5a). En d'autres termes, c'est le développement financier qui induit la croissance. Ce résultat, obtenu d'abord à partir de l'ensemble des pays, est aussi observé pour le sous-groupe des pays ayant une maturité financière relativement plus grande. Par contre, aucune relation de causalité n'est obtenue pour les pays à niveau de développement financier plus faible.

Le tableau 5b donne les résultats de la causalité, en tenant compte des institutions comme variable de contrôle. Cette fois-ci, la relation de causalité se révèle significative pour tous les groupes de pays. Toutefois, pour les pays qui se trouvent sous la médiane, la relation de causalité fonctionne de la croissance au développement financier. Ainsi, pour ce groupe de pays, c'est la croissance qui amène le développement financier, et l'amélioration de la qualité des institutions est de nature à favoriser cette relation.

Ces résultats vont dans le sens des conclusions émises par Odhiambo (2004) et Ang et Mckibbin (2007). Ils permettent en outre d'expliquer et de concilier les résultats divergents obtenus en Afrique subsaharienne sur la direction de la causalité (Adu et al., 2013 ; Eng et Habibullah, 2011) : à des niveaux faibles, c'est la croissance qui soutient le développement financier ; le développement financier ne tire la croissance qu'une fois atteinte une certaine maturité. Ce résultat n'est pas surprenant : en effet, comme le suggèrent Bangake et Eggoh (2011), la finance exerce une nette influence sur la croissance de la productivité, principalement dans les économies plus développées. Par contre, dans les pays à faible revenu, associés globalement à un niveau de développement financier plus limité (voir figure 2), les taux d'intérêt bas par exemple ne semblent pas avoir d'effet positif sur le taux d'épargne et la croissance économique.

La prise en compte simultanée des institutions et du niveau de développement financier permet ainsi de mieux appréhender la relation entre la finance et la croissance et de resituer la plupart des résultats rencontrés dans la littérature. Il est important, pour analyser les pays en développement et en particulier les pays d'Afrique subsaharienne, de considérer à la fois le niveau de développement financier, mais aussi celui du développement institutionnel lors de l'examen des liens entre finance et croissance.

CONCLUSION

Dans cet article, il s'est agi d'examiner la relation entre la croissance et le développement financier en ASS, en tenant compte de l'environnement institutionnel des pays. Pour cela, nous avons utilisé les techniques d'estimation des VAR en panel en prenant en compte les problèmes de stationnarité et de cointégration des variables. Dans un premier temps, nous avons construit un indice de développement financier à partir d'une ACP. Le résultat de cointégration a permis d'observer, à travers des estimations par les FMOLS et DOLS, que les institutions ont un impact positif sur le développement financier. Dans un deuxième temps, les tests de causalité effectués à partir du modèle VEC révèlent des résultats nettement différents selon les groupes de pays : pour les pays où le système financier est relativement important, c'est le développement financier qui induit la croissance ; par contre, pour le groupe de pays ayant un niveau de développement relativement faible des marchés financiers, c'est la croissance qui induit le développement financier, et seulement s'il y a en parallèle une amélioration des institutions.

Pour les pays d'Afrique subsaharienne, ce résultat montre que la causalité est très sensible au niveau de développement financier. Si un système financier structuré est déterminant pour la croissance économique, l'amélioration de la qualité des institutions s'avère être un instrument majeur pour favoriser l'organisation et le fonctionnement des marchés financiers et consolider leurs liens avec le secteur réel. Le développement des banques, soutenu par un processus d'amélioration des marchés financiers et des institutions, peut constituer alors un levier important de croissance sur le long terme pour les pays d'Afrique subsaharienne.

REFERENCES

Acemoglu D., Johnson S., 2005, Unbundling institutions. *Journal of Political Economy,* 113, 949-995.

Adua G., Marbuah G., Tei Mensahb J., 2013, Financial development and economic growth in Ghana: Does the measure of financial development matter?, *Review of Development Finance*, 3, 192-203.

Agbetsiafa D.K., 2003, The finance-growth nexus: evidence from Sub-Saharan Africa, *International Advances in Economic Research*, 9, 172-190.

Ang J., Mckibbin W., 2007, Financial liberalization, financial sector development and growth: Evidence from Malaysia, *Journal of Development Economics*, 84, 1, 215-233.

Anwar S., Cooray A., 2012, Financial Development, Political Rights, Civil Liberties and Economic Growth: Evidence from South Asia, *Economic Modelling*, 29, 3, 974-981.

Apergis N., Filippidis I., Economidou C., 2007, Financial deepening and economic growth linkages: a panel data analysis., *Review of World Economics*, 143, 179-198.

Arestis P., Demetriades P., 1996, Finance and growth: Institutional Considerations and Causality. UEL, Department of Economics Working Paper, No.5.

Baltagi B., Demetriades P., Law S., 2009, Financial development and openness: evidence from panel data, *Journal of Development Economics*, 89, 285-296.

Bangake C., Eggoh J.C., 2011, Further evidence on finance-growth causality: À panel data analysis, *Economic Systems*, 35, 176-188.

Beck T., Demirguc-Kunt A., Levine R., 2003, Law and finance. Why does legal origin matter?, *Journal of Comparative Economics*, 31, 653-675.

Bekaert G., Harvey C.R., Lundblad C., 2005, Does financial liberalization spur growth?, *Journal of Financial Economics*, 77, 1, 3-55.

Beji S, Youssef D., 2010, La place de la régulation bancaire dans le développement bancaire et la croissance : une approche institutionnelle pour les pays d'Afrique du nord et du Moyen-Orient, *Région et Développement*, 32, 121–152.

Cezar R., 2012, Un nouvel indice du développement financier. UMR DIAL, DT-04.

Demetriades P., Law S.H., 2006, Finance, institutions and economic development, *International Journal of Finance and Economics,* 11, 3, 245-260.

Eng Y., Habibullah M., 2011, Financial development and economic growth nexus: another look at the panel evidence from different geographical regions, *Banks and Bank Systems*, 6, 62-71.

Enisan-Akinlo A., Egbetunde T., 2010, Financial development and economic growth: The experience of 10 sub-saharan african countries revisited. *The Review of Finance and Banking*, 2, 17-28.

Fowowe B., 2010, The finance-growth nexus in Sub-Saharan Africa: Panel cointegration and causality tests, *Journal of International Development*, 23, 2, 1-20.

Giuliano P., Ruiz-Arranz M., 2009, Remittances, financial development, and growth, *Journal of Development Economics*, 90, 144-152.

Granger C. W. J., 2003, Some aspects of causal relationships. *Journal of Econometrics*, 112, 1, 69-71.

Gurley J.G., Shaw E.S., 1955, Financial aspects of economic development, *American Economic Review*, 45, 515-538.

Hassan M. K., Sanchez B., Yu J.-S., 2011, Financial development and economic growth: New evidence from panel data. *The Quarterly Review of Economics and Finance*, 51, 1, 88-104.

Hicks J.R., 1969, *A Theory of economic history*, Oxford University Press, Oxford.

Kao C., Chiang M.H., 2000, On the estimation and inference of a cointegrated regression in panel data. In: Baltagi, B.H. (Ed.), Nonstationary Panels, Panel Cointegration and Dynamic Panels, *Advances in Econometrics*, Elsevier, 15, 179-222.

Kargbo S.M., Adamu P.A., 2009, Financial Development and Economic Growth in Sierra Leone, *Journal of Monetary and Economic Integration*, 9, 30-61.

Kim D.H., Lin S.C., Suen, Y.B., 2010, Dynamic effects of trade openness on financial development, *Economic Modelling*, 27, 1, 254-261.

King R., Levine R., 1993, Finance, entrepreneurship, and growth: Theory and evidence, *Journal of Monetary Economics*, 32, 513-542.

Knack S., Keefer P., 1995, Institutions and Economic Performance: Cross-country Tests Using Alternative Institutional Measures, *Economics and Politics*, 7, 3, 207-227.

Law S. H., Lim T. C., Ismail N. W., 2013, Institutions and economic development: A granger causality analysis of panel data evidence, *Economic Systems*, 37, 4, 610-624.

Le T.H., Kim J., Lee M., 2016, Institutional quality, trade openness, and financial sector development in Asia: An empirical investigation, *Emerging Markets Finance and Trade*, 52, 5, 1047-1059.

Levine R., 1997, Financial development and economic growth: Views and agenda, *Journal of Economic Literature*, 35, 2, 688-726.

Levine, R., 2005, Finance and growth: theory and evidence, In P. Aghion & S. Durlauf (Ed.), *Handbook of economic growth* (Chapter 12), Elsevier, New York.

Levine R., Zervos S, 1998, Stock markets, banks, and economic growth, *American Economic Review*, 88, 537-558.

McKinnon R. I., 1973, Money and capital in economic development, *Washington, D.C.: The Brookings Institution.*

Mishkin F. S., 2009, Globalization and financial development, *Journal of Development Economics*, 89, 2, 164-169.

Muye I.M., Muye I.Y., 2017, Testing for causality among globalization, institution and financial development: Further evidence from three economic blocs, *Borsa Istanbul Review*, 17, 2, 117-132.

Odedokun M.O, 1996, Alternative econometric approaches for analyzing the role of the financial sector in economic growth: time-series evidence from LDCs, *Journal of Development Economics*, 50, 119-146.

Odhiambo N.M., 2004, Is financial development still a spur to economic growth? A causal evidence from South Africa, *Savings and Development*, 28, 47-62.

PNUD, 2018, *Rapport sur le développement humain 2018.*

Rachdi H., Ben Mbarek H., 2011, The Causality between Financial Development and Economic Growth: Panel Data Cointegration and GMM System Approaches, *International Journal of Economics and Finance*, 3, 1, 143-151.

Robinson J., 1952, *The Generalisation of the General Theory, in the Rate of Interest, and Other Essays*, Macmillan, 2nd Edition, London, Other Essays, (London: Macmillan, 1952).

Rousseau L.P., Wachtel P., 2000, Equity markets and growth: cross-country evidence on timing and outcomes, *Journal of Banking and Finance*, 24, 1933-1957.

Spears A., 1992, The role of financial intermediation on economic growth in SSA, *Canadian Journal of Development studies*, 13, 361-380.

Waqabaca C., 2004, Financial Development and Economic Growth in Fiji, Working Paper Economics Department, Reserve Bank of Fiji.

Weinhold D., 1996, Tests de causalité sur données de panel : une application à l'étude de la causalité entre l'investissement et la croissance, *Économie & Prévision*, 126, 5, 163-175.

ANNEXE

Analyse en composantes principales à la base de l'indice de développement financier

Pays	Valeur propre (composante 1)	Proportion de la variance
Afrique du Sud	2,638	87,938
Botswana	2,298	76,593
Burkina Faso	2,488	82,939
Burundi	2,473	82,444
Cameroun	2,298	76,612
Congo	1,597	63,228
Côte d'Ivoire	2,215	73,831
Ghana	2,633	87,765
Kenya	2,503	83,426
Madagascar	2,160	72,014
Malawi	2,328	77,611
Maurice	2,759	91,960
Niger	2,239	74,641
Nigéria	2,199	73,315
Rwanda	2,037	67,896
Sénégal	2,088	69,594
Sierra Leone	1,483	69,434
Swaziland	1,936	64,537
Tchad	2,310	76,991
Togo	1,965	77,065

Source : calculs des auteurs.

Financial development, institutions and economic growth in sub-Saharan Africa: what is the causality?

Abstract - The purpose of this article is to examine the causal relationship between financial development and economic growth, taking into account the quality of the institutional environment. The sample is made up of 20 sub-Saharan African countries over the period 1980-2015. The cointegration result reveals, through estimates by the FMOLS and DOLS, that institutions have a positive impact on financial development. Subsequently, causality tests based on the vector error correction model (VECM) show very different results across country groups: for countries with a more advanced financial system, it is financial development that induces growth ; however, for the group of countries with less developed financial markets, causality is from growth to financial development, and only if there is an improvement in institutions.

Key-words
Financial development
Growth
Institutions
Sub-Saharan Africa
Panel data

Région et Développement

n° 50-2019

www.regionetdeveloppement.org

L'effet de l'investissement direct étranger sur la croissance économique en Afrique subsaharienne : le rôle des institutions

Fabrice NGUEGANG*
Luc NEMBOT NDEFFO**
Germain NDJIEUNDE***

Résumé- Cet article a pour objectif d'évaluer le rôle des institutions et de la gouvernance dans l'effet des investissements directs étrangers(IDE) sur la croissance du PIB par habitant pour 41 pays d'Afrique subsaharienne (ASS). Nous utilisons notamment un modèle PTR sur des données moyennes de trois ans sur la période 1996-2016. Les estimations économétriques montrent que le caractère démocratique des institutions, la qualité des services publics, le poids des réglementations et la primauté du droit exercent un rôle catalyseur, avec des seuils particuliers, dans l'effet de l'IDE sur la croissance. Elles montrent par contre un effet plus ambigu du degré de lutte contre la corruption et de la stabilité politique. L'analyse montre aussi des effets différenciés dans certaines Communautés économiques régionales d'ASS.

Classification JEL

F23, L13, O16, P52

Mots-clés

Investissement direct étranger
Institutions
Effet de seuil
Croissance économique
Afrique subsaharienne
CAE
CEEAC
CEDEAO
SADC

Les auteurs remercient les rapporteurs anonymes et le directeur éditorial de la revue pour leurs remarques et suggestions qui ont permis d'améliorer les versions antérieures de cet article.

* Université de Dschang ; f_nguegang@yahoo.ca
** Université de Dschang ; ndefluc@yahoo.fr
*** Université de Yaoundé 2 - Soa ; germain.ndjieunde@yahoo.fr

INTRODUCTION

L'objectif de cet article est d'analyser si dans un contexte d'intégration régionale en Afrique subsaharienne (ASS), l'investissement direct étranger (IDE) a un effet sur le PIB par habitant et si cet effet peut être conditionné par le niveau de gouvernance et la qualité des institutions des pays. Plusieurs études ont été menées en vue d'analyser l'effet de l'IDE sur la croissance économique, mais la question fait débat et reste largement ouverte, notamment concernant le rôle à attribuer à la qualité des institutions. Notre étude porte sur l'ASS et distingue les Communautés Economiques Régionales (CER) : la CAE (Communauté d'Afrique de l'Est), la CEEAC (Communauté Economique des États de l'Afrique Centrale), la CEDEAO (Communauté Economique et Douanière des États de l'Afrique de l'Ouest) et la SADC (Communauté de Développement d'Afrique Australe).

Pour traduire la qualité des institutions, nous considérons les différents indicateurs de gouvernance de Kaufmann et al. (2010) provenant de la base de données WGI de la Banque mondiale. Nous allons utiliser une méthode, le modèle PTR (*Panel Threshold Regression*), qui tient compte de la possibilité de changement d'influence à partir d'un certain seuil de qualité des institutions. L'article montre qu'il existe bien des seuils, pour certains indicateurs de gouvernance, qui peuvent moduler la relation IDE/croissance.

Cet article est articulé comme suit : une revue de la littérature sur les liens entre IDE et croissance économique est donnée en section 1, les faits stylisés et les données de l'étude sont exposés en section 2, la section 3 présente le modèle économétrique et discute des résultats.

1. IDE, CROISSANCE ET PRISE EN COMPTE DES INSTITUTIONS : UNE REVUE DE LA LITTÉRATURE

Un nombre important d'études empiriques depuis les années 1990 ont tenté d'estimer l'effet des IDE sur la croissance économique dans les pays en développement(Brewer, 1991 ; Saltz, 1992 ; Blomström et Wolff, 1994 ; Balasubramanyam et al., 1996 ; Borensztein et al., 1998 ; Lipsey, 2000 ; Bouklia et Zatla, 2001 ; Sadik et Bolbol, 2001 ; Carkovic et Levine, 2002 ; OCDE, 2002 ; Hsiao et Shen, 2003 ; Akinlo, 2004 ; Alfaro et al., 2004 ; Blonigen et Wang, 2005 ; Meschi, 2006 ; Ngouhouo, 2008 ; Vu et Noy, 2009 ; Nembot Ndeffo, Kamdem, et Nanfosso , 2013 ; Jugurnath et al., 2016...). Une partie de la littérature a montré un effet positif des IDE mais une autre non. De là, pour approfondir l'analyse, des études ont cherché à introduire le rôle de la gouvernance des pays d'accueil pour juger de l'impact des IDE sur leur croissance (1.1). Devant les résultats non assurés, des auteurs ont cherché à mettre en évidence l'existence de seuils différenciés pour juger du rôle de la gouvernance (1.2).

1.1. Les études intégrant un effet de la gouvernance

Bengoa et Sanchez-Robles (2003) étudient l'interaction entre le degré de liberté économique, l'IDE et la croissance économique. Ils utilisent la méthode des moments généralisés en double différence sur un panel de 18 pays d'Amérique latine de 1970 à 1999. Ils montrent que la liberté économique dans le pays hôte est un déterminant de l'IDE et suggèrent que, s'il y a un lien positif entre IDE et croissance économique, pour bénéficier à long terme des flux de capitaux des firmes multinationales (FMN), les pays d'accueil doivent disposer d'un niveau de capital humain adéquat, de la stabilité économique et des marchés libéralisés.

Durham (2004) soutient en prenant un échantillon de 80 pays étudiés sur la période 1979-1998 que seuls les pays qui disposent d'institutions fortes et d'un cadre juridique attractif pour les investisseurs peuvent bénéficier des effets positifs de l'IDE sur leur croissance.

Darrat, Kherfi, et Soliman (2005) ont étudié l'effet de l'IDE sur la croissance économique en menant une analyse comparative sur 23 pays appartenant à deux régions différentes : l'Afrique du Nord et le Moyen Orient et l'Europe Centrale et Orientale. En utilisant les doubles moindres carrés sur la période 1979-2002, ils constatent que les flux d'IDE stimulent la croissance économique seulement dans les pays candidats à l'Union européenne. L'effet de l'IDE au niveau des pays de l'Afrique du Nord et du Moyen Orient, et des pays non candidats à l'UE, est négatif ou inexistant. Les auteurs avancent l'idée que la candidature pour devenir membre de l'UE semble être un facteur catalyseur pour une application plus étendue et plus efficace des réformes, ce qui aurait contribué aux effets positifs des flux d'IDE.

Azman-Saini et al. (2010a), étudient le lien entre l'IDE, la liberté économique et la croissance économique sur un panel de 85 pays sur la période de 1975 à 2004. En utilisant la méthode des moments généralisés, ils trouvent que l'IDE seul n'a pas un effet direct positif sur la croissance économique. Ils montrent notamment que l'effet de l'IDE est lié au niveau de liberté économique dans le pays d'accueil.

Le rôle de la qualité de la gouvernance et des institutions, à partir d'indicateurs constitués *ad hoc* par différents organismes, n'apparaît que récemment dans l'analyse de l'effet de l'IDE sur la croissance économique, dans les PED et en Afrique.

Shuaibu et Fowowe (2014) conduisent une étude sur l'effet de l'IDE sur la réduction de la pauvreté en retenant un panel de 30 pays d'Afrique étudiés sur la période1981-2011. En utilisant comme unité d'analyse des données moyennes sur 3 ans et en recourant à la méthode des moments généralisés en système proposée par Blundell et Bond (1998),ils trouvent que l'IDE contribue positivement et de façon significative à la réduction de la pauvreté en Afrique. Ils montrent surtout que de meilleures institutions de gouvernance et le développement du capital humain favorisent la réduction de la pauvreté.

Zghidi et al. (2016) mènent une étude sur l'interaction entre l'IDE, la liberté économique et la croissance économique. Ils recourent à un panel de 4 pays, à savoir la Tunisie, le Maroc, l'Algérie et l'Egypte. Leur analyse est effectuée sur des données moyennes de 5 ans entre 1980 et 2013. En utilisant la méthode des moments généralisés, ils mettent en évidence une relation positive entre IDE et croissance économique. Ils trouvent aussi que la liberté économique apparaît comme complémentaire à l'IDE. Ils en viennent à la conclusion selon laquelle les pays qui promeuvent une grande liberté des activités économiques tirent plus de la présence des FMN.

Malikane et Chitambara (2017) ont examiné la relation entre l'IDE, la démocratie et la croissance en recourant à un panel de 8 pays d'Afrique du Sud (Botswana, RDC, Malawi, Îles Maurice, Afrique du Sud, Tanzanie, Zambie et Zimbabwe) étudiés sur des périodes de 5 ans entre 1980 et 2014. A l'aide de la méthode des moments généralisés, ils montrent que l'effet de l'IDE sur la croissance économique dépend du niveau de démocratie des pays d'accueil. Ainsi, ils soutiennent que les pays avec des institutions démocratiques fortes sont les plus susceptibles de permettre des effets d'entrainement des IDE. Bien qu'ayant utilisé les données de deux bases différentes, notamment celles de « Frazer Institute » et « Polity IV », les auteurs ne s'intéressent toutefois qu'à un seul aspect de la gouvernance, ce qui réduit la portée de leurs résultats.

Ozekhome (2017), dans une étude portant sur le Nigéria entre 1981 et 2015, montre en utilisant la méthode des moments généralisés que les institutions démocratiques et l'IDE influencent significativement la croissance économique, même si l'auteur n'analyse pas directement les interactions entre IDE et indicateurs de la qualité des institutions.

Ajide, Adeniyi et Raheem (2014) conduisent une étude sur 27 pays de l'Afrique subsaharienne sur la période 2002-2010. Ils utilisent les différents indicateurs de gouvernance et non un indicateur composite. Les résultats des auteurs montrent que le contrôle de la corruption, la stabilité politique et l'efficacité des pouvoirs publics et leur interaction avec l'IDE n'affectent pas la croissance économique. L'une des principales limites de l'étude reste le non-traitement des problèmes d'endogénéité.

Alege et Ogundipe (2014) étudient la relation entre les IDE et la croissance économique dans la CEDEAO en utilisant la méthode des moments généralisés en système sur un panel couvrant la période 1970-2011, en cherchant à contrôler l'endogénéité inhérente à la relation IDE-croissance. Ils étudient aussi l'interaction entre le capital humain et les indicateurs de qualité des institutions avec les autres variables dans l'explication des flux d'IDE reçus. Les résultats s'avèrent différents des précédentes études. Il apparaît une contribution non significative des IDE sur la croissance.

1.2. Les études montrant un effet de seuil de la gouvernance

Gui-Diby (2014) étudie l'effet de l'IDE sur la croissance économique de 50 pays africains sur la période allant de 1980 à 2009. Il utilise la méthode des moments généralisés en système. L'auteur trouve que l'IDE a un effet significatif sur la croissance économique en Afrique durant la période d'étude considérée. Plus spécifiquement, il trouve qu'un faible niveau de capital humain ne limite pas l'effet de l'IDE, et que si l'effet de l'IDE sur la croissance a été négatif sur la période 1980-1994, il apparaît positif de 1980 à 2009. Ce résultat est expliqué par d'autres auteurs comme étant la résultante d'un effet conditionnel de certaines variables. C'est le cas par exemple d'Othman, Jafari et Sarmidi (2014) dans une étude sur la Malaisie entre 1974-2009. Les auteurs montrent en utilisant un modèle PTR (*Panel Threshold Regression*) que c'est à partir d'un certain seuil que la bonne gouvernance renforce l'effet de l'IDE sur la croissance économique.

Brahim et Rachdi (2014) trouvent, en travaillant sur un échantillon de 19 pays d'Afrique du Nord et du Moyen-Orient sur la période 1984-2011, que seuls les pays avec de bonnes institutions connaissent un effet positif de l'IDE sur la croissance économique. Ils aboutissent à ce résultat en recourant à un modèle PSTR (*Panel Smooth Transition Regression*) étant entendu que la relation paraît non linéaire entre l'IDE et la croissance économique. En parallèle, Meon et Sekkat (2004)en travaillant sur le même groupe de pays trouvent qu'un faible niveau de corruption et de bureaucratie contribuent de façon significative à la décision d'implantation des FMN.

Jude et Levieuge (2013) utilisent les données de risque pays pour établir que la qualité des institutions module l'intensité de l'effet de l'IDE sur la croissance économique à travers les transferts de technologie et l'accumulation du capital. Ces résultats sont obtenus sur un échantillon de 94 pays en développement étudiés de 1984 à 2009, en recourant à un modèle à effet de seuil, le modèle PSTR, qu'ils confrontent à la méthode des GMM.

Trojette (2016) étudie le rôle du niveau institutionnel dans l'effet de l'IDE sur la croissance économique. Elle mène cette étude sur 5 échantillons comportant le groupe des pays d'ASS, le groupe des pays de l'Afrique du Nord et du Moyen-Orient, le groupe des pays d'Europe, le groupe des pays d'Asie et le groupe des pays d'Amérique. Elle utilise comme technique d'analyse la méthode des moments généralisés en système sur la période 1984-2013. Grâce à une technique de régression basée sur un modèle à seuil développé par Caner et Hansen (2004), elle montre qu'il existe dans chaque groupe de pays, à l'exception des pays d'Amérique, un seuil à partir duquel les indicateurs de qualité des institutions affectent positivement la croissance économique. En particulier, au-dessus d'un seuil précis, la stabilité politique et le respect de la loi renforcent l'effet de l'IDE sur la croissance économique.

Agbloyor et al. (2016) examinent la relation entre l'IDE, les institutions et la croissance économique en Afrique subsaharienne sur des données moyennes de 3ans entre 1996 et 2010. Pour ce faire, ils utilisent la méthode des moments généralisés et montrent que, si l'on prend tous les pays, (a) l'IDE n'affecte pas significativement la croissance économique, (b) le niveau des institutions, capté par les 6 indicateurs de Kaufmann et al., n'affecte pas significativement la croissance économique, de même que l'interaction des variables institutionnelles avec l'IDE. En menant cette étude pour le sous-échantillon excluant les pays dotés de marchés financiers développés, ils ne trouvent pas non plus une relation significative entre IDE et croissance économique. Cependant, dans le sous-échantillon excluant les pays riches en ressources naturelles, ils trouvent un effet direct et positif des IDE sur la croissance, et cet effet semble moins sensible lorsque la qualité des institutions est plus haute.

2. FAITS STYLISÉS ET MODÈLE EMPIRIQUE

Nous présentons dans un premier temps les faits stylisés et dans un deuxième temps la démarche empirique.

2.1. Quelques faits stylisés

Le PIB par tête entre 1996 et 2016 présente une tendance globalement croissante en Afrique subsaharienne (2,7 % par an en moyenne). La croissance dans la CEEAC est la plus forte (3,1% par an). Elle est inférieure dans la SADC (2,5%), la CAE (2,4%) et la CEDEAO (2,3%). On peut noter que des pays présentent une tendance irrégulière comme la Côte d'Ivoire, la Gambie, la Guinée, la Guinée-Bissau et Madagascar. Des pays présentent une évolution en deux phases, une baisse de 1996 à 2010 et une hausse à partir de 2010, comme le Gabon (dans le sens inverse de la CEEAC) et le Zimbabwe.

Concernant les niveaux de PIB par habitant, le tableau 1 montre que la CEEAC affiche un niveau moyen légèrement plus élevé (5894 dollars US) que celui de la SADC (5835 dollars US) et plus important que dans la CEDEAO (1918 dollars US) et la CAE (1482 dollars US). La Guinée équatoriale connaît en 2008 le niveau de PIB par habitant le plus important du panel (42957 dollars US), largement dû au niveau record atteint par le baril de pétrole en 2008. La dispersion des PIB par habitant est très marquée dans l'ASS (6211 dollars EU) en général et dans la CEEAC (9103 dollars US). Inversement, la dispersion est plus faible dans la CAE (644,8 dollars US).

En ce qui concerne les entrées d'IDE, la tendance est globalement à la hausse. C'est le cas du Mozambique, du Burundi, du Rwanda, de l'Ouganda, de la RDC, du Gabon, du Bénin, du Ghana, du Niger, de la Zambie et du Zimbabwe à partir de 2009. D'après le tableau 1, la SADC (642,8 millions de dollars US) – malgré un niveau de désinvestissement élevé enregistré en 2013 par l'Angola (-7120 millions) – et la CEDEAO (493 millions de dollars US) sont les premiers récepteurs. Néanmoins, l'Afrique du Sud enregistre en 2008 le niveau le plus élevé d'IDE (9885 millions de dollars US) de toute l'ASS. Les pays pour lesquels l'évolution conjointe de l'IDE et du PIB par habitant est la plus forte sont le Ghana et le Nigeria dans la CEDEAO, et l'Angola en zone CEEAC et SADC.

Le tableau 1 présente par ailleurs la valeur des différents indicateurs de gouvernance provenant de la base de données « Worldwide Government Indicators » (WGI) de la Banque mondiale, élaborée suivant la méthodologie de Kaufmann et al. (2010). Ces indicateurs de gouvernance, qui varient entre -2,5 et +2,5, ont été exprimés en pourcentage, de 0 à 100%. Le tableau 1 montre que les indicateurs de gouvernance en ASS sont globalement faibles. Sur l'ensemble des six indicateurs de gouvernance aucun n'atteint en moyenne dans les CER considérées le deuxième quartile, la SADC présentant les résultats les plus élevés et la CEEAC les plus faibles.

En ASS, l'Angola est le pays qui dispose des niveaux les plus faibles sur les six composantes de gouvernance. En matière de lutte contre la corruption l'Ile Maurice, la Namibie, les Seychelles et le Botswana présentent des niveaux relativement constants, supérieurs à 60%. Le Rwanda, le Cap-Vert et la Zambie connaissent l'amélioration la plus marquée au cours de la période.

Tableau 1. Statistiques descriptives en Afrique subsaharienne, dans la CEEAC, la CEDEAO et dans la SADC, 1996-2016

	Obs.	Moyenne	Ecart-type	Minimum	Maximum
Afrique subsaharienne					
PIB par habitant	812	4425	6211	261,1	42957
IDE	816	508,8	1306	-7120	9885
Lutte contre la corruption	696	32,29	22,71	0	85,85
Efficacité des pouvoirs publics	696	29,04	20,72	0,95	81,25
Stabilité politique	697	35,90	23,12	0	92,79
Poids de la réglementation	697	31,21	18,18	0,49	83,65
Primauté du droit	697	30,79	21,21	0	83,25
Caractère démocratique des institutions	697	33,85	20,09	1,88	78,85
CEEAC					
PIB par habitant	206	5894	9103	492,6	42957
IDE	208	267,8	1108	-7120	5502
Lutte contre la corruption	177	16,87	17,17	0	76,92
Efficacité des pouvoirs publics	177	15,03	13,03	0,95	57,35
Stabilité politique	177	25,48	20,79	0	82,61
Poids de la réglementation	177	17,35	11,82	0,49	61,54
Primauté du droit	177	15,12	13,84	0,47	61,06
Caractère démocratique des institutions	177	18,29	14,21	1,88	65,38
CEDEAO					
PIB par habitant	286	1918	1231	261,7	6220
IDE	284	493	1295	-132,1	8841
Lutte contre la corruption	240	30,50	18,51	1,46	79,81
Efficacité des pouvoirs publics	240	25,13	17,37	1,46	65,85
Stabilité politique	241	33,48	21,46	0,97	86,96
Poids de la réglementation	241	30,06	14,10	1,96	56,40
Primauté du droit	241	28,89	19,19	0	75,60
Caractère démocratique des institutions	241	35,22	18,53	2,88	76,53
SADC					
PIB par habitant	320	5835	5884	454,9	28272
IDE	324	642,8	1591	-7120	9885
Lutte contre la corruption	279	42,05	24,98	0	85,85
Efficacité des pouvoirs publics	279	37,93	23,29	0,95	81,25
Stabilité politique	279	44,47	23,37	0	92,79
Poids de la réglementation	279	36,60	21,02	0,49	83,65
Primauté du droit	279	39,48	22,79	0,48	83,25
Caractère démocratique des institutions	279	39,97	21,30	1,97	78,85
CAE					
PIB par habitant	100	1482	644,8	677,5	2901
IDE	85	363,9	515,6	-1144	2087
Lutte contre la corruption	85	25,47	18,04	1,42	76,92
Efficacité des pouvoirs publics	85	31,41	13,95	2,93	57,35
Stabilité politique	85	18,84	12,72	0,48	47,87
Poids de la réglementation	85	35,76	15,22	4,41	61,54
Primauté du droit	85	28,93	14,71	2,39	61,06
Caractère démocratique des institutions	85	27,11	12,11	3,85	44,71

Notes : le PIB réel par habitant est exprimé en PPA et en dollar US, l'IDE en millions de dollars US et les indicateurs de gouvernance en pourcentage. Concernant le nombre d'observations, des pays appartiennent à plusieurs CER (voir tableau 4). Source : auteur à partir des données de la Banque mondiale.

Tableau 2. Matrice des corrélations

	1	2	3	4	5	6	7	8	9	10	11	12	13	14	15	16	17
1. PIB	1.000																
2. RNB	0.9951*** (0.0000)	1.0000															
3. IDE	0.2212*** (0.0002)	0.2850* (0.0000)	1.0000														
4. OU	0.4671*** (0.0000)	0.3859*** (0.0000)	-0.0169 0.7808	1.0000													
5. POP	-0.4496*** (0.0000)	-0.4455*** (0.0000)	0.0217 (0.7140)	-0.2674*** (0.0000)	1.0000												
6. CORRUPT	0.3896*** (0.0000)	0.3293*** (0.0000)	0.0165 (0.7801)	0.1059 (0.0802)	-0.4502*** (0.0000)	1.0000											
7. GE	0.4675*** (0.0000)	0.4083*** (0.0000)	0.0940 (0.1120)	0.0411 (0.4980)	-0.4400*** (0.0000)	0.8693*** (0.0000)	1.0000										
8. PS	0.5349*** (0.0000)	0.5047*** (0.0000)	-0.0615 (0.2988)	0.2586*** (0.0000)	-0.3788*** (0.0000)	0.7141*** (0.0000)	0.6777*** (0.0000)	1.0000									
9. RQ	0.3859*** 0.0000	0.3750*** (0.0000)	0.1328** (0.0244)	-0.1013* (0.0942)	-0.3187*** (0.0000)	0.7787*** (0.0000)	0.8685*** (0.0000)	0.5924*** (0.0000)	1.0000								
10. RL	0.4432*** (0.0000)	0.3816*** (0.0000)	0.0434 (0.4635)	0.0793 (0.1906)	-0.4182*** (0.0000)	0.8766*** (0.0000)	0.9049*** (0.0000)	0.7995*** (0.0000)	0.8551*** (0.0000)	1.0000							
11. VA	0.3145*** (0.0000)	0.2708*** (0.0001)	0.1276** (0.0307)	0.0027 (0.9640)	-0.3409*** (0.0000)	0.7684*** (0.0000)	0.8000*** (0.0000)	0.7055*** (0.0000)	0.7488*** (0.0000)	0.8265*** (0.0000)	1.0000						
12. IDE*CORRUPT	0.2513*** (0.0000)	0.2959*** (0.0000)	0.7549*** (0.0000)	-0.0343 (0.5721)	-0.0938 (0.1130)	0.2639*** (0.0000)	0.3222*** (0.0000)	0.1214** (0.0398)	0.3573*** (0.0000)	0.2645*** (0.0000)	0.3240*** (0.0000)	1.0000					
13. IDE*GE	0.2568*** (0.0000)	0.3031*** (0.0000)	0.7818*** (0.0000)	-0.0524 (0.3878)	-0.0958 (0.1052)	0.2231*** (0.0001)	0.3180*** (0.0000)	0.0900 (0.1282)	0.3441*** (0.0000)	0.2456*** (0.0000)	0.3040*** (0.0000)	0.9825*** (0.0000)	1.0000				
14. IDE*PS	0.2696*** (0.0000)	0.3386*** (0.0000)	0.7923*** (0.0000)	0.0421 (0.4872)	-0.0682 (0.2495)	0.1965*** (0.0008)	0.2523*** (0.0000)	0.1855*** (0.0016)	0.2818*** (0.0000)	0.2311*** (0.0001)	0.2650*** (0.0000)	0.8788*** (0.0000)	0.8853*** (0.0000)	1.0000			
15. IDE*RQ	0.2390*** (0.0000)	0.2882*** (0.0000)	0.8557*** (0.0000)	-0.0668 (0.2708)	-0.0690 (0.2438)	0.1839*** (0.0018)	0.2711*** (0.0000)	0.0557 (0.3469)	0.3248*** (0.0000)	0.2134*** (0.0003)	0.2788*** (0.0000)	0.9704*** (0.0000)	0.9815*** (0.0000)	0.8798*** (0.0000)	1.0000		
16. IDE*RL	0.2628*** (0.0000)	0.3078*** (0.0000)	0.7727*** (0.0000)	-0.0431 (0.4777)	-0.0827 (0.1624)	0.2311*** (0.0001)	0.3157*** (0.0000)	0.1179** (0.0459)	0.3583*** (0.0000)	0.2745*** (0.0000)	0.3200*** (0.0000)	0.9835*** (0.0000)	0.9859*** (0.0000)	0.9006*** (0.0000)	0.9759*** (0.0000)	1.0000	
17. IDE*VA	0.2323*** (0.0001)	0.2786*** (0.0000)	0.8706*** (0.0000)	-0.0529 (0.3830)	-0.0609 (0.3041)	0.1755*** (0.0029)	0.2557*** (0.0000)	0.0552 (0.3518)	0.2996*** (0.0000)	0.2019*** (0.0006)	0.2891*** (0.0000)	0.9671*** (0.0000)	0.9732*** (0.0000)	0.8833*** (0.0000)	0.9932*** (0.0000)	0.9730*** (0.0000)	1.0000

*La signification des abréviations des variables est donnée au tableau 3. *, **, et *** représentent respectivement les significativités à 10%, 5% et 1%. Les valeurs entre parenthèses représentent les p-values. Ces résultats sont obtenus sur des données moyennes de trois ans entre 1996 et 2016. Source : auteur.*

Parmi les pays membres de la SADC, l'Ile Maurice enregistre en 2014 le niveau le plus élevé sur les composantes « poids de la réglementation » (83,65%) et « efficacité des pouvoirs publics » (81,25%). L'Ile Maurice enregistre aussi les niveaux les plus élevés pour la « primauté du droit » (83, 25% en 2004) et le « caractère démocratique des institutions politiques » (78,85% en 2000). La Namibie affiche en 2008 le niveau maximum sur la composante « stabilité politique » (92,79%) et le Botswana en 2003 sur la composante « lutte contre la corruption » (85,85%).

Dans la CAE, le Rwanda occupe la tête dans les performances en matière de gouvernance, dont en 2014 un niveau de 76,9% en matière de « lutte contre la corruption » et de 61,5% concernant le « poids de la réglementation ».

Au cours de la période 1996-2016 le Cap-Vert affiche les niveaux les plus élevés pour l'ensemble des indicateurs de gouvernance dans la CEDEAO. En 2014, le Cap-Vert enregistre le niveau maximum pour la composante « lutte contre la corruption » (79,8%), en 1998 pour la composante « efficacité des pouvoirs publics » (65,85%), en 2000 concernant la « stabilité politique » (86,96%), en 1996 pour la « primauté du droit » (75,6%.) et en 2011 pour la composante « caractère démocratique des institutions politiques » (76,5%). Sur la composante « qualité de la réglementation », c'est le Ghana qui affiche le niveau maximum en 2012 (56,4%).

L'Ile Maurice, l'Afrique du Sud, le Botswana et la Namibie présentent les meilleures performances concernant l'« efficacité des pouvoirs publics », avec des niveaux largement au-dessus de 60%. L'Angola, la Guinée équatoriale, la Guinée, la Guinée-Bissau, le Libéria, le Nigeria, la Sierra Leone, le Togo, le Bénin, le Zimbabwe, la RDC et la RCA se situent entre 0 et 20% ; Le Kenya, l'Ouganda, la Tanzanie, le Cameroun, le Burkina Faso, la Gambie, le Niger, la Zambie, Sao Tome et Principe et le Gabon se trouvent entre 20 et 40% ; Le Ghana, le Sénégal, la Namibie, les Seychelles et le Lesotho sont en moyenne entre 40 et 60%.

Sur la composante « stabilité politique », seuls Sao Tome et Principe, le Gabon, le Bénin, le Cap-Vert, le Botswana, l'Ile Maurice et les Seychelles ont un niveau au-dessus du deuxième quartile.

Le tableau 2 montre que les corrélations entre les indicateurs de gouvernance (lignes 6 à 11 et colonnes 6 à 11) sont fortes et positives, de même que les corrélations entre les variables croisées. Cependant, la corrélation entre indicateurs de gouvernance et leurs interactions respectives avec l'IDE sont positives mais relativement faibles (colonnes 6 à 11 et lignes 12 à 17). Il faut noter que la corrélation entre IDE et les variables d'interaction est positive et supérieure à 0,7 (colonne 3, lignes 12 à 17). Ce qui implique que mettre dans un même modèle l'IDE et une variable croisée tend à causer un problème de multicolinéarité.

On peut relever que le PIB par tête retenu comme variable dépendante dans le modèle empirique est très fortement corrélé avec le revenu national brut par tête (RNB) (colonne 1, ligne 2).

2.2. Méthodologie et données de l'étude

2.2.1. La méthodologie

Le modèle d'analyse retenu s'inspire de ceux utilisés dans les études portant sur l'analyse de l'effet de l'IDE sur la croissance économique, et notamment par Azman-Saini et al. (2010a) et Gui-Diby (2014).

Pour évaluer si l'effet des IDE sur la croissance peut être conditionné par le niveau des institutions, nous introduisons dans le modèle des variables croisées de l'IDE avec chacun des six indicateurs de gouvernance retenus. L'effet direct de l'IDE seul ne va pas être pris en compte en raison du biais de multicolinéarité tel qu'identifié dans le tableau 2.

$$PIB_{i,t} = \mu_i + \gamma_i Gov_{ijt} + \varphi_j Gov_{ijt} * IDE_{i,t} + \alpha OU_{it} + \alpha' POP_{it} + \beta PIB_{i,t-1} + \mathcal{E}_{i,t} \quad (1)$$

avec *i* les pays, *j* le choix successif des 6 indicateurs de gouvernance *Gov* retenus. *PIB, IDE, OU* et *POP* sont définis au tableau 3. PIB_{t-1} désigne le PIB par tête retardé. Nous estimons cette équation avec les GMM en système de Blundell et Bond (1998).

En vue d'analyser spécifiquement l'effet de seuil de la qualité des institutions, nous allons utiliser un modèle de changement de régime. González et al. (2005) proposent un modèle à seuil avec transition souple entre deux régimes extrêmes. Contrairement à ce modèle de transition souple, nous considérons plutôt l'hypothèse d'une transition brutale. Ce qui va nous amener à recourir au modèle PTR de Hansen (1999) comme principale technique d'analyse, d'où l'équation pour chaque Gov_j :

$$PIB_{it} = \mu_i + \beta'_1 IDE_{it} I(Gov_{it} \leq \gamma) + \beta'_2 IDE_{it} I(Gov_{it} > \gamma) + \delta \mathbb{C}_{it} + \varepsilon_{it} \quad (2)$$

Dans cette formulation, μ_i représente les effets spécifiques, $I(.)$ la variable de seuil, $\mathbb{C}_{it}$ les variables de contrôle données dans l'équation (1), le terme d'erreur mesurant l'effet des variables non prises en compte dans le modèle.

Nous allons utiliser, comme Shuaibu et Fowowe (2014) et Agbloyor et al. (2016), des données moyennes sur 3 ans sur la période considérée 1996-2016 : 1996-1998, 1999-2001, 2002-2004, 2005-2007, 2008-2010, 2011-2013, 2014-2016. Le recours à des données moyennes permet de minimiser l'influence des cycles de conjoncture et des seuls effets à court terme des IDE.

2.2.2. Les données

Les valeurs de PIB, IDE, POP et OU proviennent de la base de données « World Development Indicators » (WDI) de la Banque mondiale. Les indicateurs sur la gouvernance et les institutions sont issus de la base de données WGI de la Banque mondiale: lutte contre la corruption, efficacité des pouvoirs publics, primauté du droit, poids des réglementations, stabilité politique et caractère démocratique des institutions politiques. Le tableau 3 donne la définition et la source des variables utilisées. L'échantillon de cette étude est constitué de 41 pays d'Afrique subsaharienne (voir Annexe 1).

Tableau 3. Définition des variables

Variable	Définition	Sources
PIB	PIB réel par habitant. Le PIB est exprimé en parité de pouvoir d'achat (PPA) et en dollars US constants de 2011.	WDI
IDE	Flux entrants d'IDE, en dollar US.	WDI
CORRUPT	Contrôle de la corruption.	WGI
GE	Efficacité des services publics. L'indicateur mesure la qualité des services publics, de la bureaucratie et son degré de dépendance aux pressions politiques, la qualité de la mise en œuvre des politiques et la crédibilité des engagements du gouvernement vis-à-vis de telles politiques.	WGI
PS	Stabilité politique.	WGI
RQ	Qualité des politiques et des réglementations permettant le développement du secteur privé.	WGI
RL	Primauté du droit. Mesure les perceptions de la qualité de la mise en application des contrats et du respect des règles, aussi bien que l'occurrence des crimes et des violences.	WGI
VA	Caractère démocratique des institutions politiques. Mesure les perceptions de la capacité des citoyens à participer au choix de leur gouvernement, ainsi que la liberté d'expression, la liberté d'association et la liberté des médias.	WGI
POP	Taux de croissance de la population active.	WDI
OU	Degré d'ouverture commerciale (en %) : (Exportations + Importations)/PIB	WDI

Tableau 4. Appartenance multiple à des CER des pays de l'échantillon

	CAE	CEEAC	SADC
Angola		⋆	⋆
Burundi	⋆	⋆	
RDC		⋆	⋆
Rwanda	⋆	⋆	
Tanzanie	⋆		⋆

⋆*Appartenance retenue. Source : auteur.*

L'existence d'un possible effet régional nous amène à effectuer la même étude pour les quatre Communautés économiques régionales, la CEEAC, la CAE, la CEDEAO et la SADC. Il se pose cependant le problème d'enchevêtrement du fait de l'appartenance multiple de certains pays à des CER différentes (Tableau 4). Ce problème est connu sous l'appellation de « bol de spaghetti ». Pour pallier ce biais de sélection, nous allons retirer le Rwanda des pays de la CEEAC et nous allons le maintenir dans l'échantillon des pays de la CAE. Nous retirons l'Angola et la RDC de la SADC pour les maintenir dans la CEEAC. La Tanzanie est ôtée de la SADC pour la maintenir dans la CAE. Nous enlevons le Burundi de la CEEAC et le conservons dans la CAE (Annexe 2).

3. RÉSULTATS DU MODÈLE ET DISCUSSIONS

Nous présentons d'abord les résultats des tests de spécification du modèle (3.1) puis les résultats des estimations économétriques (3.2).

3.1. La spécification du modèle d'analyse

Tester l'homogénéité des relations est l'étape préalable avant l'estimation d'un modèle à seuil. Lorsque l'hypothèse d'hétérogénéité n'est pas vérifiée, il convient de recourir à une estimation en données de panel avec effets fixes plutôt qu'à un modèle à seuil (Hansen, 2000). Les résultats des tests de linéarité sont reportés dans le tableau 5. L'hypothèse de linéarité de l'effet de l'IDE sur la croissance économique est différemment vérifiée selon les CER et selon les indicateurs de gouvernance.

En Afrique subsaharienne dans son ensemble, l'hypothèse d'homogénéité de l'effet est rejetée à un niveau de significativité de 5%pour la lutte contre la corruption et le caractère démocratique des institutions politiques comme variable interactive. Trois variables, l'efficacité des pouvoirs publics, la qualité de la réglementation et la primauté du droit, sont admises comme variables interactives mais à un niveau de significativité de 10%. S'il y a doute ici, les résultats de l'estimation du modèle PTR donnés après confirment bien leur rôle dans l'explication d'un effet hétérogène de l'IDE sur la croissance économique. L'hypothèse d'homogénéité de l'effet est acceptée seulement pour la variable « stabilité politique ». Cinq des six indicateurs de gouvernance peuvent donc être retenus comme susceptibles d'expliquer l'effet conditionnel de la gouvernance sur l'IDE.

Une analyse des inférences dans les CER montre que l'hypothèse d'homogénéité de la variable « lutte contre la corruption » est rejetée uniquement dans la CAE avec une significativité de 5%. Dans toutes les CER, « l'efficacité des pouvoirs publics » et « la primauté du droit » ne peuvent pas être considérées comme variables conditionnant l'effet de l'IDE sur la croissance économique. En effet, l'hypothèse d'homogénéité n'est pas rejetée pour ces deux indicateurs de gouvernance.

Tableau 5. Test de non linéarité des indicateurs de gouvernance

	Test d'un seuil unique en ASS					
	CORRUPT	GE	PS	RQ	RL	VA
LR	27.42**	16.19*	10.59	16.17*	24.23*	21.17**
p-value	(0.03)	(0.07)	(0.32)	(0.08)	(0.07)	(0.05)
	Test d'un seuil unique dans la CEEAC					
	CORRUPT	GE	PS	RQ	RL	VA
LR	2.80	7.13	3.15	2.95	7.24	2.44
p-value	(0.89)	(0.36)	(0.65)	(0.83)	(0.47)	(0.79)
	Test d'un seuil unique dans la SADC					
	CORRUPT	GE	PS	RQ	RL	VA
LR	3.25	3.94	15.88*	12.31	8.36	3.37
p-value	(0.65)	(0.67)	(0.06)	(0.25)	(0.22)	(0.62)
	Test d'un seuil unique dans la CEDEAO					
	CORRUPT	GE	PS	RQ	RL	VA
LR	14.41	4.81	21.59*	4.07	6.20	17*
p-value	(0.17)	(0.52)	(0.07)	(0.32)	(0.34)	(0.09)
	Test d'un seuil unique dans la CAE					
	CORRUPT	GE	PS	RQ	RL	VA
LR	8.83**	5.57	7.28	11.06*	4.14	19.41***
p-value	(0.02)	(0.34)	(0.29)	(0.06)	(0.48)	(0.007)

*Notes : LR représente la statistique correspondant au test de Lagrange et p-value la probabilité associée à cette valeur. *, **, *** représentent respectivement la significativité à 10%, 5% et 1%. Source : auteur.*

Dans la CEDEAO et dans la SADC, l'hypothèse nulle d'homogénéité n'est acceptée pour « la stabilité politique » qu'avec une significativité de 10%. Cependant les résultats de l'estimation du modèle PTR confirment son rôle dans l'explication de l'hétérogénéité de l'effet de l'IDE sur la croissance économique.

Dans la CEDEAO, l'hypothèse d'homogénéité du « caractère démocratique des institutions politiques » (VA) montre aussi une significativité seulement au seuil de 10%. L'estimation du modèle PTR montre toutefois que VA peut être considéré comme une variable interactive.

L'hypothèse d'homogénéité de la « qualité de la règlementation » dans la CAE est acceptée uniquement avec une significativité de 10%. Mais là aussi l'estimation du modèle PTR confirme le rôle médiateur de la « qualité de la règlementation » dans l'explication de l'effet de l'effet de l'IDE sur la croissance économique.

Cette étape préalable nous permet d'identifier et de retenir trois indicateurs de gouvernance pour la CAE, deux pour la CEDEAO, un pour la SADC et aucun pour la CEEAC susceptibles d'expliquer l'hétérogénéité de l'effet de l'IDE.

3.2. Estimation du modèle et interprétation des résultats

L'estimation et l'interprétation des résultats sont effectuées au niveau de l'Afrique subsaharienne (3.2.1) et au niveau des CER qui composent cette région (3.2.2).

3.2.1. En Afrique subsaharienne

Les tableaux 6, 7, 8, 9 et 10 présentent les résultats de l'estimation de l'effet de l'IDE et du rôle médiateur de la gouvernance sur la croissance économique. En vue d'évaluer les effets de chacun des indicateurs de gouvernance et d'éviter les problèmes causés par la multicolinéarité des variables, nous estimons l'équation (2) en prenant successivement chacun de ces indicateurs. Cette façon de procéder s'inspire des travaux de plusieurs auteurs comme Trojette (2016) et Ajide et al. (2014).

Tableau 6. Résultats pour les pays de l'Afrique subsaharienne, 1996-2016

	Variable dépendante : PIB par habitant											
	(CORRUPT)		(GE)		(PS)		(RQ)		(RL)		(VA)	
VARIABLES	PTR (1)	GMM-Syst (2)	PTR (3)	GMM-Syst (4)	PTR (5)	GMM-Syst (6)	PTR (7)	GMM-Syst (8)	PTR (9)	GMM-Syst (10)	PTR (11)	GMM-Syst (12)
PIB retardé		1.021***		1.020***		1.029***		1.015***		1.021***		1.017***
		(0.0276556)		(0.0286828)		(0.0262909)		(0.0296517)		(0295674)		(0.028794)
IDE*Gov		1.03e-13		5.80e-14		1.55e-14		5.80e-14		6.90e-14		7.03e-14
		(1.85e-13)		(1.71e-13)		(1.93e-13)		(1.64e-13)		(1.98e-13)		(1.62e-13)
IDE(Gov $\leq\gamma$)	5.57e-10***		3.53e-11 **		6.75e-11***		1.20e-11		-3.63e-11		5.27e-12	
	(1.80e-10)		(1.64e-11)		(1.30e-11)		(1.94e-11)		(2.54e-11)		(3.25e-11)	
IDE(Gov $>\gamma$)	6.90e-11***		1.35e-10***		3.58e-10***		9.88e-11***		9.13e-11***		7.83e-11***	
	(1.32e-11)		(2.11e-11)		(9.52e-11)		(1.52e-11)		(1.35e-11)		(1.39e-11)	
OU	-0.00202***	0.0008226***	-0.00274***	0.000865***	-0.00243***	0.0007392***	-0.00266***	0.0009586***	-0.00264***	0.000831***	-0.00308***	0.0008736***
	(0.000504)	(0002427)	(0.000447)	(0.0002598)	(0.000448)	(0.000273)	(0.000433)	(0.0002795)	(0.000422)	(0.000256)	(0.000450)	(0.0002527)
pop	-0.106**	0.0735096***	-0.0997**	0.0815447***	-0.100**	0.734796***	-0.0897*	0.0764849***	-0.0985**	0.0776994***	-0.142***	0.738611***
	(0.0496)	(0.0236487)	(0.0488)	(0.0220581)	(0.0492)	(0217024)	(0.0477)	(0.0227387)	(0.0462)	(0.023071)	(0.0487)	(0.0245619)
Gov	0.00254	0.0005563	0.00441**	0.0010477**	0.00252*	0.003685	0.00718***	0.0764849***	0.00768***	0.0776994***	0.00832***	0.00134***
	(0.00161)	(0.000416)	(0.00192)	(0.0005639)	(0.00136)	(0.0005165)	(0.00194)	(0.0227387)	(0.00186)	(0.023071)	(0.00192)	(0.000516)
Constant	7.900***	-0.253766	7.894***	-0.2695518	7.914***	-0.3060546	7.791***	-0.2439692	7.797***	-0.2679003	7.828***	-0.246057
	(0.0772)	(0.2073085)	(0.0804)	(0.2058844)	(0.0709)	(0.1914602)	(0.0840)	(0.2120941)	(0.0742)	(0.2159241)	(0.0743)	(0.2170677)
Seuil (γ)	**1.76**		**17.86**		**54.11**		**20.59**		**8.29**		**15.80**	
Stat. de Sargan		10.77		11.02		11.33		10.78		11.28		10.93
P-value de Sargan		0.463		0.441		0.416		0.461		0.420		0.449
Statistique AR(2)		-0.73		-0.70		-0.71		-0.77		-0.72		-0.78
P-value de AR(2)		0.465		0.482		0.481		0.442		0.470		0.437
Observations	245	234	245	234	245	234	245	234	245	234	245	234
Nombre de pays	35	40	35	40	35	40	35	40	35	40	35	40
R^2	0.267		0.292		0.287		0.331		0.367		0.314	

*Notes : les valeurs entre parenthèses représentent les écarts-types. ***, **, et * représentent la significativité des paramètres au seuil de 1%, 5% et 10%. Les estimations (2), (4), (6), (8), (10) et (12) sont réalisées en appliquant les GMM en système. Le rejet de l'hypothèse nulle du test de Sargan (sur l'exogénéité des instruments) et du test AR(2) de Arellano et Bond (1991) (sur l'absence d'autocorrélation de second ordre dans les résidus) permet de valider la robustesse du modèle. La faible valeur des coefficients des variables interactives dépend de l'échelle des variables considérées. Source : auteur.*

Tableau 7. Résultats pour les pays de la CEDEAO, 1996-2016

	Variable dépendante : PIB par habitant											
	(CORRUPT)		(GE)		(PS)		(RQ)		(RL)		(VA)	
VARIABLES	PTR (1)	GMM-Syst (2)	PTR (3)	GMM-Syst (4)	PTR (5)	GMM-Syst (6)	PTR (7)	GMM-Syst (8)	PTR (9)	GMM-Syst (10)	PTR (11)	GMM-Syst (12)
PIB retardé		1.032***		0.991***		1.046***		0.978***		1.025***		9622573***
		(0481173)		(0.0528)		(0.0416)		(0.0643)		(0.0477)		(0. 0680861)
IDE*Gov		4.19e-13		7.24e-13		6.16e-13		5.64e-13		4.42e-13		5.93e-13
		(3.86e-13)		(4.48e-13)		(4.46e-13)		(4.03e-13)		(3.94e-13)		(3.77e-13)
IDE(Gov ≤γ)	2.99e-10***		3.57e-10***		1.06e-10***		1.64e-10***		8.99e-11***		9.72e-11***	
	(5.37e-11)		(1.18e-10)		(1.77e-11)		(3.53e-11)		(2.04e-11)		(1.76e-11)	
IDE(Gov >γ)	1.49e-10***		1.13e-10***		1.71e-10***		1.12e-10***		1.85e-10***		1.97e-10***	
	(1.92e-11)		(1.80e-11)		(2.49e-11)		(1.91e-11)		(3.60e-11)		(0.0611)	
OU	0.000977	-0.0004961*	0.000442	-0.000496*	0.000747	-0.000415	0.000653	-0.000417	0.00239	-0.000431	0.000732	-0.0006161**
	(0.000603)	(0.0002891)	(0.000624)	(0.000289)	(0.000596)	(0.000290)	(0.000615)	(0.000283)	(0.00260)	(0.000284)	(0.00200)	(0.0002947)
pop	0.00812	0.1077376	0.0160	0.108**	0.0272	0.108**	0.00559	0.0497	8.99e-11***	0.0905*	9.72e-11***	0.0418781
	(0.0613)	(0. 053732)	(0.0649)	(0.0537)	(0.0626)	(0.0509)	(0.0639)	(0.0627)	(2.04e-11)	(0.0526)	(1.76e-11)	(0.0662703)
Gov	-0.000637	0. 0013602**	0.00318	0.00136**	-0.00256*	0.000585	0.00448	0.00134	1.85e-10***	0.00109*	1.97e-10***	0.002011***
	(0.00186)	(0. 0005941)	(0.00248)	(0.000594)	(0.00135)	(0.000494)	(0.00306)	(0.000874)	(3.60e-11)	(0.000574)	(2.88e-11)	(0.000644)
Constant	7.182***	-0.2956479	7.144***	-0.296	7.248***	-0.381	7.088***	0.149	7.163***	-0.221	7.180***	0. 2554211
	(0.0932)	(0.398188)	(0.0953)	(0.398)	(0.0836)	(0.352)	(0.114)	(0.513)	(0.0960)	(0.392)	(0.0846)	(0.5513961)
Seuil (γ)	**9.79**		**10.58**		**4.35**		**22.84**		**17.22**		**30.28**	
Stat. de Sargan		13.52		12.62		13.17		12.78		13.24		11.60
P-value de Sargan		0.261		0.319		0.282		0.308		0.278		0.394
Statistique AR(2)		-1.17		-1.16		-1.10		-1.17		-1.18		-1.14
P-value de AR(2)		0.240		0.245		0.273		0.244		0.238		0.252
Observations	91	88	91	88	91	88	91	88	91	88	91	88
Nombre de pays	13	15	13	15	13	15	13	15	13	15	13	15
R^2	0.457		0.408		0.447		0.408		0.425		0.480	

Notes : voir tableau 6.

Tableau 8. Résultats pour les pays de la CEEAC, 1996-2016

	Variable dépendante : PIB par habitant											
	(CORRUPT)		(GE)		(PS)		(RQ)		(RL)		(VA)	
VARIABLES	PTR (1)	GMM-Syst (2)	PTR (3)	GMM-Syst (4)	PTR (5)	GMM-Syst (6)	PTR (7)	GMM-Syst (8)	PTR (9)	GMM-Syst (10)	PTR (11)	GMM-Syst (12)
PIB retardé		0.964***		0.970***		0.904***		0.954***		0.970***		0.971***
		(0.0359)		(0.0360)		(0.0753)		(0.0340)		(0.0389)		(0.0369)
IDE*Gov		-1.28e-12		-4.17e-13		-1.91e-13		-1.53e-13		-5.99e-13		-6.28e-13
		(2.42e-12)		(1.18e-12)		(4.75e-13)		(9.65e-13)		(1.50e-12)		(9.43e-13)
IDE(Gov ≤γ)	-2.12e-11		-4.60e-11*		1.06e-10***		-5.61e-11*		-5.61e-11*		-2.66e-11	
	(2.16e-11)		(2.56e-11)		(1.77e-11)		(2.89e-11)		(2.89e-11)		(8.79e-11)	
IDE(Gov >γ)	6.21e-11		5.33e-11*		1.71e-10***		6.01e-11*		6.01e-11*		-4.05e-12	
	(4.97e-11)		(3.12e-11)		(2.49e-11)		(3.33e-11)		(3.33e-11)		(2.19e-11)	
OU	-0.00524***	0.00266***	-0.00516***	0.00266***	-0.00484***	0.00279***	-0.00500***	0.00284***	-0.00500***	0.00256***	-0.00535***	0.00273***
	(0.000571)	(0.000522)	(0.000555)	(0.000548)	(0.000605)	(0.000472)	(0.000591)	(0.000526)	(0.000591)	(0.000509)	(0.000615)	(0.000518)
pop	0.0826	0.0805	0.364	0.0779	-0.467	0.0770	0.00954	0.0854	0.00954	0.0966	-0.289	0.117
	(0.372)	(0.116)	(0.378)	(0.114)	(0.409)	(0.103)	(0.384)	(0.108)	(0.384)	(0.111)	(0.431)	(0.115)
Gov	-0.0145**	0.00127	-0.0176***	0.00337	0.00896**	0.00417	-0.00960	0.00382	-0.00960	0.00179	0.0111	0.00499
	(0.00568)	(0.00303)	(0.00601)	(0.00334)	(0.00383)	(0.00406)	(0.00890)	(0.00291)	(0.00890)	(0.00301)	(0.00708)	(0.00332)
Constant	8.731***	0.0102	8.504***	-0.0614	8.894***	0.399	8.725***	0.0197	8.725***	-0.0551	8.814***	-0.143
	(0.368)	(0.299)	(0.359)	(0.292)	(0.392)	(0.505)	(0.375)	(0.265)	(0.375)	(0.295)	(0.402)	(0.322)
Seuil (γ)	**9.27**		**12.92**		**0**		**1.96**		**8.29**		**12.66**	
Stat. de Sargan		10.01		10.91		10.83		9.92		10.72		10.81
P-value de Sargan		0.529		0.451		0.457		0.538		0.467		0.460
Statistique AR(2)		-1.02		-0.94		-1.30		-1.08		-0.94		-1.04
P-value de AR(2)		0.305		0.348		0.192		0.282		0.345		0.297
Observations	56	48	56	48	56	48	56	48	56	48	56	48
Nombre de pays	8	8	8	8	8	8	8	8	8	8	8	8
R^2	0.689		0.703		0.684		0.672		0.672		0.646	

Notes : voir tableau 6.

Tableau 9. Résultats pour les pays de la SADC, 1996-2016

	Variable dépendante : PIB par habitant											
	(CORRUPT)		(GE)		(PS)		(RQ)		(RL)		(VA)	
VARIABLES	PTR (1)	GMM-Syst (2)	PTR (3)	GMM-Syst (4)	PTR (5)	GMM-Syst (6)	PTR (7)	GMM-Syst (8)	PTR (9)	GMM-Syst (10)	PTR (11)	GMM-Syst (12)
PIB retardée		0.929***		0.926***		0.995***		0.937***		0.967***		0.943***
		(0.0387)		(0.0468)		(0.0218)		(0.0386)		(0.0351)		(0.0358)
IDE*Gov		2.13e-13		1.02e-13		1.24e-13		6.69e-14		1.03e-13		7.13e-14
		(1.68e-13)		(1.51e-13)		(1.70e-13)		(1.45e-13)		(1.81e-13)		(1.40e-13)
IDE(Gov $\leq\gamma$)	-5.39e-10		1.06e-10***		6.81e-11***		-2.84e-09		1.08e-10***		1.08e-10***	
	(4.37e-10)		(2.57e-11)		(1.95e-11)		(2.40e-09)		(2.88e-11)		(2.88e-11)	
IDE(Gov $>\gamma$)	6.92e-11***		5.40e-11**		4.57e-10***		6.22e-11***		4.18e-11		4.18e-11	
	(2.16e-11)		(2.37e-11)		(1.08e-10)		(2.13e-11)		(2.78e-11)		(2.78e-11)	
OU	0.00344**	0.000633*	0.00304**	0.000895**	0.00172	0.000208	0.00297**	0.00117**	0.00271**	0.000584	0.00271**	0.000993**
	(0.00132)	(0.000321)	(0.00126)	(0.000410)	(0.00124)	(0.000277)	(0.00131)	(0.000451)	(0.00129)	(0.000350)	(0.00129)	(0.000391)
pop	-0.174***	-0.0114	-0.164***	0.0120	-0.134**	0.0195	-0.168***	0.0103	-0.202***	0.0168	-0.202***	0.00303
	(0.0565)	(0.0245)	(0.0518)	(0.0217)	(0.0516)	(0.0202)	(0.0573)	(0.0223)	(0.0541)	(0.0218)	(0.0541)	(0.0229)
Gov	0.00407	0.00317***	0.00833***	0.00354**	-0.00153	0.00225***	0.00441	0.00332***	0.0103**	0.00261**	0.0103**	0.00333***
	(0.00261)	(0.00113)	(0.00264)	(0.00137)	(0.00235)	(0.000659)	(0.00309)	(0.00108)	(0.00398)	(0.00102)	(0.00398)	(0.000924)
Constant	7.870***	0.417	7.692***	0.407	8.244***	-0.0521	7.933***	0.307	7.639***	0.135	7.639***	0.268
	(0.191)	(0.257)	(0.190)	(0.302)	(0.173)	(0.155)	(0.192)	(0.248)	(0.242)	(0.230)	(0.242)	(0.237)
Seuil (γ)	**5.68**		**65.38**		**51.03**		**2.08**		**61.54**		**62.82**	
Stat. de Sargan		12.71		15.33		14.89		12.43		16.37		14.88
P-value de Sargan		0.313		0.168		0.187		0.332		0.128		0.188
Statistique AR(2)		0.74		0.88		0.19		0.76		0.81		0.81
P-value de AR(2)		0.461		0.379		0.849		0.445		0.421		0.420
Observations	63	68	63	68	63	68	63	68	63	68	63	68
Nombre de pays	9	12	9	12	9	12	9	12	9	12	9	12
R^2	0.427		0.491		0.516		0.412		0.464		0.464	

Notes : voir tableau 6.

Tableau 10. Résultats les pays de la CAE, 1996-2016

	Variable dépendante : PIB par habitant											
	(CORRUPT)		(GE)		(PS)		(RQ)		(RL)		(VA)	
VARIABLES	PTR (1)	GMM-Syst (2)	PTR (3)	GMM-Syst (4)	PTR (5)	GMM-Syst (6)	PTR (7)	GMM-Syst (8)	PTR (9)	GMM-Syst (10)	PTR (11)	GMM-Syst (12)
PIB retardée		1.124***		0.892***		1.128***		0.691***		1.044***		1.194***
		(0.0813)		(0.0707)		(0.0647)		(0.186)		(0.0766)		(0.166)
IDE*Gov		-9.17e-13		1.51e-12*		-1.53e-12		2.37e-12*		-6.41e-13		-6.46e-13
		(1.26e-12)		(8.57e-13)		(9.62e-13)		(1.34e-12)		(7.76e-13)		(1.10e-12)
IDE(Gov ≤γ)	4.43e-10***		3.71e-10***		3.09e-10***		2.42e-10***		8.83e-10**		1.54e-09***	
	(6.34e-11)		(4.10e-11)		(3.84e-11)		(4.62e-11)		(3.23e-10)		(3.05e-10)	
IDE(Gov >γ)	2.77e-10***		1.90e-10***		1.78e-10***		3.56e-10***		2.79e-10***		2.76e-10***	
	(2.97e-11)		(6.30e-11)		(5.09e-11)		(5.61e-11)		(3.46e-11)		(3.67e-11)	
OU	0.00681***	-0.00228	0.00433*	0.00182	0.00256	-0.00336	0.00796***	0.00489	0.00320	-0.00132	0.00646**	-0.00314
	(0.00191)	(0.00231)	(0.00238)	(0.00181)	(0.00307)	(0.00217)	(0.00239)	(0.00366)	(0.00269)	(0.00216)	(0.00287)	(0.00302)
pop	-0.196***	0.0652	-0.207***	-0.0588	-0.173**	0.0681	-0.232***	-0.148	-0.157**	0.0209	-0.225***	0.0805
	(0.0523)	(0.0730)	(0.0539)	(0.0536)	(0.0682)	(0.0712)	(0.0651)	(0.0957)	(0.0660)	(0.0679)	(0.0623)	(0.107)
Gov	0.00706***	0.00197***	0.0106***	0.00348***	0.0106***	0.00302**	0.00533***	0.00402**	0.00789***	0.00260***	0.00175	-0.00215
	(0.00126)	(0.000683)	(0.00203)	(0.000843)	(0.00269)	(0.00125)	(0.00169)	(0.00174)	(0.00180)	(0.000834)	(0.00307)	(0.00238)
Constant	6.839***	-0.835	6.786***	0.693	6.990***	-0.819*	6.814***	2.040	6.898***	-0.280	7.000***	-1.394
	(0.0806)	(0.553)	(0.0888)	(0.453)	(0.0934)	(0.438)	(0.108)	(1.195)	(0.0903)	(0.513)	(0.0926)	(0.926)
Seuil (γ)	**14.55**		**42.36**		**34.12**		**42.79**		**22.96**		**17.49**	
Stat. de Sargan		9.47		13.73		11.73		11.02		13.77		12.18
P-value de Sargan		0.578		0.248		0.385		0.138		0.246		0.350
Statistique AR(2)		0.02		0.44		0.07		-0.15		0.26		-0.11
P-value de AR(2)		0.980		0.658		0.944		0.884		0.798		0.915
Observations	35	30	35	30	35	30	35	30	35	30	35	30
Nombre de pays	5	5	5	5	5	5	5	5	5	5	5	5
R^2	0.913		0.906		0.877		0.863		0.887		0.882	

Notes : voir tableau 6.

Il apparaît, en considérant l'ensemble des pays de l'ASS, que l'efficacité des pouvoirs publics (GE) favorise significativement l'effet de l'IDE sur la croissance économique et cet effet se renforce lorsque GE est au-delà de 17,9% (Tableau 6, colonne 3). C'est au-delà d'un seuil de 21% que la qualité de la réglementation (RQ) tend à favoriser l'effet de l'IDE sur la croissance économique (Tableau 6, colonne 7). L'effet de la primauté du droit (RL) ne devient favorable qu'à partir d'un seuil de 8,3% (Tableau 6, colonne 9). Le caractère démocratique des institutions politiques (VA) ne renforce significativement l'effet de l'IDE sur la croissance qu'au-delà d'un seuil de 15,8% (Tableau 6, colonne 11). L'effet en général de GE, RQ, RL et VA est confirmé par l'estimation par les GMM. On peut noter que la variable interactive IDE*Gov n'apparaît pas significative quels que soient les indicateurs de gouvernance lorsque les seuils ne sont pas considérés.

C'est en dessous d'un seuil très faible de 1,76% en ASS que la lutte contre la corruption (CORRUPT) renforce l'effet de l'IDE sur la croissance économique. Au-delà de ce seuil, l'effet paraît toutefois atténué (Tableau 6, colonne 1). Il en va de même de l'effet catalyseur de la stabilité politique (PS) mais à partir d'un seuil élevé de 54,1% (Tableau 6, colonne 5). Cependant ces résultats sont fragiles. L'estimateur GMM ne confirme pas la robustesse des résultats obtenus concernant ces deux variables CORRUPT et PS.

Pour appréhender le rôle des indicateurs de gouvernance, l'analyse portant ici sur l'ensemble de l'Afrique subsaharienne doit être précisée en considérant les différences entre CER.

3.2.2. Dans les communautés économiques régionales

Les résultats par CER permettent de relever quelques spécificités.

Dans la CEEAC, il n'apparaît pas vraiment d'effet de seuil des indicateurs de gouvernance (Tableau 8) qui s'avèrent peu ou pas significatifs, sauf peut-être PS mais son effet n'est pas confirmé par l'estimateur GMM (Tableau 8, colonne 6). Cela peut s'expliquer par les faibles performances en matière de gouvernance dans cette CER (voir Tableau 1). Cela peut aussi s'expliquer par la forte dépendance de la CEEAC à l'exploitation des ressources naturelles (Asiedu et Lien, 2011). Les investissements des firmes étrangères et leurs effets sur la croissance des économies sont largement indépendants du niveau de gouvernance.

Dans la CEDEAO, une amélioration de la stabilité politique (PS) à partir d'un niveau très bas de 4,35% renforce l'effet de l'IDE sur la croissance économique (Tableau 7, colonne 5). On peut considérer qu'un niveau minimum de stabilité politique permet aux investisseurs d'avoir au moins à court terme un certain nombre de garanties sur la viabilité de leurs projets (Trojette, 2016). Tous les pays de la CEDEAO ont un niveau de stabilité politique (PS) qui se situe au-dessus du seuil de 4,35%.

Par contre, dans la SADC, le niveau de stabilité politique (PS) exerce un effet important, d'autant plus au-delà d'un seuil de 51% (Tableau 9, colonne 5). Seuls le Botswana, les Iles Maurice, la Namibie et les Iles Seychelles ont un niveau de stabilité politique (PS) qui se situe au-dessus de ce seuil. Pour les 10 autres pays de cette CER, une amélioration du niveau de stabilité politique pour parvenir à ce seuil semble nécessaire pour mieux tirer parti de l'effet de l'IDE sur la croissance économique. Dans la CAE aussi, PS semble jouer un certain rôle catalyseur.

Concernant CORRUPT, cet indicateur n'apparaît pas significatif dans la CEEAC. Il semble exercer un effet moins sensible à partir d'un seuil assez bas dans la CEDEAO (9,79%) et dans la CAE (14,5%), où une amélioration du niveau de lutte contre la corruption paraît donc associée à un effet moindre des IDE sur la croissance. De manière encore plus particulière, dans la SADC, la corruption lorsqu'elle est prononcée apparaît avoir un effet positif sur les IDE au-dessous d'un seuil de 5,68%.

Dans la CEDEAO, le caractère démocratique des institutions politiques (VA) renforce, au-delà de 30,3%, l'effet de l'IDE sur la croissance économique (Tableau 7, colonne 11). Seuls des pays comme le Bénin, le Ghana, le Mali, le Sénégal, le Burkina Faso, le Niger, la Sierra Leone et plus que tous les autres le Cap-Vert ont un niveau de VA supérieur à la fois au seuil de l'ASS et à celui de la CEDEAO.

Dans la CAE, l'amélioration du caractère démocratique des institutions politiques (VA) tend à atténuer l'ampleur de l'effet de l'IDE sur la croissance économique au-delà d'un seuil de 17,5% (Tableau 10, colonne 11). C'est particulièrement le cas pour l'Ouganda, la Tanzanie, le Kenya et le Rwanda. Néanmoins, ce résultat ne paraît pas robuste lorsque nous recourons à l'estimateur des GMM, où cette variable de gouvernance n'apparaît pas significative. Ce résultat semble confirmer les conclusions de Kosack et Tobin (2006) selon lesquelles les IDE n'ont aucun effet sur la croissance économique dans les pays les moins avancés – ce qui est le cas de la CAE – quel que soit leur régime, démocratique ou pas. On peut suivre aussi Asiedu et Lien (2011) pour en évoquer les raisons. Premièrement, la longévité d'un gouvernement implique pour les FMN un environnement des affaires plus stable et plus prévisible. Or les régimes démocratiques connaissent souvent des changements plus fréquents de gouvernement. Deuxièmement, l'IDE orienté vers l'Afrique, en particulier vers la CAE, est principalement motivé par l'accès aux ressources naturelles. Comme les ressources naturelles sont très importantes d'un point de vue stratégique, politique et financier pour un pays, l'IDE dans ces secteurs peut être fortement contrôlé par des régimes autocratiques.

Pour la qualité de la réglementation (RQ), le seuil à partir duquel l'effet devient plus fort est un peu supérieur que pour l'ASS (Tableau 10, colonne 7). Mais il convient de noter que pour tous ces résultats le nombre d'observations est plus faible que pour les autres CER dans la mesure où la CAE ne comprend que cinq pays.

CONCLUSION

Cet article montre que la qualité des institutions et de la gouvernance tend à jouer à plusieurs égards un rôle conditionnel concernant les effets que les IDE peuvent exercer sur la croissance dans les pays d'Afrique subsaharienne : il en va ainsi de la qualité des services publics et du fonctionnement des pouvoirs publics, du caractère démocratique des institutions politiques, du poids des réglementations et de la primauté du droit. Cet article montre aussi qu'il existe des seuils en fonction desquels ces quatre variables institutionnelles peuvent avoir des effets différents.

Les résultats selon les Communautés économiques régionales de l'Afrique subsaharienne montrent cependant le caractère parfois hétérogène des seuils observés. Ils montrent surtout l'effet catalyseur peu convaincant et parfois ambigu que peuvent exercer selon les CER la stabilité politique et le degré de corruption.

Au terme de cette étude, il convient de noter que les résultats obtenus mériteraient d'être confortés sur le plan méthodologique, que ce soit dans la spécification du modèle et le choix des variables de contrôle, en considérant par exemple le rôle du capital humain ou la nature sectorielle des IDE, mais aussi en ce qui concerne les indicateurs du niveau de gouvernance. Le recours à des bases alternatives de mesure du niveau de gouvernance telles que les indicateurs de Polity IV ou ceux du CPIA, ou encore de l'ICRG pourrait permettre de consolider ou nuancer les résultats obtenus ici avec les indicateurs de gouvernance de Kaufmann, Kraay et Mastruzzy. Par exemple, McCloud et Kumbhakar (2012) soulignent que la relation entre croissance économique et qualité des institutions dépend de comment est mesurée la qualité des institutions. Une réflexion dans ce sens peut constituer une extension future de ce travail.

REFERENCES

Agbloyor, E., K., Gyeke-Dako, A., Kulpo, R., et Abor, J., Y. (2016), « Foreign Investment and Economic Growth in SSA: The Role of Institutions », *Thunderbird International Business Review*, Vol. 58, N° 5, pp. 479-497.

Ajide, K., Adeniyi, O., et Raheem, I. (2014), « Does Governance Impact on the Foreign Direct investment-Growth nexus in Sub-Saharan Africa ?», *Zagreb International Review of Economics & Business*, Vol. 17,N° 2, pp 71-81.

Akinlo, A. E. (2004), « Foreign direct investment and growth in Nigeria: An empirical investigation », *Journal of Policy Modeling*,Vol. 26 (2004), pp. 627- 639.

Alege, Ph., Ogundipe, A. A. (2014), « Foreign Direct Investment and Economic Growth in ECOWAS: A System-GMM Approach », *Covenant Journal of Business and Social Sciences* (CJBSS), Vol. 5, N° 1, pp. 1-22.

Alfaro, L., Chanda, A., Kalemli-Ozcan, S., et Sayek, S. (2004), « FDI and economic growth: the role of local financial markets », *Journal of International Economics*, Vol. 64, pp. 89-112.

Asiedu, E., et Lien, D. (2011),« Democracy, Foreign direct investment and natural resources », *Journal of International Economics*, N° 84, pp. 99-111.

Azman-Saini, W. N. W., Baharumshah, A. Z., et Law, S. H. (2010a), « Foreign direct investment, economic freedom and economic growth: International evidence », *Economic Modelling*, Vol. 27, pp. 1079-1089.

Azman-Saini, W. N. W., Law, S. H., Ahmad, A., H. (2010b), « Foreign direct investment and economic growth: New evidence of role of financial markets », *Economics Letter*, Vol. 17, N° 2, pp. 211-213.

Balasubramanyam, M. S. (1996), « Foreign Direct Investment and Growth in EP and is Countries», *The Economic Journal*, Vol. 106, N° 434, pp. 92-105.

Bellos, S., et Subasat, T. (2013), « Governance and foreign direct investment in Latin America: A panel gravity model approach », *Latin America Journal of Economics*, Vol. 50, N° 1, pp. 107-131.

Bengoa, M., et Sanchez-Robles, B. (2003), « Foreign direct investment, economic freedom and growth: new evidence from Latin America », *European Journal of Political Economy*, Vol. 19, pp. 529-545.

Blomström, M., et Wolff, E. (1994), « Multinational corporations and productivity convergence in Mexico », dans Baumol W.

Blonigen, B., et Wang (2005), «Inappropriate Pooling of Wealthy and Poor Countries in Empirical FDI», *NBER Working Paper*, N° 10378, pp. 1-31.

Blundell, et Bond (1998), Initial Conditions and Moment Restrictions in Dynamic Panel Data Models. *Journal of Econometrics*, Vol. 87, pp. 15-143.

Borensztein, E., De Gregorio J., et Lee J. (1998), « How Does Foreign Direct Investment Affect Economic Growth? », *Journal of International Economics*, Vol. 45, N° 3, pp. 115-135.

Bouklia, H. F., et Zatla N. (2001), « L'IDE dans le Bassin Méditerranéen : Ses déterminants et son effet sur la croissance économique », Seconde Conférence du FEMISE, Marseille.

Brahim, M., et Rachdi, H. (2014), « Foreign direct Investment, Institutions and economic Growth: Evidence from the MENA Region », *Journal of Reviews on Global Economics*, Vol. 3, pp. 328-339.

Brewer, T. (1991), « Foreign Direct Investment in Developing Countries: Patterns, policies, prospects », *PRE working paper*, N° 34.

Carkovic, M., et Levine, R. (2002), « Does Foreign Direct Investment Accelerate Economic Growth? », University of Minnesota, Working Paper.

Caner et Hansen (2004), « Instrumental variable estimation of a threshold model », *Econometric Theory*, Vol. 20, pp. 813 843.

Darrat, A., Kherfi, S., et Soliman, M. (2005), « FDI and Economic Growth in CEE and MENA Countries: A Tale of Two Regions », ERF 12th Annual Conference 19th-21st December, Egypt.

Durham, B. (2004), « Absorptive capacity and the effects of FDI and equity foreign portfolio investment on economic growth », *European Economic Review*, Vol. 48, pp. 285 - 306.

González, A., Teräsvirta, T., et Dijk, D., V.(2005), « Panel Smooth Transition Regression Models », Research Paper 165.

Gui-Diby, S., L. (2014), « Impact of foreign direct Investments on economic growth in Africa: Evidence from three Decades of panel data Analyses », *Research in Economics*, Vol. 68, N° 3, pp. 1-26.

Hansen, B. E. (2000), « sample splitting and threshold estimation », *Econometrica*, Vol. 68, N°3, pp. 575-603

Hansen, B. E. (1999), « Threshold effects in non-dynamic panels: Estimation, testing and inference », *Journal of Econometrics*, Vol. 93, N° 2, pp. 345-368.

Hsiao, C., et Shen, Y. (2003), « Foreign direct investment and economic growth: the importance of institutions and urbanization », *Economic Development and Cultural Change*, Vol. 51, pp. 883-896.

Jude, C., et Levieuge, G. (2013),« Growth effect of FDI in developing economies: the role of institutional quality », MPRA, N° 49321, pp 1-31.

Jugurnath, B., Chuckun, N., Fauzel, S. (2016), « Foreign Direct Investment and Economic Growth in Sub-saharan Africa: An Empirical Study », *Theoretical Economics Letters*, Vol. 6, pp. 798-807.

Kaufmann, D., Kraay, A., et Mastruzzi, M. (2010), Measuring governance using cross-country perceptions data, World Bank Policy Research Working Paper. Washington, DC: World Bank.

Kosack, S. et Tobin, J. (2006), « Funding self-sustaining development: The role of aid, FDI and government in economic success », *International Organization*, Vol. 60, pp. 205-243.

Lipsey, R. (2000), « Inward FDI and Economic Growth in Developing Countries », *Transnational Corporations*, Vol. 9, N° 1, pp. 67-95.

Malikane, C., et Chitambara, P. (2017), « Foreign Direct Investment, Democracy and EconomicGrowth in Southern Africa », *African Development Review*, Vol. 29, N°1, pp. 92-102.

McCloud, et Kumbhakar (2012), « Institutions, foreign direct investment and growth: ahierarchical Bayesian approach », *Journal of the Royal Statistical Society*, Vol. 175, *Part* 1, pp. 83-105

Morrissey, O. et Udomkerdmongkol, M. (2012), « Governance, private investment and foreigndirect investment in developing countries », *World Development*, Vol. 40, N°3, pp. 437-45.

Nembot Ndeffo, L., Kamdem, D., et Tsafack Nanfosso, R. (2013), « Direct Investments and Economics Growth in Sub-Saharan countries: A comparative analysis between landlocked countries and countries having access to sea », *International Journal of Economics and Finance*, Vol. 5, N° 6, pp. 158-169.

Ngouhouo, I. (2008), *Les investissements directs étrangers en Afrique centrale : attractivité et effets économiques*, Thèse de Doctorat en Sciences Économiques, Université du Sud Toulon-Var.

OCDE (2002), L'investissement direct étranger au service du développement : optimiser les avantages et minimiser les coûts, Paris, OCDE.

Othman, J., Jafari, V. et Sarmidi, T. (2014), « Economic growth, foreign direct investment, macroeconomic conditions and sustainability in Malaysia », *Applied Econometrics and International Development*, Vol. 14, N° 1, pp. 213-223.

Ozekhome, H., O. (2017), « Does Democratic Institutions and Foreign Direct Investment Affect Economic Growth », *Oradea Journal of Business and economics*, Vol.2, N°2, pp. 27-36.

Sadik, A., et Bolbol, A. (2001), « Capital Flows, FDI, and Technology Spillover: Evidence from Arab countries », *World Development*, Vol. 29, N° 12, pp. 2111-2125.

Saltz, M. (1992), « The Negative correlation Between Foreign direct Investment and Economic Growth in the Third World, Theory and Evidence », *Revista Di science Economiche e commerciali*, Vol. 39, N° 7, pp. 617-633.

Shuaibu, M., I., et Fowowe, B. (2014), « Is Foreign Direct Investment Good for Poor? New Evidence From African Countries », *Economic Change and restructuring*, N°47, pp. 321-339.

Trojette, I. (2016), « The Effect of Foreign Direct Investment on Economic Growth: The Institutional Threshold », *Région et Développement*, N°43, pp. 112-138.

Vu, T. B., et Noy, I. (2009), « Sectoral analysis of foreign direct investment and growth in the developed countries », *Int. Fin. Markets, Inst. and Money*, Vol. 19, pp. 402-413.

Zghidi, N., Sghaier, I., M., et Abida, Z. (2016), « Does Economic Freedom Enhance the impact of Foreign Direct investment on Economic growth in North Countries? », *African Development Review*, Vol. 28, N°1, pp. 64-74.

Annexe 1. Les pays du panel, 1996-2016

Burundi · Kenya · Rwanda · Ouganda · Tanzanie · Angola · Cameroun·, Guinée équatoriale · République centrafricaine · République démocratique du Congo · République du Congo · São Tomé-et-Príncipe · Tchad · Gabon · Bénin · Burkina Faso · Cap-Vert · Côte d'Ivoire · Gambie · Ghana · Guinée · Guinée-Bissau · Libéria · Mali · Niger · Nigeria · Sénégal · Sierra Leone · Togo · Afrique du Sud · Botswana · Lesotho · Madagascar · Malawi · Maurice · Mozambique · Namibie · Seychelles · Eswatini · Zambie · Zimbabwe.

Notes : Eswatini est le nouveau nom de la république du Swaziland depuis Août 2018.

Annexe 2. Les Communautés économiques régionales

CEEAC : Angola · Burundi · Cameroun· République centrafricaine · République démocratique du Congo · Congo · Gabon · Guinée équatoriale · Tchad · São Tomé et Príncipe.

CAE : Burundi · Kenya · Ouganda · Tanzanie · Rwanda.

CEDEAO : Bénin · Burkina Faso · Cap-Vert · Côte d'Ivoire · Gambie · Ghana · Guinée · Guinée-Bissau · Liberia · Mali · Niger· Nigeria · Sénégal · Sierra Leone · Togo.

SADC : Angola · Botswana · Lesotho · Malawi · Mozambique · Eswatini · Tanzanie · Zambie · Zimbabwe · Namibie · Afrique du Sud · Maurice · République démocratique du Congo · Madagascar · Seychelles.

The effect of foreign direct investment on economic growth in Sub-Saharan Africa: the role of institutions

Abstract - This paper aims to analyze the role of institutions into Foreign Direct Investment (FDI) effect on growth of GDP per capita for 41 Sub-Saharan African countries (SSA). For that end, we use PTR model across three years average data over the period 1996-2016. Econometric estimations show voice and accountancy, government effectiveness, regulation quality and rule of law have a catalyst role, with some particular threshold, into the effect of FDI on growth On the other hand, they show an ambiguous effect of fighting against corruption and political stability. Analysis also shows differentiated effects among some regional economic communities of SSA.

Key-words

Foreign Direct Investment
Institutions
Threshold effect
Economic growth
SSA
EAC
ECCAS
ECOWAS
SADC

Région et Développement

n° 50-2019

www.regionetdeveloppement.org

Démocratie et croissance économique en Afrique subsaharienne : l'effet de l'alternance des chefs d'Etat au pouvoir

Hibrahim LIMI KOUOTOU*
Boniface NGAH EPO**

Résumé - Cet article analyse l'impact de l'alternance des dirigeants au pouvoir sur la croissance économique en Afrique subsaharienne, en utilisant un panel de 42 pays entre 1970 et 2016. Les résultats montrent que l'alternance des dirigeants au pouvoir affecte la croissance économique de manière ambivalente. Le nombre d'alternances réalisées à la tête d'un pays a un effet positif sur la croissance de long terme. Mais le fait d'être en année d'alternance implique des coûts liés au changement politique qui tendent à pénaliser la croissance à court terme. Des spécificités existent néanmoins en fonction des zones linguistiques et géographiques. L'effet de l'alternance des chefs d'Etat est plus bénéfique pour la croissance des pays d'Afrique anglophone que francophone, aussi bien à court terme qu'à long terme. En outre, l'alternance améliore plus la croissance des pays d'Afrique de l'Ouest que de l'est, mais à long terme uniquement. Nous concluons que les démocraties d'Afrique subsaharienne devraient rechercher un bon équilibre dans le rythme et les conditions de l'alternance des dirigeants au pouvoir.

Classification JEL
C23, O43, O55 réglementation

Mots-clés
Démocratie
Croissance économique
Afrique subsaharienne

Nous remercions le rapporteur anonyme et la direction éditoriale de la Revue qui ont permis une amélioration significative de cet article.

* FSEG, Université de Yaoundé II (Cameroun) ; hibrahimlimi@yahoo.fr
** FSEG, Université de Yaoundé II (Cameroun) ; epongahb@yahoo.fr

INTRODUCTION

Pour de nombreux auteurs, dans la lignée des théories de la croissance endogène, le progrès technique dépend de plusieurs facteurs susceptibles de soutenir la croissance à long terme. La théorie des institutions s'inscrit dans ce cadre. Elle postule que la qualité des institutions[1] peut agir sur la productivité des facteurs de production. Ces institutions qui engendrent le système de gouvernance[2], reposent sur diverses valeurs dont l'une des plus importantes est la démocratie (North, 1990).

Toutefois, l'effet de la démocratie sur la croissance demeure loin d'être entièrement vérifié dans les études empiriques. Deux courants d'auteurs s'opposent sur la nature du lien. Tandis que certains auteurs trouvent un effet positif de la démocratie sur la croissance (Rodrik et Wacziarg 2005 ; Papaioannou et Siourounis, 2008 ; Persson et Tabellini, 2009), d'autres en revanche obtiennent un effet négatif ou nul (Helliwell, 1994 ; Borner et Weder, 1995 ; Barro, 1996 et 1997 ; Minier, 1998 ; Rodrik, 1999 ; Przeworski et al., 2000 ; Tavares et Wacziarg, 2001 ; De Haan, 2007 ; Besley et Kudamatsu, 2008).

Les résultats mitigés quant aux effets de la démocratie sur la croissance ont invité à explorer de nouvelles voies de recherche. L'une de ces voies consiste à distinguer les différentes réalités ou pratiques qu'englobe le terme démocratie. La démocratie s'illustre à travers des principes fondamentaux qui, dans le cas des pays africains, ont été consacrés par le renouveau constitutionnel des années 1990 (Senou, 2016). Parmi ces principes démocratiques figurent des pratiques telles que la liberté d'opposition, le multipartisme, l'élection au suffrage universel direct, la limitation de la durée des mandats, la constitutionnalité des lois et l'alternance des chefs d'Etat au pouvoir. Les diverses pratiques démocratiques contribuent chacune dans la façon dont la démocratie affecte la croissance d'un pays (Heo et Tan, 2001 ; Doucouliagos et Ulubasoglu, 2008 ; Acemoglu et al., 2014).

L'alternance des chefs d'Etat est un principe qui, lorsqu'il est violé, semble fournir la preuve tangible d'une absence de démocratie. Plus de 20 ans après le début du renouveau démocratique en Afrique, les faits stylisés montrent que la pratique des pays offre un bilan mitigé (Senou, 2016). En effet, de nombreux gouvernants n'entendent pas quitter le pouvoir une fois acquis et refusent d'appliquer les textes favorables à l'alternance au sommet de l'Etat. On assiste ainsi à une manipulation des constitutions par les gouvernants pour maintenir en place et à vie le président de la République. Dans un rapport sur la gouvernance en Afrique, la Commission Economique pour l'Afrique (2009) reprend Vencovsky (2007) et affirme qu'entre 1990 et 2008, huit pays du continent ont modifié leur Constitution pour proroger le mandat du Président, essentiellement contre la volonté du peuple. Ce même rapport décrit trois autres tentatives manquées de modifier la constitution, après que les dirigeants des pays concernés aient débordé la limite prévue par la loi relative à la durée de leurs mandats.

Les velléités anticonstitutionnelles de se maintenir au pouvoir, malgré les pressions internes et l'ingérence parfois même de la communauté internationale, prouvent que l'alternance des dirigeants demeure un problème pour la démocratie en Afrique. La question qui reste est de savoir si l'alternance des dirigeants au pouvoir agit sur la croissance économique des pays d'Afrique subsaharienne et quel en est l'effet.

---

[1] North (1990) définit les institutions comme « les règles du jeu formelles ou informelles en vigueur dans les sociétés, reliant l'ensemble des acteurs sociaux, y compris l'Etat, qui modèlent les comportements et les anticipations et concourent (ou non) à la croissance. »

[2] Kaufmann, Kraay et Zoido-Lobatón (1999) définissent la gouvernance comme « les traditions et les institutions au travers desquelles s'exerce l'autorité dans un pays. »

L'objectif de ce travail est d'évaluer les relations de court terme et de long terme entre l'alternance des dirigeants au pouvoir et la croissance économique, en utilisant un panel de 42 pays d'Afrique subsaharienne : l'alternance des dirigeants à la tête de l'Etat affecte-t-elle positivement la croissance d'un pays à court terme (effet de l'année d'alternance) et à long terme (effet du nombre d'alternances déjà réalisées) ?

Cet article est organisé en quatre sections. La section 1 est une revue de la littérature portant sur l'effet qu'a la démocratie sur la croissance économique. La section 2 spécifie les modèles empiriques à estimer et précise les sources de données utilisées. La section 3 analyse les résultats d'estimation de l'effet de la démocratie sur la croissance en Afrique subsaharienne ainsi que par zones linguistiques et géographiques.

1. REVUE DE LA LITTÉRATURE

La littérature explique souvent la croissance économique d'un pays par le mode de gouvernance qui y prévaut, sachant que les institutions instaurent ce mode de gouvernance. Expliquer la croissance par la gouvernance reste néanmoins une tâche complexe à cause du caractère protéiforme de cette dernière et de la liste nombreuse et difficilement exhaustive d'indicateurs institutionnels utilisés pour la caractériser : la corruption (Mo, 2001), les libertés politico-économiques (Heo et Tan, 2001 ; Doucouliagos et Ulubasoglu, 2008) et la démocratie (Acemoglu et al, 2014), entre autres.

Les travaux évaluant l'effet de la gouvernance démocratique sur croissance économique apparaissent dans le sillage des travaux de Tavares et Wacziarg (2001) et Acemoglu et al. (2014). Une revue détaillée de ces travaux amène à les séparer en trois grandes écoles de pensées (Sirowy et lnkeles, 1990). On les qualifie souvent : « d'approche de compatibilité », « d'approche de conflit » et « d'approche sceptique ».

La première école de pensées ou « l'approche de compatibilité » défend l'idée selon laquelle la démocratie a un effet positif sur la croissance. Selon Feng (2004), les gouvernements démocratiques sont plus portés vers de bonnes performances économiques que ceux fondés sur d'autres arrangements politiques. La démocratie amène les gouvernements à promouvoir la liberté économique dans l'initiative privée des entrepreneurs (Heo et Tan, 2001) et constitue donc un atout pour la croissance (Przeworski et Limongi, 1993; Barro, 1999). En outre, North (1990) postule qu'au sein d'un pays démocratique, si le gouvernement régule l'économie de façon inadaptée, le mécanisme électoral offre la possibilité aux citoyens de l'écarter. Ce même dispositif tend aussi à dissuader le copinage et la corruption (Mesquita et al, 2001). Rodrik (1999) et Baum et Lake (2003) montrent que la démocratie assure une croissance stable et durable, en limitant l'intervention de l'Etat dans l'économie, tout en favorisant son rôle dans les domaines de l'éducation, la santé et la justice.

La deuxième école de pensée ou « l'approche de conflit » soutient que dans les pays en développement, le fait de garder au moins une certaine capacité pour résister aux pressions populistes est nécessaire pour la croissance. On postule qu'étant donné que les individus à faible revenu ont une forte demande pour la consommation immédiate, ils useront de leur pouvoir politique pour faire accroitre les salaires et les taxes sur le capital (Nelson, 1987). Ils voteront pour des politiques de redistribution de revenus qui entravent l'accumulation des profits et en conséquence l'investissement (Alesina et Rodrik, 1994 ; Persson et Tabellini, 1994 ; Acemoglu et Robinson, 2006). La démocratie peut donc évincer l'investissement et par là même, freiner la croissance économique (Wade, 1990 ; Asiedu et Lien, 2011).

La troisième école de pensée ou « l'approche sceptique » rejette l'idée qu'une relation entre démocratie et croissance puisse être systématique. Pour cette école, des systèmes politiques différents peuvent retenir des choix de politiques économiques semblables. L'effet du système politique sur la croissance est donc peu significatif (Pye, 1966).

L'analyse empirique des effets de la démocratie sur la croissance économique n'établit pas non plus de consensus. Sur 13 travaux empiriques examinés par Sirowy et Inkeles (1990), trois aboutissent à un effet négatif de la démocratie sur la croissance, quatre à un effet positif et six à une relation non significative. Przeworski et Limongi (1993) comparent 21 études empiriques et trouvent huit résultats qui indiquent un effet positif, huit autres indiquent un effet négatif et cinq valident l'absence d'une relation entre démocratie et croissance économique. Brunetti (1997) constate que sur 17 travaux économétriques observés, neuf obtiennent une relation non significative, quatre parviennent à un effet positif et quatre autres détectent des effets négatifs. Kurzman et al. (2002) recensent 47 études quantitatives parmi lesquelles dix-neuf indiquent une relation positive entre démocratie et croissance, six repèrent une relation négative et dix trouvent une relation non significative. Une analyse de certains résultats empiriques récents conforte principalement deux tendances. La première tendance indique qu'il n'y a pas d'effet direct de la démocratie sur la croissance (Giavazzi et Tabellini (2005), Doucouliagos et Ulubasoglu (2008) ; Sandalcilar (2013) ; Freund et Jaud (2014)) et la seconde qu'il y a un effet positif direct (Knutsen (2011) ; Madsen et al. (2015) ; Acemoglu et al. (2014)).

Quelques études ont été menées dans le cas spécifique des pays africains. Les résultats auxquels ils aboutissent ne dérogent pas à la règle d'un manque de consensus. En effet, en analysant 30 pays d'Afrique subsaharienne entre 1975 et 2004, Fosu (2008) montre que la relation entre la démocratie et la croissance varie avec le niveau de stabilité politique qui prévaut au sein d'une nation. Narayan et al. (2011) testent la causalité entre démocratie et croissance sur un échantillon de 30 pays d'Afrique subsaharienne entre 1975 et 2001. Ils établissent que la démocratie explique positivement la croissance économique et non l'inverse. A l'aide d'un système d'équations simultanées, Abdoulaye (2014) examine la relation entre la démocratie et la croissance dans les pays de l'Union Economique et Monétaire Ouest-Africaine, sur la période allant de 1975 à 2008. L'étude établit que la démocratie exerce des effets positifs sur la croissance.

En somme, deux constats majeurs se dégagent de la revue de la littérature. D'une part, très peu d'études prennent les pays africains pour objet d'étude. D'autre part, les études existantes n'évaluent pas l'effet de la démocratie sur la croissance par le biais de l'alternance des dirigeants au pouvoir. Cette étude se propose de combler ces lacunes pour le cas spécifique des pays d'Afrique subsaharienne.

2. STRATÉGIE EMPIRIQUE

2.1. Le modèle

Le modèle de référence de cette étude est de type Solow (1956), « augmenté » comme dans les travaux de Mankiw et al. (1992). Le modèle intègre les déterminants usuels de la production en considérant aussi deux indicateurs relatifs à l'alternance des dirigeants au pouvoir : le nombre d'alternances réalisées depuis 1960 et le fait d'être en année d'alternance.

Formellement, on considère initialement la fonction de production de type Cobb-Douglas suivante :

$$Y_{i,t} = V_{i,t}\ K_{i,t}^{\alpha}\ L_{i,t}^{\beta} \quad (1)$$

où α et β sont des paramètres positifs dont la somme peut être supérieure ou égale à l'unité. $Y_{i,t}$ est la production. $K_{i,t}$ et $L_{i,t}$ sont respectivement les stocks de capital et de travail du pays i à la date t, et $V_{i,t}$ traduit la productivité « autonome ».

Après une désagrégation des variables par log-différentiation, on obtient le modèle linéaire suivant :

$$y_{i,t} = v_{i,t} + \alpha\ k_{i,t} + \beta\ l_{i,t} \quad (2)$$

où $v_{i,t}$, $k_{i,t}$ et $l_{i,t}$ désignent respectivement les taux de croissance de V, K et L du pays i à la date t.

Le vecteur de variables $v_{i,t}$ peut se décomposer comme une combinaison linéaire d'autres facteurs tels que :

$$v_{i,t} = a_{i,t} + a_1\ nbre\_alt_{i,t} + a_2\ an\_alt_{i,t} + \sum_{j=1}^{N} b_j z_{j,i,t} \quad (3)$$

où $a_{i,t}$ est l'évolution du niveau de technologie exogène ; $nbre\_alt_{i,t}$ mesure le nombre d'alternances réalisées depuis 1960 à la tête d'un pays i à la date t ; $an\_alt_{i,t}$ prend la valeur 1 si l'année considérée est une année d'alternance et 0 sinon ; $\sum_{j=1}^{N} b_j z_{j,i,t}$ est la somme pondérée de N autres variables susceptibles d'influencer l'output, à savoir le taux d'ouverture commerciale et le taux d'inflation dans ce travail. a_1, a_2 et b_j sont des paramètres.

En combinant les équations (2) et (3), on obtient le principal modèle de l'étude :

$$y_{i,t} = a_{i,t} + a_1\ nbre\_alt_{i,t} + a_2\ an\_alt_{i,t} + \sum_{j=1}^{N} b_j z_{j,i,t} + \alpha\ k_{i,t} + \beta\ l_{i,t} + \varepsilon_{i,t} \quad (4)$$

avec $\varepsilon_{i,t}$ qui représente le terme d'erreurs du modèle stochastique.

Cette équation (4) est estimée sur le plan économétrique. Puis, nous introduisons un vecteur τ_t de variables temporelles dans l'équation (4). Chaque variable du vecteur τ_t prend la valeur 1 lorsque l'observation considérée correspond à l'année que désigne cette variable, et 0 sinon. Le nouveau modèle qu'on obtient se spécifie sous la forme de l'équation (5) suivante :

$$y_{i,t} = a_{i,t} + a_1\ nbre\_alt_{i,t} + a_2\ an\_alt_{i,t} + \sum_{j=1}^{N} b_j z_{j,i,t} + \alpha\ k_{i,t} + \beta\ l_{i,t} + \tau_t + \varepsilon'_{i,t} \quad (5)$$

avec, pour le pays i à la date t, $a_{i,t}$ l'évolution du niveau de technologie exogène ; $nbre\_alt_{i,t}$ le nombre d'alternances réalisées à la tête de l'Etat depuis 1960 ; $an\_alt_{i,t}$ une variable dummy qui prend la valeur 1 en année d'alternance et 0 sinon. La somme pondérée de N autres variables désigne le taux d'ouverture commerciale et le taux d'inflation, $k_{i,t}$ et $l_{i,t}$ respectivement les taux de croissance du stock de capital et du travail, a_1, a_2, b_j, α et β des paramètres, τ_t le vecteur de variables temporelles ; ε'_{it} est le terme d'erreur.

Chacun des deux modèles d'étude (équation (4) et équation (5)) est estimé à deux reprises par la méthode des moindres carrés généralisés. La seconde estimation se distingue de la première en corrigeant les écarts-types des effets de cluster. Toutes les estimations sont robustes en termes d'hétéroscédasticité et des tests de stationnarité sont au préalable effectués sur les variables.

Enfin, pour conforter la robustesse des modèles des équations (4) et (5), nous effectuons une analyse portant sur des sous-groupes de pays. Nous distinguons les pays d'Afrique subsaharienne selon leurs langues nationales et leurs régions géographiques. Nous réestimons ainsi les modèles des équations (4) et (5) en considérant les pays de langues anglophone, francophone et lusophone d'une part, puis les pays d'Afrique de l'Ouest, de l'est, australe et centrale d'autre part, pour saisir s'il y a des spécificités.

2.2. Source et traitement des données

Les données nécessaires pour réaliser cette étude couvrent un panel non cylindré de 42 pays d'Afrique subsaharienne, observés entre 1970 et 2016. Elles sont collectées de manière primaire pour ce qui est des variables relatives à l'alternance des dirigeants au pouvoir, et secondaire pour le reste. Précisément, les variables explicatives décrivant l'alternance des dirigeants au pouvoir sont obtenues après avoir fait une revue de la littérature sur l'histoire politique des pays africains. La variable dépendante (taux de croissance du PIB) et les variables explicatives de contrôle (taux de croissance du capital mesuré par les investissements, taux de croissance du travail mesuré par la population, taux d'ouverture commerciale[3] et taux d'inflation) sont extraites de *Word Development Indicators de la Banque Mondiale* (World Bank, 2018). Le Tableau 1 donne des statistiques descriptives sur les variables de source secondaire.

Tableau 1. Statistiques descriptives des variables

Variables	Obs.	Min.	Max.	Moyenne	Ecart-type
Croissance du PIB	1845	-50.24	149.9	4.003	7.405
Croissance de l'investissement	1159	-294. 2	2357.6	10.01	76.14
Croissance de la population	2111	-6.185	11.81	2.607	1.204
Ouverture commerciale	1750	1.844	6.276	4.146	0.498
Taux d'inflation	1844	-31.57	26762	40.20	652.9

Source : Auteurs à partir des données de la Banque mondiale.

Entre 1970 et 2016, le taux de croissance moyen du PIB a été d'environ 4% par an au sein des pays d'Afrique subsaharienne. Dans la même période, le taux de croissance moyen de l'investissement en capital a été d'à peu près 10%. La population s'est en moyenne accrue d'un peu plus de 2,5% par an. Le commerce extérieur représente en moyenne près de 4% du PIB sur la période. Le taux d'inflation a été en moyenne de près de 40% par an sur le continent. La dispersion des séries autour de leur moyenne est la plus forte pour le taux d'inflation et la plus faible pour l'ouverture au commerce.

Les valeurs maximales et minimales de certaines variables, bien qu'étant surprenantes, corroborent bien l'histoire des pays africains. Ainsi, le PIB de la Guinée Equatoriale a augmenté de 149% en 1997, suite à la découverte en 1996 de grandes réserves de pétrole dont l'exploitation a induit une très forte augmentation de la production. Au Rwanda, le génocide de 1994 détruisit les bases déjà fragiles de l'économie, en faisant chuter le PIB du pays de 50% jusqu'au niveau historiquement bas.

Les taux d'inflation record du Congo (ex-Zaïre) ont marqué la dernière décennie du siècle passé, avec un pic au sommet de 26762% atteint en 1994. Ces années d'hyperinflation résultaient du mauvais choix des autorités du pays, résolues à

[3] Mesuré par le logarithme de la somme des importations et des exportations rapportées au PIB.

compenser de grands déficits budgétaires[4] par une émission massive et systématique de monnaie.

La guerre civile des années 1990 en Sierra Leone a conduit à des pertes en vies humaines mais aussi en matériels, avec un effondrement de l'investissement en capital de près de 300% en 1998. Cette année, une offensive militaire[5] a mis à feu et à sang la capitale du pays. Le cycle de l'investissement a suivi le rythme de ce conflit, dont le but était le contrôle de la principale ressource du pays, le diamant. L'année 2000 marque l'entame de sortie de guerre où la reconstruction fondée sur l'exploitation légale du diamant fit rebondir l'investissement de 2357%[6].

2.3. Statistiques sur l'alternance des dirigeants au pouvoir

Une revue de la littérature portant sur l'histoire politique des pays africains a permis de construire deux variables qui décrivent l'alternance des dirigeants au pouvoir. La première variable indique le nombre d'alternances réalisées à la tête d'un pays depuis 1960. En effet, l'histoire retient cette année comme celle marquant le début de l'ère des indépendances pour la plupart des pays. La *première variable* d'alternance prend donc la valeur 0 chaque année précédant la première accession d'un nouveau chef d'Etat au pouvoir dans un pays donné. Elle prend la valeur 1 dès l'année de cette première accession jusqu'à celle précédant la seconde. La valeur 2 correspond aux années partant de la deuxième accession jusqu'à celle précédant la troisième ; et ainsi de suite, elle arrive à sa plus grande valeur entre l'année de la dernière accession au pouvoir et 2016. Le détail des chiffres sur cette variable est présenté en annexe (Tableau 4A). La *seconde variable* est une dummy qui est égale à 1 si l'année considérée est une année d'alternance et 0 sinon. Les détails sur cette variable sont également présentés en annexe (Tableau 5A).

Tableau 2. Statistiques sur l'alternance des dirigeants au pouvoir en Afrique subsaharienne

Variables	Nature	Obs.	Min	Max	Obs = 0 (en %)	Obs = 1 (en %)	Moy.	Ecart-type
Nombre d'alternances	quantitative discrète	2006	0	13	-	-	3,568	2,520
Année d'alternance	qualitative dichotomique	2006	0	1	1804 (90%)	204 (10%)	-	-

Source : Auteurs à partir des données primaires collectées dans la littérature.

Les statistiques du Tableau 2 donnent une synthèse des informations relatives aux deux variables d'alternance. Le pays ayant connu le plus grand nombre de changements depuis 1960 est le Bénin, avec une 13ième alternance en 2016. A l'inverse, jusqu'en 1993 l'Erythrée n'avait pas encore réalisé sa première alternance depuis 1960, tout comme la Guinée jusqu'en 1984 et l'Eswatini (Ex-Swaziland) jusqu'en 1982. Enfin, les années d'accession de nouveaux chefs d'Etat au pouvoir représentent à peu près 10% du temps écoulé au sein des pays africains.

---

[4] Ces déficits étaient principalement dus aux dépenses militaires et au train de vie somptuaire de la classe dirigeante.

[5] Cette offensive fut menée par la RUF (*Revolutionary United Front*) et l'AFRC (*Armed Forces Revolutionary Council*) dans le cadre d'une opération baptisée *No Living thing* (en français, « plus rien de vivant »).

[6] Cette reconstruction fondée sur l'exploitation légale du diamant fut rendue possible grâce à l'application d'un embargo voté par l'ONU sur le trafic illégal des pierres.

3. RÉSULTAT DES MODÈLES ET INTERPRÉTATION

3.1. Estimation et analyse des effets de l'alternance des dirigeants sur la croissance économique en Afrique subsaharienne

Certaines variables incluses dans les modèles de l'étude peuvent poser des problèmes de stationnarité, vu qu'elles renferment des séries macroéconomiques avec une dimension temporelle longue. Des tests de racine unitaire ont par conséquent été effectués sur ces variables. On conclut qu'elles sont toutes stationnaires (Tableau 1A en annexe).

On peut donc estimer les modèles explicatifs de la croissance par les caractéristiques de l'alternance des dirigeants au pouvoir. Les résultats figurent au tableau 3. Les estimations ayant des écarts-types simples sont présentées à la colonne 1 (modèle sans prise en compte des effets temporels) et à la colonne 2 (modèle avec prise en compte des effets temporels). Les estimations avec des écarts-types corrigés occupent la colonne 3 (modèle sans prise en compte des effets temporels) et la colonne 4 (modèle avec prise en compte des effets temporels).

Tableau 3. Effets de l'alternance des dirigeants au pouvoir sur la croissance économique des pays d'Afrique subsaharienne

	Variable dépendante : Croissance du PIB			
	Modèle sans effets temporels (1)	Modèle avec effets temporels (2)	Modèle sans effets temporels (3)	Modèle avec effets temporels (4)
	Ecarts-types simples		Ecarts-types corrigés	
Croissance de l'investissement	0.010***	0.010***	0.010	0.010
	(0.003)	(0.003)	(0.008)	(0.008)
Croissance de la population	0.924***	0.818***	0.924***	0.818**
	(0.216)	(0.230)	(0.316)	(0.330)
Ouverture commerciale	4.289***	4.659***	4.289**	4.659*
	(0.654)	(0.747)	(2.126)	(2.502)
Taux d'inflation	-0.0003	-0.0002	-0.0003***	-0.0002**
	(0.0003)	(0.0003)	(0.0004)	(0.0007)
Nombre d'alternance	0.263**	0.360*	0.263**	0.360***
	(0.129)	(0.186)	(0.105)	(0.139)
Année d'alternance	-2.147***	-2.263***	-2.147***	-2.263***
	(0.778)	(0.786)	(0.698)	(0.858)
Constante	-17.24***	-20.64***	-17.24**	-20.64*
	(2.903)	(3.691)	(8.365)	(10.80)
Observations	1,110	1,110	1,110	1,110
Nombre de pays	42	42	42	42

Ecarts-types entre parenthèses. Significativité à 1% (***), 5% (**), 10% (*).

Source : Auteurs.

Il ressort des résultats du Tableau 3 que l'alternance des dirigeants au pouvoir affecte la croissance économique de deux manières. En premier lieu, le nombre d'alternances réalisées depuis 1960 a un effet positif sur la croissance d'un pays. Précisément, l'élasticité de la croissance par rapport au nombre d'alternances est de 0,26% ou 0,36%, respectivement dans les modèles sans ou avec effets temporels. Ce résultat se vérifie dans les quatre modèles estimés, avec une significativité qui varie entre 1% et 10%. En second lieu, le fait d'être en année d'alternance influe négativement sur la croissance. Ce résultat est valable pour tous les modèles avec une significativité de 1%.

Enfin, les coefficients associés aux variables de contrôle des modèles ont les signes attendus. La croissance de l'investissement, la croissance de la population et l'ouverture commerciale affectent positivement la croissance économique, l'inflation l'affecte négativement. Ces coefficients sont pour la plupart significatifs aux seuils requis.

Les résultats de cette étude donnent lieu à deux interprétations particulières concernant l'influence de l'alternance des dirigeants sur la croissance des pays d'Afrique subsaharienne. Il convient de distinguer l'effet de long terme et l'effet de court terme de l'alternance. En effet, les variables d'alternance retenues décrivent deux phénomènes spécifiques dans le temps. La première variable, le nombre d'alternances, additionne les accessions de nouveaux chefs d'Etat au pouvoir depuis 1960. La seconde variable, l'année d'alternance, marque juste de façon ponctuelle chaque année de nouvelle accession. Ainsi, les résultats à interpréter décrivent l'effet qu'a l'alternance via des évolutions de long terme (somme des changements survenus sur plusieurs années) et de court terme (changement ponctuel en une année).

A long terme, la somme des alternances déjà réalisées à la tête d'un pays a un effet positif sur la croissance. Ce résultat rejoint ceux de Rodrik (1998) et Acemoglu et al. (2014) pour qui la démocratie peut mener à la croissance, sous l'hypothèse que les pratiques démocratiques aient un effet dissuasif sur les dirigeants tentés d'opter pour de mauvais choix de politiques économiques. Pour ainsi dire, un dirigeant voudra sans doute laisser un bilan économique satisfaisant, s'il sait être contraint de céder le pouvoir au terme de ses mandats légaux, sachant qu'il aura peut-être à répondre de ce bilan.

A court terme, l'alternance à la tête de l'Etat a par contre un effet négatif sur la croissance. Le fait d'être en année d'alternance freine la croissance, car les pratiques et les mécanismes qui accompagnent les changements ont un coût immédiat. Lorsqu'ils sont démocratiques, ces mécanismes concernent souvent l'organisation du scrutin électoral et ses accessoires. Lorsqu'ils sont antidémocratiques, ces mécanismes déstabilisent l'activité économique. Mais la nature démocratique ou non des mécanismes ne change rien au résultat de cette étude qui rejoint ici les auteurs pour qui la démocratie et ses principes ont un effet négatif sur la croissance économique (Barro 1996 ; Rodrik, 1999 ; Acemoglu et Robinson, 2006 ; De Haan 2007 ; Besley et Kudamatsu 2008 ; Asiedu et Lien, 2011).

3.2. Résultats dans les pays d'Afrique anglophone, francophone et lusophone

Vu que les pays d'Afrique subsaharienne ne forment pas un ensemble homogène sur les plans linguistique et géographique, nous les avons regroupés selon leurs langues nationales et leurs régions géographiques (Tableau 6A en annexe). Les modèles des équations (4) et (5) sont ré-estimés sur les sous-groupes ainsi formés. Les premières estimations portent sur les pays d'Afrique anglophone, francophone et lusophone. Les résultats sont présentés dans le Tableau 2A.

Pour l'Afrique anglophone, les liens de l'alternance à la croissance sont significatifs pour les modèles sans effets temporels, que l'on ait les écarts-types simples ou corrigés (Tableau 2A, colonnes 1 et 3). S'agissant des modèles avec effets temporels, les liens de long terme (positifs) et de court terme (négatifs) sont significatifs pour des écarts-types simples (Tableau 2A, colonne 2) et non significatifs pour des écarts-types corrigés (Tableau 2A, colonne 4).

Concernant l'Afrique francophone, les estimations montrent que seule la relation de long terme dans le modèle avec effets temporels n'est pas significative (Tableau 2A, colonnes 6 et 8). Les autres liens (court et long terme) sont tous significatifs avec des signes identiques à ceux de l'estimation principale, en présence d'écarts-types simples ou corrigés.

Les résultats de l'Afrique lusophone ne sont pas significatifs, à l'exception du lien positif de long terme dans le modèle avec effets temporels et écarts-types corrigés (Table 2A, colonne 12). Toutefois, les signes des coefficients associés aux liens de long terme (positifs) et de court terme (négatifs) demeurent dans le modèle sans effets temporels (Tableau 2A, colonnes 9 et 12). Il convient de noter que le nombre de pays considérés ici est limité et donc les résultats fragiles.

Nous remarquons enfin que dans la relation de long terme, la croissance économique des pays d'Afrique anglophone réagit plus positivement à l'alternance que ce n'est le cas dans les pays d'Afrique francophone. En effet, l'élasticité de la croissance par rapport au nombre d'alternances se situe dans une fourchette comprise entre 0,2% et 0,3% pour les pays d'Afrique anglophone, contre 0,03% et 0,1% pour les pays d'Afrique francophone. En outre, l'effet négatif dans l'année qu'a l'alternance sur la croissance est moins important dans les pays d'Afrique anglophone que les pays d'Afrique francophone.

3.3. Résultats dans les pays d'Afrique de l'Ouest, de l'est, australe et centrale

Nous distinguons aussi les pays d'Afrique de l'Ouest, de l'est, australe et centrale.

Les résultats pour l'Afrique de l'Ouest établissent un lien de l'alternance à la croissance positif et significatif à long terme, négatif et significatif à court terme, lorsqu'on considère les écarts-types simples (Tableau 3A, colonnes 1 et 2). On obtient les mêmes signes pour les résultats avec des écarts-types corrigés (Tableau 3A, colonnes 3 et 4), à l'exception du lien de long terme dans le modèle avec effets temporels qui n'est pas significatif.

Pour l'Afrique de l'Est, les relations de long terme (positive) et de court terme (négative) sont significatives avec des écarts-types simples, excepté celle de long terme du modèle avec effets temporels (Tableau 3A, colonnes 5 et 6). Les signes sont similaires pour les modèles avec écarts-types corrigés (Tableau 3A, colonnes 7 et 8).

Les résultats obtenus pour l'Afrique australe ne sont pas significatifs quand nous considérons les modèles sans effets temporels (Tableau 3A colonnes 9 à 11). Toutefois, la relation de long terme est significativement positive et celle de court terme significativement négative, lorsque nous observons les modèles avec effets temporels (Tableau 3A, colonnes 10 et 12).

Les résultats trouvés pour l'Afrique centrale ne sont pas significatifs et révèlent des liens de long et de court terme négatifs, qu'il s'agisse des modèles sans effets temporels (Tableau 3A colonnes 13 et 15) ou des modèles avec effets temporels (Tableau 3A colonnes 14 et 16).

On constate que dans la relation de long terme la croissance économique des pays d'Afrique de l'Ouest réagit plus positivement à l'alternance que celle des pays d'Afrique de l'Est. Précisément, l'élasticité de la croissance par rapport au nombre d'alternances est comprise dans une fourchette allant de 0,2% à 0,4% pour les pays d'Afrique de l'Ouest, contre 0,08% et 0,3% pour les pays d'Afrique de l'Est. Pour la relation de court terme en revanche, l'effet négatif de l'alternance est plus important en Afrique de l'Ouest dans les modèles de croissance sans effets temporels, et est tout aussi important en Afrique de l'Est dans les modèles avec effets temporels.

3.4. Résultats : quelques fondements géopolitiques

Les résultats suggèrent que l'alternance des chefs d'Etat profite plus à la croissance des pays d'Afrique anglophone que francophone. D'un point de vue géopolitique, cela viendrait du fait que la démocratie se soit plus développée dans les pays anglophones que francophones (Lipset, Seong et Torres, 1993). Ainsi, le niveau de développement démocratique où s'opère l'alternance des dirigeants affecte les résultats d'une région à l'autre. Dans les pays anglophones, plus démocratiques, les coûts de changements de court terme (scrutin électoral, troubles politiques, etc.) sont moindres et les gains de long terme plus importants en termes de croissance. La situation s'inverse dans les pays francophones, moins démocratiques, avec des coûts d'alternance plus importants à court terme et des gains de croissance moins importants à long terme. Des faits stylisés corroborent cette idée d'une Afrique à deux vitesses où la zone anglophone est plus performante que la zone francophone. En effet, les deux dernières décennies montrent que l'Afrique francophone a connu environ 2,5 fois plus de coups d'état que l'Afrique anglophone (IDEA, 2016)[7]. Dans le même temps, les pays anglophones ont longtemps connu une croissance moyenne du PIB quasiment égale à 2 fois celle des pays francophones (FMI, 2017)[8].

Les résultats montrent en outre qu'à long terme, l'alternance des chefs d'Etat améliore plus la croissance des pays d'Afrique l'ouest que celle des pays de l'Est ; mais qu'à court terme, aucun ordre ne peut être établi entre les deux régions. L'analyse géopolitique fondée sur le découpage géographique parait par conséquent moins tranchée que celle fondée sur le critère linguistique. Cela peut dériver du fait que les deux régions géographiques ont chacune des pays anglophones et francophones qu'elles englobent.

CONCLUSION

L'objectif de ce travail était d'étudier la manière dont l'alternance des dirigeants au pouvoir affecte la croissance économique au sein des pays d'Afrique subsaharienne. Pour y parvenir, on a estimé un modèle de croissance dans lequel le nombre d'alternances réalisées dans un pays depuis 1960 et le fait d'être en année d'alternance servent de variables explicatives. Les données utilisées couvrent un panel de 42 pays observés entre 1970 et 2016.

Les résultats montrent que l'alternance des dirigeants au pouvoir affecte la croissance économique de manière ambivalente. Précisément, la somme des alternances accumulées par un pays a un effet positif sur la croissance de long terme. Mais, le fait d'être en année d'alternance implique des coûts de changement ponctuel qui influent négativement sur la croissance à court terme.

Des spécificités apparaissent toutefois en fonction des zones de pays. On constate que l'alternance des chefs d'Etat profite plus à la croissance des pays d'Afrique anglophone que francophone, tant à court terme qu'à long terme. En outre, cette alternance profite plus à la croissance des pays d'Afrique de l'Ouest que de l'est, mais seulement à long terme.

Des propositions peuvent de là être formulées au niveau global. Il s'agit pour les pays d'Afrique subsaharienne de trouver le bon équilibre dans le rythme et les conditions de l'alternance des dirigeants au pouvoir. Les constitutions nationales peuvent matérialiser cela en définissant des limites plafond et plancher sur le nombre de mandats au pouvoir. Dès lors un prolongement de ce travail est d'évaluer, pour les différents pays, le nombre et la durée de mandats dans lesquels l'exercice de la fonction de chef d'Etat joue au mieux en faveur de la croissance économique.

[7] Sur 95 coups d'Etat, 53 ont eu lieu en Afrique francophone, contre 22 en Afrique anglophone.

[8] Les pays anglophones ont expérimenté une croissance de 6 à 7%, tandis que les pays francophones ont enregistré une croissance moyenne de l'ordre de 3 à 4%.

REFERENCES

Abdoulaye D., 2014, Démocratie et croissance économique dans les pays de l'UEMOA: quels liens, http://www.ecoasso.org/articles/Abdoulaye_Dramane1.pdf

Acemoglu D., Naidu S., Restrepo P., Robinson J.A., 2014, Democracy Does Cause Growth, NBER Working Paper 20004, *National Bureau of Economic Research*, Inc.

Acemoglu D., Robinson S., 2006, Economic Origins of Dictatorship and Democracy, *Cambridge: Cambridge University Press.*

Alesina A., Rodrik D., 1994, Distributive Politics and Economic Growth, *Quarterly Journal of Economics*, 59, 2, 465-490.

Asiedu E., Lien D., 2011, Democracy, foreign direct investment and natural resources, *Journal of International Economics*, 84, 99–111.

Barro R.J., 1996, Democracy and Growth, *Journal of Economic Growth*, 1, 1, 1-27.

Barro R.J., 1997, Determinants of Economic Growth: A Cross-Country Empirical Studies, *MIT Press, Cambridge, Mass.*

Barro R.J., 1999, Determinant of Democracy, *Journal of Political Economy*, 107, 158-183.

Baum M.A., Lake D.A., 2003, The Political Economy of Growth: Democracy and Human Capital, *American Journal of Political Science*, 47, 2, 333–347.

Besley B., Kudamatsu M., 2008, Making Autocracy Work, *Harvard University Press*, 452-510.

Borner S., Weder B., 1995, Political Credibility and Economic Development, *New York: Macmillan Press.*

Brunetti A., 1997, Political Variables in Cross-Country Growth Analysis, *Journal of Economic Survey*, 11, 163-90.

Commission Economique pour l'Afrique, 2009, *Rapport sur la gouvernance en Afrique II*, Commission Economique pour l'Afrique, Addis-Abeba.

De Haan J., 2007, Political institutions and economic growth reconsidered, *Public Choice*, 131, 281–92.

Doucouliagos H., Ulubasoglu M.A., 2008, Democracy and Economic Growth: A Meta-Analysis, *American Journal of Political Science*, 52, 1, 61–83.

Feng Y., 2004, Democracy, Governance and Economic Performance: Theory and Evidence, *Journal of Economic Literature*, 42, 4, 1120-1121.

Fischer S., 1993, The Role of Macroeconomic Factors in Growth, *Journal of Monetary Economics*, 32, 485-512.

Fonds Monétaire International, 2017, Perspectives économiques régionales : Afrique subsaharienne Faire redémarrer la croissance, *Études économiques et financières - Fonds monétaire international.*

Fosu A.K., 2008, Democracy and growth in Africa: Implications of increasing electoral competitiveness, *Economics Letters, Elsevier*, 100, 3, 442-444.

Frankel J., A., Romer D., H., 1999, Does Trade Cause Growth, *American Economic Review*, 89, 3, 379-399.

Freund C., Jaud M., 2014, Regime Change, Democracy, and Growth, Working Paper Series n° WP14-1, *Peterson Institute for International Economics.*

Giavazzi F., Tabellini G., 2005, Economic and Political Liberalizations, *Journal of Monetary Economics*, 52, 1297-1330.

Helliwell J., 1994, Empirical Linkages Between Democracy and Economic Growth, *British Journal of Political Science*, 24, 225-248.

Heo U., Tan A.C., 2001, Democracy and Economic Growth: A Causal Analysis, *Comparative Politics*, 33, 4, 463-473.

International Institute for Démocracy and Electoral Assistance, 2016, Approfondir la transition vers la Gouvernance démocratique en Afrique centrale, last accessed on 10 june 2016, https://www.idea.int/sites/default/files/publications/approfondir-la-transitionen-afrique-centrale.pdf

Kaufmann D., Kraay A., Zoido-Lobatón P., 1999, Governance Matters, *World Bank Policy Research*, Working Paper, N°2196, Washington, D.C.

Knutsen C.H., 2011, Democracy and economic growth: A changing relationship? In *Governing the Global Economy: Politics, Institutions, and Economic Development*, ed. Dag Harald Claes et Carl Henrik Knutsen. London: Routledge, 171- 188.

Kurzman C., Werum R., Burkhart R.E., 2002, Democracy's Effect on Economic Growth: a Pooled Time-Series Analysis, 1951-1980, *Studies in Comparative International Development*, 37, 1, 3-33.

Lipset S.M., Seong J-R., Torres J-C., 1993, A Comparative Analysis of the Social Requisites of Democracy, *International Social Science Journal*, may, 155-175.

Madsen B.J., Raschky P.A., Skali A., 2015, Does democracy drive income in the world, 1500–2000? , *European Economic Review*, 78,175-195.

Mankiw N.G., Romer D., Weil D.N., 1992, A Contribution to the Empirics of Economic Growth , *Quarterly Journal of Economics*, 107, 2, 407-437

Mesquita B., Morrow J.D., Randolph S., Smith A., 2001, Politcal Competition and Economic Growth, *Journal of Democracy*, 12, 58-72.

Minier J.A., 1998, Democracy and Growth: Alternative Approaches, *Journal of Economic Growth*, 3, 241–266.

Mo, 2001, Corruption and economic growth, *Journal of Comparative Economics*, 29

Narayan P.K., Narayan S., Smyth R., 2011, Does democracy facilitate economic growth or does economic growth facilitate democracy? An empirical study of Sub-Saharan Africa, *Economic Modelling*, 28, 900–910.

Nelson J., 1987, Political Development, In *Understanding Political Development*", eds. Weiner M., Huntington S. P. Boston: Little Brown.

North D.C., 1990, Institutions, Institutional Change and Economic Performance, *Cambridge University Press*, UK

Papaioannou E., Siourounis G., 2008, Democratisation and Growth, *The Economic Journal*, 118, 532.

Persson T., Tabellini G., 1994, Is Inequality Harmful for Growth? Theory and Evidence, *American Economic Review*, 84, 3, 600-621.

Persson T., Tabellini G., 2009, Democratic Capital: The Nexus of Political and Economic Change, *American Economic Journal*, Macroeconomics, 1, 2, 88-126.

Przeworski A., Alvarez M.E., Cheibub J.A., Limongi F., 2000, Democracy and Development: Political Institutions and Well-Being in the World, 1950-1990 , *Cambridge University Press.*

Przeworski A., Limongi F., 1993, Political Regimes and Economic Growth, *The Journal of Economic Perspectives*, 7, 3, 51-69.

Pye L.W., 1966, Aspects of Political Development, *Boston: Little, Brown. Rock*,

Rodrik D., 1998, Globalisation, Social Conflict and Economic Growth, *The World Economy*, 21, 2, 143–158.

Rodrik D., 1999, Democracies Pay Higher Wages, *Quarterly Journal of Economics*, 114, 3, 707–38.

Rodrik D., Wacziarg R., 2005, Do Democratic Transitions Produce Bad Economic outcomes?, *American Economic Review*, 95, 2, 50-55.

Sandalcilar A.R., 2013, Democracy and Growth: Evidence from Transition Economies, *American International Journal of Contemporary Research*, 3, 1, 63-75.

Senou J.I., 2016, Le nouvel avatar démocratique en Afrique : l'obsession du second mandat, *Revue française de droit constitutionnel*, 3, 107, 633-652.

Sirowy L., Inkeles A., 1990, The Effect of Democracy on Economic Growth and Inequality: A Review, *Studies in Comparative International Development*, 25, 126-57.

Solow R.M., 1956, A Contribution to the Theory of Economic Growth, *The Quarterly Journal of Economics*, 70, 1, 65-94.

Tavares J., Wacziarg R., 2001, How democracy affects growth?, *European Economic Review*, 45, 1341-1378.

Vencovsky D., 2007, Presidential Term Limits in Africa, *Conflict Trends* No

Wade R., 1990, Governing the Market: Economic Theory and the Role of Government in East Asian Industrialization, *Princeton: Princeton University Press.*

World Bank, 2018, *World Development Indicators.* https://databank.worldbank.org/data/reports.aspx?source=world-development-indicators

ANNEXES

Tableau 1A. Tests de stationnarité sur les variables

		Statistique	P-value
Croissance du PIB	*Inverse chi-squared(92)*	1195.4	0.000
	Inverse normal	-28.85	0.000
	Inverse logit t(179)	-48.62	0.000
	Modified inv. chi-squared	81.34	0.000
Croissance de l'investissement	*Inverse chi-squared(92)*	913.4	0.000
	Inverse normal	-24.12	0.000
	Inverse logit t(179)	-38.75	0.000
	Modified inv. chi-squared	63.99	0.000
Croissance de la population	*Inverse chi-squared(92)*	115.65	0.048
	Inverse normal	1.321	0.907
	Inverse logit t(179)	-0.019	0.492
	Modified inv. chi-squared	1.744	0.041
Ouverture commerciale	*Inverse chi-squared(92)*	161.31	0.000
	Inverse normal	-4.372	0.000
	Inverse logit t(179)	-4.682	0.000
	Modified inv. chi-squared	5.315	0.000
Taux d'inflation	*Inverse chi-squared(92)*	999.5	0.000
	Inverse normal	-25.33	0.000
	Inverse logit t(179)	-40.33	0.000
	Modified inv. chi-squared	66.90	0.000

Source : Auteurs à partir des données de la Banque mondiale.

Tableau 2A. Effets de l'alternance des dirigeants au pouvoir sur la croissance économique des pays d'Afrique anglophone, francophone et lusophone

	Variable dépendante : Croissance du PIB											
	Afrique anglophone				Afrique francophone				Afrique lusophone			
	Mod. sans Eff. temps (1)	Mod. avec Eff. temps (2)	Mod. sans Eff. temps (3)	Mod. avec Eff. temps (4)	Mod. sans Eff. temps (5)	Mod. avec Eff. temps (6)	Mod. sans Eff. temps (7)	Mod. avec Eff. temps (8)	Mod. sans Eff. temps (9)	Mod. avec Eff. temps (10)	Mod. sans Eff. temps (12)	Mod. avec Eff. temps (12)
	Ecarts-types simple		Ecarts-types corrigés		Ecarts-types simple		Ecarts-types corrigés		Ecarts-types simple		Ecarts-types corrigés	
Croissance de l'investissement	0.004*	0.004	0.004	0.004	0.060***	0.054***	0.060**	0.054*	0.120***	0.107**	0.120***	0.107***
	(0.002)	(0.002)	(0.003)	(0.003)	(0.011)	(0.011)	(0.026)	(0.028)	(0.036)	(0.047)	(0.025)	(0.031)
Croissance de la population	1.742***	1.204***	1.742***	1.204**	2.091***	2.192***	2.091***	2.192***	-0.610	-0.769	-0.610	-0.769
	(0.330)	(0.284)	(0.474)	(0.534)	(0.431)	(0.433)	(0.392)	(0.375)	(0.707)	(1.268)	(0.728)	(1.530)
Ouverture commerciale	1.898**	2.140***	1.898*	2.140*	0.154	-0.505	0.154	-0.505	8.074***	9.201***	8.074***	9.201**
	(0.911)	(0.677)	(1.128)	(1.125)	(0.619)	(0.662)	(0.952)	(0.941)	(2.037)	(2.663)	(2.627)	(3.810)
Taux d'inflation	-0.0301***	-0.0276**	-0.0301***	-0.0276**	-0.0157	-0.0272	-0.0157	-0.0272	-0.0190	0.0915	-0.0190	0.0915***
	(0.012)	(0.013)	(0.011)	(0.012)	(0.024)	(0.031)	(0.038)	(0.052)	(0.057)	(0.075)	(0.065)	(0.014)
Nombre d'alternance	0.331**	0.212*	0.331**	0.212	0.174*	0.036	0.174***	0.0366	0.297	0.842	0.297	0.842*
	(0.159)	(0.111)	(0.168)	(0.199)	(0.089)	(0.105)	(0.058)	(0.075)	(0.718)	(0.837)	(0.260)	(0.470)
Année d'alternance	-1.365*	-0.523	-1.365**	-0.523	-2.199***	-2.456***	-2.199***	-2.456***	-0.893	1.074	-0.893	1.074
	(0.824)	(0.872)	(0.549)	(0.726)	(0.765)	(0.794)	(0.641)	(0.705)	(5.304)	(5.854)	(1.259)	(1.535)
Terme constant	-8.991**	-9.453**	-8.991	-9.453	-4.275	-0.807	-4.275	-0.807	-28.11***	-37.39***	-28.11***	-37.39**
	(4.267)	(3.767)	(6.043)	(5.812)	(2.836)	(3.376)	(4.550)	(5.178)	(9.347)	(13.46)	(9.451)	(15.60)
Observations	470	470	470	470	399	399	399	399	131	131	131	131
Nbre de pays	17	17	17	17	15	15	15	15	7	7	7	7

Tableau 3A. Effets de l'alternance des dirigeants au pouvoir sur la croissance économique des pays d'Afrique de l'Ouest, de l'est, australe et centrale

	Variable dépendante : Croissance du PIB															
	Afrique de l'ouest				Afrique de l'est				Afrique australe				Afrique centrale			
	Md sans eff temp (1)	Md avec eff temp (2)	Md sans eff temp (3)	Md avec eff temp (4)	Md sans eff temp (5)	Md avec eff temp (6)	Md sans Eff temp (7)	Md avec ef temps (8)	Md sans eff temp (9)	Md avec eff temp (10)	Md sans eff temp (11)	M avec ef temp (12)	Md sans eff temp (13)	Md avec eff temp (14)	Md sans eff temp (15)	Md avec eff temp (16)
	E-Type simples		E-Type corrigés		E-Type simples		E-Type corrigés		E-Type simples		E-Type corrigés		E-Type simples		E-Type corrigés	
Crois inv.	0.002	0.003	0.002	0.003**	0.105***	0.106***	0.105***	0.106***	0.050***	0.051***	0.050*	0.051*	0.136***	0.129***	0.136***	0.129***
	(0.002)	(0.002)	(0.001)	(0.001)	(0.012)	(0.013)	(0.034)	(0.036)	(0.012)	(0.013)	(0.029)	(0.028)	(0.030)	(0.035)	(0.029)	(0.028)
Crois pop.	1.358***	1.275***	1.358**	1.275***	0.497**	0.354	0.497	0.354	1.032*	1.644***	1.032	1.644**	-0.392	-0.348	-0.392	-0.348
	(0.421)	(0.406)	(0.606)	(0.396)	(0.194)	(0.216)	(0.345)	(0.304)	(0.603)	(0.597)	(1.072)	(0.749)	(1.202)	(1.293)	(2.617)	(2.697)
Ouv. Com.	1.991**	0.276	1.991***	0.276	0.0612	-0.434	0.0612	-0.434	7.219***	6.907***	7.219**	6.907**	7.943***	8.015***	7.943**	8.015*
	(0.927)	(0.846)	(0.772)	(0.894)	(0.765)	(0.778)	(1.256)	(1.143)	(1.171)	(1.096)	(3.124)	(3.155)	(1.782)	(1.846)	(4.029)	(4.459)
Taux d'inf.	-0.038***	-0.026*	-0.038***	-0.026**	-0.015	-0.007	-0.015	-0.007	-0.0002	-0.0001	-0.0002*	-0.0001	-0.0001	-5.36e-05	-0.0001	-5.36e-05
	(0.013)	(0.013)	(0.008)	(0.011)	(0.013)	(0.014)	(0.021)	(0.026)	(0.0003)	(0.0003)	(0.0001)	(0.0001)	(0.0004)	(0.0005)	(0.0001)	(0.0002)
Nbre d'alt.	0.411***	0.201*	0.411**	0.201	0.337**	0.085	0.337*	0.085	-0.099	0.158	-0.099	0.158	-0.771	-0.938	-0.771	-0.938
	(0.133)	(0.103)	(0.163)	(0.144)	(0.161)	(0.169)	(0.177)	(0.295)	(0.250)	(0.245)	(0.264)	(0.408)	(0.573)	(0.638)	(0.988)	(1.050)
Année d'alt.	-2.019**	-1.804**	-2.019***	-1.804*	-1.776*	-2.226**	-1.776**	-2.226*	-0.954	-0.926	-0.954	-0.926	-1.432	-6.105	-1.432	-6.105
	(0.826)	(0.864)	(0.663)	(0.967)	(0.956)	(1.029)	(0.818)	(1.146)	(1.916)	(2.145)	(1.258)	(1.457)	(4.522)	(5.122)	(2.997)	(7.277)
Terme const.	-9.631**	-0.346	-9.631**	-0.346	0.466	4.419	0.466	4.419	-29.96***	-33.74***	-29.96***	-33.74**	-27.06***	-27.28***	-27.06***	-27.28**
	(4.007)	(4.068)	(3.888)	(4.091)	(3.324)	(4.119)	(4.930)	(4.912)	(5.449)	(5.881)	(11.51)	(14.62)	(7.098)	(8.840)	(10.12)	(13.77)
Obs	342	342	342	342	387	387	387	387	183	183	183	183	198	198	198	198
N. Pays	13	13	13	13	16	16	16	16	6	6	6	6	7	7	7	7
	Ecarts-types entre parenthèses et Significativité à 1% (***), 5% (**), 10% (*)															

Tableau 4A. Données sur le nombre d'alternances des dirigeants au pouvoir en Afrique subsaharienne de 1970 à 1993

	1970	1971	1972	1973	1974	1975	1976	1977	1978	1979	1980	1981	1982	1983	1984	1985	1986	1987	1988	1989	1990	1991	1992	1993
Afrique du Sud	3	3	3	3	3	4	4	4	5	6	6	6	6	6	7	7	7	7	7	8	8	8	8	8
Bénin	8	8	9	9	9	9	9	9	9	9	9	9	9	9	9	9	9	9	9	9	9	10	10	10
Botswana	1	1	1	1	1	1	1	1	1	1	2	2	2	2	2	2	2	2	2	2	2	2	2	2
Burkina Faso	1	1	1	1	1	1	1	1	1	1	2	2	3	4	4	4	4	5	5	5	5	5	5	5
Burundi	1	1	1	1	1	1	2	2	2	2	2	2	2	2	2	2	2	3	3	3	3	3	3	4
Cabo Verde						1	1	1	1	1	1	1	1	1	1	1	1	1	1	1	1	2	2	2
Cameroun	1	1	1	1	1	1	1	1	1	1	1	1	2	2	2	2	2	2	2	2	2	2	2	2
Comores						1	2	2	3	3	3	3	3	3	3	3	3	3	3	4	4	4	4	4
Congo Rép. D.	2	2	2	2	2	2	2	2	2	2	2	2	2	2	2	2	2	2	2	2	2	2	2	2
Congo Rép.	2	2	2	2	2	2	2	3	3	4	4	4	4	4	4	4	4	4	4	4	4	4	5	5
Côte d'Ivoire	1	1	1	1	1	1	1	1	1	1	1	1	1	1	1	1	1	1	1	1	1	1	1	2
Djibouti								1	1	1	1	1	1	1	1	1	1	1	1	1	1	1	1	1
Érythrée	0	0	0	0	0	0	0	0	0	0	0	0	0	0	0	0	0	0	0	0	0	0	0	1
Éthiopie					1	1	1	2	2	2	2	2	2	2	2	2	2	2	2	2	2	3	3	3
Gabon	2	2	2	2	2	2	2	2	2	2	2	2	2	2	2	2	2	2	2	2	2	2	2	2
Gambie	3	3	3	3	3	3	3	3	3	3	3	3	3	3	3	3	3	3	3	3	3	3	3	3
Ghana	4	4	5	5	5	5	5	5	6	7	7	8	8	8	8	8	8	8	8	8	8	8	8	8
Guinée équato.	1	1	1	1	1	1	1	1	1	2	2	2	2	2	2	2	2	2	2	2	2	2	2	2
Guinée-Bissau				1	1	1	1	1	1	1	2	2	2	2	3	3	3	3	3	3	3	3	3	3
Kenya	2	2	2	2	2	2	2	2	3	3	3	3	3	3	3	3	3	3	3	3	3	3	3	3
Lesotho	1	1	1	1	1	1	1	1	1	1	1	1	1	1	1	1	1	1	1	1	2	2	2	2
Madagascar	0	0	1	1	1	2	3	3	3	3	3	3	3	3	3	3	3	3	3	3	3	3	3	4
Malawi	1	1	1	1	1	1	1	1	1	1	1	1	1	1	1	1	1	1	1	1	1	1	1	1
Mali	2	2	2	2	2	2	2	2	2	2	2	2	2	2	2	2	2	2	2	2	2	3	4	4
Maurice																							1	1
Mozambique						1	1	1	1	1	1	1	1	1	1	1	2	2	2	2	2	2	2	2
Namibie																					1	1	1	1
Niger	1	1	1	1	2	2	2	2	2	2	2	2	2	2	2	2	2	3	3	3	3	3	3	4
Nigéria	2	2	2	2	2	3	4	4	4	5	5	5	5	6	6	7	7	7	7	7	7	7	7	8
Ouganda	2	3	3	3	3	3	3	3	3	4	5	5	5	5	5	6	7	7	7	7	7	7	7	7
Rép. centrafric.	2	2	2	2	2	2	2	2	2	3	3	4	4	4	4	4	4	4	4	4	4	4	4	5
Rwanda	1	1	1	2	2	2	2	2	3	3	3	3	3	3	3	3	3	3	3	3	3	3	3	3
Sénégal	1	1	1	1	1	1	1	1	1	1	1	2	2	2	2	2	2	2	2	2	2	2	2	2
Seychelles							1	2	2	2	2	2	2	2	2	2	2	2	2	2	2	2	2	2
Sierra Leone		1	1	1	1	1	1	1	1	1	1	1	1	1	1	2	2	2	2	2	2	2	3	3
Somalie	2	2	2	2	2	2	2	2	2	2	2	2	2	2	2	2	2	2	2	2	2	3	3	3
Soudan du Sud																								
Swaziland	0	0	0	0	0	0	0	0	0	0	0	0	1	2	2	2	3	3	3	3	3	3	3	3
Tanzanie	1	1	1	1	1	1	1	1	1	1	1	1	1	1	1	2	2	2	2	2	2	2	2	2
Tchad	1	1	1	1	1	2	2	2	2	3	3	3	4	4	4	4	4	4	4	4	5	5	5	5
Togo	3	3	3	3	3	3	3	3	3	3	3	3	3	3	3	3	3	3	3	3	3	3	3	3
Zimbabwe	1	1	1	1	1	2	3	3	4	5	6	6	6	6	6	6	6	7	7	7	7	7	7	7

Tableau 4A (suite). Données sur le nombre d'alternances des dirigeants au pouvoir en Afrique subsaharienne de 1994 à 2016

	1994	1995	1996	1997	1998	1999	2000	2001	2002	2003	2004	2005	2006	2007	2008	2009	2010	2011	2012	2013	2014	2015	2016
Afrique du Sud	9	9	9	9	9	10	10	10	10	10	10	10	10	10	10	11	11	11	11	11	11	11	11
Bénin	10	10	11	11	11	11	11	11	11	11	11	11	12	12	12	12	12	12	12	12	12	12	13
Botswana	2	2	2	2	3	3	3	3	3	3	3	3	3	3	4	4	4	4	4	4	4	4	4
Burkina Faso	5	5	5	5	5	5	5	5	5	5	5	5	5	5	5	5	5	5	5	5	6	6	6
Burundi	5	5	6	6	6	6	6	6	6	7	7	8	8	8	8	8	8	8	8	8	8	8	8
Cabo Verde	2	2	2	2	2	2	2	3	3	3	3	3	3	3	3	3	3	4	4	4	4	4	4
Cameroun	2	2	2	2	2	2	2	2	2	2	2	2	2	2	2	2	2	2	2	2	2	2	2
Comores	4	5	6	6	7	7	7	7	7	7	7	7	8	8	8	8	8	9	9	9	9	9	10
Congo Rép. D.	2	2	2	3	3	3	3	4	4	4	4	4	4	4	4	4	4	4	4	4	4	4	4
Congo Rép.	5	5	5	6	6	6	6	6	6	6	6	6	6	6	6	6	6	6	6	6	6	6	6
Côte d'Ivoire	2	2	2	2	2	3	4	4	4	4	4	4	4	4	4	4	4	5	5	5	5	5	5
Djibouti	1	1	1	1	1	2	2	2	2	2	2	2	2	2	2	2	2	2	2	2	2	2	2
Érythrée	1	1	1	1	1	1	1	1	1	1	1	1	1	1	1	1	1	1	1	1	1	1	1
Éthiopie	3	4	4	4	4	4	4	5	5	5	5	5	5	5	5	5	5	5	5	6	6	6	6
Gabon	2	2	2	2	2	2	2	2	2	2	2	2	2	2	2	3	3	3	3	3	3	3	3
Gambie	4	4	4	4	4	4	4	4	4	4	4	4	4	4	4	4	4	4	4	4	4	4	4
Ghana	8	8	8	8	8	8	8	9	9	9	9	9	9	9	9	10	10	10	11	11	11	11	11
Guinée équato.	2	2	2	2	2	2	2	2	2	2	2	2	2	2	2	2	2	2	2	2	2	2	2
Guinée-Bissau	3	3	3	3	3	4	5	5	5	6	6	7	7	7	7	8	8	8	9	9	10	10	10
Kenya	3	3	3	3	3	3	3	3	4	4	4	4	4	4	4	4	4	4	4	4	4	4	4
Lesotho	2	3	4	4	4	4	4	4	4	4	4	4	4	4	4	4	4	4	4	4	4	4	4
Madagascar	4	4	5	6	6	6	6	6	7	7	7	7	7	7	7	8	8	8	8	8	9	9	9
Malawi	2	2	2	2	2	2	2	2	2	2	3	3	3	3	3	3	3	3	4	4	5	5	5
Mali	4	4	4	4	4	4	4	4	5	5	5	5	5	5	5	5	5	5	6	7	7	7	7
Maurice	1	1	1	1	1	1	1	1	2	3	3	3	3	3	3	3	3	3	4	4	4	5	5
Mozambique	2	2	2	2	2	2	2	2	2	2	2	3	3	3	3	3	3	3	3	3	3	4	4
Namibie	1	1	1	1	1	1	1	1	1	1	1	2	2	2	2	2	2	2	2	2	2	3	3
Niger	4	4	5	5	5	6	6	6	6	6	6	6	6	6	6	6	7	8	8	8	8	8	8
Nigéria	8	8	8	8	8	9	9	9	9	9	9	9	9	10	10	10	11	11	11	11	11	12	12
Ouganda	7	7	7	7	7	7	7	7	7	7	7	7	7	7	7	7	7	7	7	7	7	7	7
Rép. centrafric.	5	5	5	5	5	5	5	5	5	6	6	6	6	6	6	6	6	6	6	7	8	8	9
Rwanda	4	4	4	4	4	4	5	5	5	5	5	5	5	5	5	5	5	5	5	5	5	5	5
Sénégal	2	2	2	2	2	2	3	3	3	3	3	3	3	3	3	3	3	3	4	4	4	4	4
Seychelles	2	2	2	2	2	2	2	2	2	2	3	3	3	3	3	3	3	3	3	3	3	3	4
Sierra Leone	3	3	4	5	5	5	5	5	5	5	5	5	5	6	6	6	6	6	6	6	6	6	6
Somalie	3	3	3	3	3	3	4	4	4	4	5	5	5	5	5	6	6	6	7	7	7	7	7
Soudan du Sud												1	1	1	1	1	1	1	1	1	1	1	1
Swaziland	3	3	3	3	3	3	3	3	3	3	3	3	3	3	3	3	3	3	3	3	3	3	3
Tanzanie	2	3	3	3	3	3	3	3	3	3	3	4	4	4	4	4	4	4	4	4	4	5	5
Tchad	5	5	5	5	5	5	5	5	5	5	5	5	5	5	5	5	5	5	5	5	5	5	5
Togo	3	3	3	3	3	3	3	3	3	3	3	4	4	4	4	4	4	4	4	4	4	4	4
Zimbabwe	7	7	7	7	7	7	7	7	7	7	7	7	7	7	7	7	7	7	7	7	7	7	7

Source : Auteurs à partir des données primaires collectées dans la littérature.

Tableau 5A. Données de 1970 à 1993 sur l'alternance des dirigeants au pouvoir en Afrique subsaharienne (1 en année d'alternance et 0 sinon)

	1970	1971	1972	1973	1974	1975	1976	1977	1978	1979	1980	1981	1982	1983	1984	1985	1986	1987	1988	1989	1990	1991	1992	1993
Afrique du Sud	0	0	0	0	0	1	0	0	1	1	0	0	0	0	1	0	0	0	0	1	0	0	0	0
Bénin	1	0	1	0	0	0	0	0	0	0	0	0	0	0	0	0	0	0	0	0	0	1	0	0
Botswana	0	0	0	0	0	0	0	0	0	0	1	0	0	0	0	0	0	0	0	0	0	0	0	0
Burkina Faso	0	0	0	0	0	0	0	0	0	0	1	0	1	1	0	0	0	1	0	0	0	0	0	0
Burundi	0	0	0	0	0	0	1	0	0	0	0	0	0	0	0	0	0	1	0	0	0	0	0	1
Cabo Verde						1	0	0	0	0	0	0	0	0	0	0	0	0	0	0	0	1	0	0
Cameroun	0	0	0	0	0	0	0	0	0	0	0	0	1	0	0	0	0	0	0	0	0	0	0	0
Comores						1	1	0	1	0	0	0	0	0	0	0	0	0	0	1	0	0	0	0
Congo Rép. D.	0	0	0	0	0	0	0	0	0	0	0	0	0	0	0	0	0	0	0	0	0	0	0	0
Congo Rép.	0	0	0	0	0	0	0	1	0	1	0	0	0	0	0	0	0	0	0	0	0	0	1	0
Côte d'Ivoire	0	0	0	0	0	0	0	0	0	0	0	0	0	0	0	0	0	0	0	0	0	0	0	1
Djibouti								1	0	0	0	0	0	0	0	0	0	0	0	0	0	0	0	0
Érythrée	0	0	0	0	0	0	0	0	0	0	0	0	0	0	0	0	0	0	0	0	0	0	0	1
Éthiopie					1	0	0	1	0	0	0	0	0	0	0	0	0	0	0	0	0	1	0	0
Gabon	0	0	0	0	0	0	0	0	0	0	0	0	0	0	0	0	0	0	0	0	0	0	0	0
Gambie	1	0	0	0	0	0	0	0	0	0	0	0	0	0	0	0	0	0	0	0	0	0	0	0
Ghana	1	0	1	0	0	0	0	0	1	1	0	1	0	0	0	0	0	0	0	0	0	0	0	0
Guinée équato.	0	0	0	0	0	0	0	0	0	1	0	0	0	0	0	0	0	0	0	0	0	0	0	0
Guinée-Bissau				1	0	0	0	0	0	0	1	0	0	0	1	0	0	0	0	0	0	0	0	0
Kenya	0	0	0	0	0	0	0	0	1	0	0	0	0	0	0	0	0	0	0	0	0	0	0	0
Lesotho	0	0	0	0	0	0	0	0	0	0	0	0	0	0	0	0	0	0	0	0	1	0	0	0
Madagascar	0	0	1	0	0	1	1	0	0	0	0	0	0	0	0	0	0	0	0	0	0	0	0	1
Malawi	0	0	0	0	0	0	0	0	0	0	0	0	0	0	0	0	0	0	0	0	0	0	0	0
Mali	0	0	0	0	0	0	0	0	0	0	0	0	0	0	0	0	0	0	0	0	0	1	1	0
Maurice																							1	0
Mozambique						1	0	0	0	0	0	0	0	0	0	0	1	0	0	0	0	0	0	0
Namibie																					1	0	0	0
Niger	0	0	0	0	1	0	0	0	0	0	0	0	0	0	0	0	0	1	0	0	0	0	0	1
Nigéria	0	0	0	0	0	1	1	0	0	1	0	0	0	1	0	1	0	0	0	0	0	0	0	1
Ouganda	0	1	0	0	0	0	0	0	0	1	1	0	0	0	0	1	1	0	0	0	0	0	0	0
Rép. centrafric.	0	0	0	0	0	0	0	0	0	1	0	1	0	0	0	0	0	0	0	0	0	0	0	1
Rwanda	0	0	0	1	0	0	0	0	1	0	0	0	0	0	0	0	0	0	0	0	0	0	0	0
Sénégal	0	0	0	0	0	0	0	0	0	0	0	1	0	0	0	0	0	0	0	0	0	0	0	0
Seychelles							1	1	0	0	0	0	0	0	0	0	0	0	0	0	0	0	0	0
Sierra Leone		1	0	0	0	0	0	0	0	0	0	0	0	0	0	1	0	0	0	0	0	0	1	0
Somalie	0	0	0	0	0	0	0	0	0	0	0	0	0	0	0	0	0	0	0	0	0	1	0	0
Soudan du Sud																								
Swaziland	0	0	0	0	0	0	0	0	0	0	0	0	1	1	0	0	1	0	0	0	0	0	0	0
Tanzanie	0	0	0	0	0	0	0	0	0	0	0	0	0	0	0	1	0	0	0	0	0	0	0	0
Tchad	0	0	0	0	0	1	0	0	0	1	0	0	1	0	0	0	0	0	0	0	1	0	0	0
Togo	0	0	0	0	0	0	0	0	0	0	0	0	0	0	0	0	0	0	0	0	0	0	0	0
Zimbabwe	1	0	0	0	0	1	1	0	1	1	1	0	0	0	0	0	0	1	0	0	0	0	0	0

Tableau 5A (suite). Données de 1994 à 2016 sur l'alternance des dirigeants au pouvoir en Afrique subsaharienne (1 en année d'alternance et 0 sinon)

	1994	1995	1996	1997	1998	1999	2000	2001	2002	2003	2004	2005	2006	2007	2008	2009	2010	2011	2012	2013	2014	2015	2016
Afrique du Sud	1	0	0	0	0	1	0	0	0	0	0	0	0	0	0	1	0	0	0	0	0	0	0
Bénin	0	0	1	0	0	0	0	0	0	0	0	0	1	0	0	0	0	0	0	0	0	0	1
Botswana	0	0	0	0	1	0	0	0	0	0	0	0	0	0	1	0	0	0	0	0	0	0	0
Burkina Faso	0	0	0	0	0	0	0	0	0	0	0	0	0	0	0	0	0	0	0	0	1	0	0
Burundi	1	0	1	0	0	0	0	0	0	1	0	1	0	0	0	0	0	0	0	0	0	0	0
Cabo Verde	0	0	0	0	0	0	0	1	0	0	0	0	0	0	0	0	0	1	0	0	0	0	0
Cameroun	0	0	0	0	0	0	0	0	0	0	0	0	0	0	0	0	0	0	0	0	0	0	0
Comores	0	1	1	0	1	0	0	0	0	0	0	0	1	0	0	0	0	1	0	0	0	0	1
Congo Rép. D.	0	0	0	1	0	0	0	1	0	0	0	0	0	0	0	0	0	0	0	0	0	0	0
Congo Rép.	0	0	0	1	0	0	0	0	0	0	0	0	0	0	0	0	0	0	0	0	0	0	0
Côte d'Ivoire	0	0	0	0	0	1	1	0	0	0	0	0	0	0	0	0	0	1	0	0	0	0	0
Djibouti	0	0	0	0	0	1	0	0	0	0	0	0	0	0	0	0	0	0	0	0	0	0	0
Érythrée	0	0	0	0	0	0	0	0	0	0	0	0	0	0	0	0	0	0	0	0	0	0	0
Éthiopie	0	1	0	0	0	0	0	1	0	0	0	0	0	0	0	0	0	0	0	1	0	0	0
Gabon	0	0	0	0	0	0	0	0	0	0	0	0	0	0	0	1	0	0	0	0	0	0	0
Gambie	1	0	0	0	0	0	0	0	0	0	0	0	0	0	0	0	0	0	0	0	0	0	0
Ghana	0	0	0	0	0	0	0	1	0	0	0	0	0	0	0	1	0	0	1	0	0	0	0
Guinée équato.	0	0	0	0	0	0	0	0	0	0	0	0	0	0	0	0	0	0	0	0	0	0	0
Guinée-Bissau	0	0	0	0	0	1	1	0	0	1	0	1	0	0	0	1	0	0	1	0	1	0	0
Kenya	0	0	0	0	0	0	0	0	1	0	0	0	0	0	0	0	0	0	0	0	0	0	0
Lesotho	0	1	1	0	0	0	0	0	0	0	0	0	0	0	0	0	0	0	0	0	0	0	0
Madagascar	0	0	1	1	0	0	0	0	1	0	0	0	0	0	0	1	0	0	0	0	1	0	0
Malawi	1	0	0	0	0	0	0	0	0	0	1	0	0	0	0	0	0	0	1	0	1	0	0
Mali	0	0	0	0	0	0	0	0	1	0	0	0	0	0	0	0	0	0	1	1	0	0	0
Maurice	0	0	0	0	0	0	0	0	1	1	0	0	0	0	0	0	0	0	1	0	0	1	0
Mozambique	0	0	0	0	0	0	0	0	0	0	0	1	0	0	0	0	0	0	0	0	0	1	0
Namibie	0	0	0	0	0	0	0	0	0	0	0	1	0	0	0	0	0	0	0	0	0	1	0
Niger	0	0	1	0	0	1	0	0	0	0	0	0	0	0	0	0	1	1	0	0	0	0	0
Nigéria	0	0	0	0	0	1	0	0	0	0	0	0	0	1	0	0	1	0	0	0	0	1	0
Ouganda	0	0	0	0	0	0	0	0	0	0	0	0	0	0	0	0	0	0	0	0	0	0	0
Rép. centrafric.	0	0	0	0	0	0	0	0	0	1	0	0	0	0	0	0	0	0	0	1	1	0	1
Rwanda	1	0	0	0	0	0	1	0	0	0	0	0	0	0	0	0	0	0	0	0	0	0	0
Sénégal	0	0	0	0	0	0	1	0	0	0	0	0	0	0	0	0	0	0	1	0	0	0	0
Seychelles	0	0	0	0	0	0	0	0	0	0	1	0	0	0	0	0	0	0	0	0	0	0	1
Sierra Leone	0	0	1	1	0	0	0	0	0	0	0	0	0	1	0	0	0	0	0	0	0	0	0
Somalie	0	0	0	0	0	0	1	0	0	0	1	0	0	0	0	1	0	0	1	0	0	0	0
Soudan du Sud												1	0	0	0	0	0	0	0	0	0	0	0
Swaziland	0	0	0	0	0	0	0	0	0	0	0	0	0	0	0	0	0	0	0	0	0	0	0
Tanzanie	0	1	0	0	0	0	0	0	0	0	0	1	0	0	0	0	0	0	0	0	0	1	0
Tchad	0	0	0	0	0	0	0	0	0	0	0	0	0	0	0	0	0	0	0	0	0	0	0
Togo	0	0	0	0	0	0	0	0	0	0	0	1	0	0	0	0	0	0	0	0	0	0	0
Zimbabwe	0	0	0	0	0	0	0	0	0	0	0	0	0	0	0	0	0	0	0	0	0	0	0

Source : Auteurs à partir des données primaires collectées dans la littérature.

Tableau 6A. Pays d'Afrique subsaharienne répartis par zones linguistiques et géographiques (nombre de pays entre parenthèses)

	Anglophone (17)	Francophone (15)	Lusophone (7)	Multilingue et autres (3)
Ouest (13)	Gambie Ghana Nigéria Sierra Leone	Bénin Burkina Faso Côte d'Ivoire Mali Niger Sénégal Togo	Cabo Verde Guinée-Bissau	-
Est (16)	Kenya Malawi Maurice Ouganda Seychelles Soudan du Sud Tanzanie	Burundi Comores Djibouti Madagascar	Érythrée Éthiopie Somalie Mozambique	Rwanda
Australe (6)	Afrique du Sud Botswana Lesotho Namibie Swaziland Zimbabwe	-	-	-
Centrale (7)	-	Congo Rép. Gabon République centrafricaine Tchad	Guinée équatoriale	Cameroun Congo Rép. D.

Source : Auteurs à partir des données de la Banque mondiale.

Democracy and economic growth in Sub-Saharan Africa: the effect of the alternation of heads of state in power

Abstract - This paper evaluates the effect of rotating political leaders in power on economic growth in Sub-Saharan Africa, using a panel of 42 countries observed over the period 1970 to 2016. Results indicate that this relationship is ambivalent. Whereas the number of alternations at the head of a country has a positive effect on long-term growth, this relationship was negative for short-term growth. Specificities exist nevertheless according to the linguistic and geographical zones. The effect of rotating political leaders is more beneficial for the growth of English-speaking than French-speaking African countries, both in the short term and in the long term. In addition, this effect improves the growth of the West African countries more than the East, but in the long term only. We therefore conclude that there is need to find the optimal number of terms of leaders in power for countries in Sub-Saharan Africa.

Key-words
Democracy
Economic growth
Sub-Saharan Africa

Région et Développement

n° 50-2019

www.regionetdeveloppement.org

Instabilité politique, IDE et effets sur la croissance économique dans les pays d'Afrique subsaharienne : un modèle à équations simultanées dynamiques

Lewis Landry GAKPA*

Résumé - La présente étude analyse les conséquences de l'interaction entre l'instabilité politique et les investissements directs étrangers (IDE) sur la croissance économique pour 31 pays d'Afrique subsaharienne (ASS). Nous introduisons un indicateur agrégé d'instabilité politique construit à l'aide d'une analyse en composantes principales de plusieurs indicateurs de risques politiques tirés de la base de données de l'ICRG. L'étude utilise une procédure de panel dynamique et la technique des triples moindres carrés pour estimer un modèle à équations simultanées sur la période 1984-2015. Les résultats du modèle indiquent que l'instabilité politique affecte la croissance économique aussi bien directement qu'indirectement par le biais de son impact sur les investissements directs étrangers. Nous mettons également en exergue le caractère simultané de la relation entre l'instabilité politique et le niveau de développement économique dans les pays d'ASS. Les résultats de l'étude corroborent ainsi l'idée selon laquelle l'instabilité politique freine la croissance économique tirée par les investissements directs étrangers et appellent à une série de mesures permettant d'améliorer la qualité des institutions politiques.

Classification JEL

N33, N93, O18

Mots-clés

Instabilité politique
IDE
Croissance économique
Modèle à équations simultanées
Afrique subsaharienne

Je désire exprimer ma profonde gratitude au Consortium pour la Recherche Economique en Afrique (CREA) pour son soutien financier à cette recherche. Je remercie également les personnes du CREA pour leurs divers commentaires et suggestions. Je suis aussi redevable aux arbitres anonymes de la Revue qui ont permis d'améliorer la qualité scientifique de l'article.

* Ecole Nationale Supérieure de Statistique et d'Economie Appliquée (ENSEA)-Côte d'Ivoire ; gakpalewis@yahoo.fr

INTRODUCTION

La contribution des investissements directs étrangers (IDE) à la croissance économique a déjà fait l'objet de nombreuses études dans la littérature économique. La plupart de ces études se sont focalisées sur les différents canaux de transmission directs et indirects à travers lesquels les IDE pourraient stimuler la croissance dans les pays hôtes (Hermes et Lensink, 2003; Nicet-Chenaf et Rougier, 2010). Les IDE dans les pays en développement fournissent le capital nécessaire aux investissements, facilitent le transfert de technologie et le progrès technique, tendent à augmenter les exportations et la compétitivité, incitent à l'adoption de procédures managériales par les firmes locales, stimulent l'emploi et par conséquent accélèrent la croissance économique [Findlay (1978); Balasubramanyam et al. (1996); De Mello (1997, 1999); Pack et Saggi (1997); Borensztein et al. (1998); Asiedu (2002); Ajayi (2006)...].

Ainsi, de nombreux organismes internationaux de développement tels que l'OCDE (2002), la CNUCED (1999), la Banque mondiale (1999), considèrent les IDE comme l'un des outils les plus efficaces dans la lutte contre la pauvreté et donc encouragent les pays pauvres à adopter des politiques permettant d'améliorer l'entrée de capitaux étrangers.

C'est ce qui justifie le fait que certains pays, principalement africains, ont adopté des lois relatives à l'investissement étranger ou ont révisé celles qui étaient en vigueur (CNUCED, 2016). Les restrictions applicables à l'investissement étranger ont été assouplies ou éliminées dans de nombreux secteurs en vue de faciliter leurs entrées. Bien que les IDE en Afrique subsaharienne (ASS) ne représentent encore que 3% des flux mondiaux (CNUCED, 2016), ces différentes réformes ont permis une progression marquée des flux nets d'IDE. En effet, ces flux sont passés en moyenne de 906 millions de dollars entre 1970-1979 à 1,273 milliard de dollars sur la période 1980-1989, puis 4,323 milliards de dollars sur la période 1990-1999 et 10,091 milliards de dollars en 2000-2003, pour atteindre 42 milliards de dollars en 2017[1] (CNUCED, 2018). Même si cette évolution des flux d'IDE n'a pas été linéaire du fait de crises économiques et financières, de tensions et de conflits qui touchent certains pays, il apparaît donc que les flux nets d'IDE en direction des pays d'ASS ont fortement progressé depuis les années 1970. Il faut préciser que si la plus grande partie des IDE est dirigée vers quelques pays riches en ressources naturelles, les différentes régions de l'ASS attirent ces IDE de manière relativement équilibrée (Bobbo, 2018).

Malgré cette hausse d'entrées d'IDE, la plupart des pays d'ASS souffrent d'une croissance économique fragile (Arbache et Page, 2009) et d'une pauvreté importante (FMI, 2011) et peinent encore dans la voie du rattrapage des pays développés. D'où des résultats controversés selon les auteurs des effets des IDE sur la croissance économique dans les pays d'ASS : des effets positifs selon Ndikumana et Verick (2008), Gohou et Soumaré (2012), Asiedu et Gyimah-Brempong (2008), Esso (2010), Otchere et al. (2016) *versus* des effets non significatifs ou négatifs selon De Mello, (1999), Akinlo, (2004), Ahmed et al. (2007), Kose et al. (2009), Anyanwu (2014)...

L'un des principaux arguments avancés dans la littérature pour expliquer une telle divergence est qu'il existe certaines caractéristiques propres aux pays d'ASS, comme la qualité des institutions ou la stabilité politique (Sachs et Sievers, 1998 ; Arndt, McKay et Tarp, 2016). L'ASS constitue l'une des régions du monde où une grande partie des Etats sont politiquement instables en raison de la forte incidence

[1] Même s'ils ont un peu reculé de 21% par rapport à 2016 selon le rapport de la CNUCED (2018).

des guerres, des interventions militaires dans la politique et des conflits ethniques et religieux (Dupasquier et Osakwe, 2006; Abu et al., 2015).

Notons que de nombreux auteurs se sont intéressés aux interrelations pouvant exister entre le risque ou l'instabilité politique et les investissements étrangers comme entre l'instabilité politique et la croissance économique. On peut citer les travaux de Busse et Hefeker (2007), Daude et Stein (2007), Alfaro et al. (2008) et Javorcik et Wei (2009) qui ont mis en exergue les effets défavorables de l'instabilité politique sur les IDE, et ceux de Barro (1991), Alesina et al. (2003) et Aisen et Veiga (2013) qui montrent que l'instabilité politique a des effets dommageables sur la croissance économique. Par contre, certains auteurs n'ont trouvé aucun lien significatif et soutiennent que les variables politiques et institutionnelles ne constituent pas des déterminants importants pour l'attrait des investissements étrangers (Wheeler et Mody, 1992; Campos et Nugent, 2003; Blonigen et Piger, 2014). Des auteurs comme Guidolin et La Ferrara (2007) vont même plus loin en soulignant que certaines entreprises étrangères trouvent particulièrement avantageux d'investir pendant les périodes d'instabilité politique. Ce fut le cas des sociétés minières titulaires de diamant opérant en Angola et en République démocratique du Congo et le cas de la société Shell au Nigeria qui ont pu tirer parti des périodes de forte instabilité politique en accédant aux matières premières à bas prix auprès des belligérants. De tels exemples soutiennent l'assertion selon laquelle l'effet de l'instabilité politique sur les IDE dépend largement du type d'IDE et varie sensiblement d'un secteur à l'autre (Burger et al., 2016). Toutefois, le manque de données fiables sur la ventilation des IDE par secteur rend difficile la réalisation de telles études dans le cas de la grande majorité des pays d'Afrique subsaharienne (MIGA, 2010).

Comme on peut le constater, un trait commun à tous ces travaux est qu'ils considèrent l'instabilité politique comme un facteur exogène qui détermine la croissance économique sans qu'elle soit elle-même influencée par les performances économiques. Or, le niveau de développement économique (le niveau de revenu par habitant) pourrait avoir un rôle important dans la réduction de l'instabilité politique. Par exemple, Mauro (1995) et Miljkovic et Rimal (2008) ont montré que les pays à faible niveau de revenu ont souvent tendance à être plus instable politiquement et les pays à niveau de revenu élevé ont tendance à une plus grande stabilité politique. Les enseignements tirés de la littérature en science politique corroborent ces résultats en suggérant que l'instabilité politique pourrait être déterminée de manière endogène (Gyimah-Brempong & Traynor, 1999). De plus, la plupart des études ont été consacrées aux relations soit entre l'instabilité politique et les IDE soit entre les IDE et la croissance économique, alors que les études qui analysent les liens entre ces trois variables sont plus rares. Une investigation de cette relation entre instabilité politique, IDE et croissance économique dans le cadre des pays d'ASS paraît de ce point de vue intéressante à entreprendre, et pourraient aider à hiérarchiser les politiques à implémenter.

L'objectif de cet article est en ce sens d'analyser, à partir des techniques de données de panel, les conséquences de l'interaction entre l'instabilité politique et les IDE sur la croissance économique dans les pays d'ASS. Notre étude diffère des investigations empiriques antérieures sur un certain nombre de points. Tout d'abord, nous fournissons un cadre conceptuel dans lequel nous explorons la question de la simultanéité dans la relation instabilité politique, IDE et croissance économique, et ce afin de prendre en compte les interactions pouvant exister entre les variables étudiées[2]. Deuxièmement, l'estimation d'un modèle à équations simultanées nous

[2] Ce que les modélisations de type linéaire, utilisées dans la plupart des études, ne peuvent pas faire.

permet d'une part d'identifier les facteurs susceptibles d'expliquer l'instabilité politique et, d'autre part d'explorer les canaux directs et indirects par lesquels l'instabilité politique affecte la croissance économique. Troisièmement, nous utilisons la méthode en composantes principales pour construire une mesure plus globale de l'instabilité politique plutôt que les indicateurs pris couramment dans les études empiriques. L'utilisation de techniques de panel nous permet de corriger les effets-pays corrélés avec les régresseurs ainsi que d'explorer la dynamique de la relation.

Le travail est organisé comme suit. La section 1 procède à une revue de la littérature sur les liens entre instabilité politique, investissement direct étranger et croissance économique. La section 2 décrit les données et expose quelques faits stylisés. La section 3 présente la méthodologie. La section 4 discute des résultats des estimations économétriques. La conclusion fait ressortir les principaux résultats et les recommandations de politiques économiques.

1. REVUE DE LITTÉRATURE

La relation entre IDE et croissance économique a connu un vif intérêt aussi bien dans la littérature théorique qu'empirique. Même si la plupart des études concluent à l'existence d'une relation positive entre les IDE et la croissance, une littérature indique que l'effet des IDE sur la croissance économique dépend des caractéristiques propres du pays d'accueil et du fait que le pays dispose d'un niveau minimal de capacité d'absorption qui lui permettra d'exploiter les retombées des IDE[3]. Ainsi, les conditions locales peuvent non seulement attirer les flux de capitaux étrangers, mais jouer également un rôle clé dans l'effet de croissance des IDE dans les pays en développement (Alguacil et al., 2011).

Nous mettons l'accent dans ce qui suit sur le concept d'instabilité politique, son influence sur la croissance économique et les IDE et sa prise en compte dans l'analyse de la relation entre les deux variables.

1.1. Mesure de l'instabilité politique

L'instabilité ou le risque politiques sont considérés comme des concepts composites, donc difficiles à définir, à cerner sous toutes ses formes et à quantifier (Burger et al., 2016). Dans la littérature économique leur mesure est liée aux troubles politiques, aux changements violents de pouvoir politique mais aussi aux changements dans le pouvoir exécutif à travers les formes légales (constitutionnelles) (Alesina et al., 1996 ; Fosu, 1992 ; Barro, 1991).

Selon une première définition proposée par Lipset (1959), l'instabilité politique est tout simplement le contraire de la stabilité politique. Miljkovic et Rimal (2008) considèrent un changement de gouvernement comme signe d'instabilité politique. Cette définition signifie que l'instabilité politique est la non-persistance dans la

[3] Entre autres, nous pouvons citer Hermes et Lensink (2003), Alfaro et al. (2010) et Otchere et al. (2016) qui soulignent le rôle important de l'interaction entre le développement du système financier et l'investissement direct étranger dans la croissance économique ; Balasubramanyam et al. (1996) et Otchere et al. (2016) qui considèrent l'ouverture commerciale comme une pré-condition afin que les IDE influencent positivement la croissance économique ; Adams et Opoku (2015) qui trouvent que les IDE et le respect des réglementations n'ont pas d'effets significatifs pris séparément, mais que leur interaction devient positive et significative sur la croissance économique. Bengoa et Sanchez-Robles (2003) et Azman-Saini et al. (2010) quant à eux ont trouvé que l'effet de l'IDE sur la croissance est non significatif sans l'interaction entre l'IDE et l'indice de liberté économique construit à partir de la base de données de Fraser Institute. La présence et la qualité des infrastructures semblent également être considérées comme une condition afin que les IDE activent la croissance économique (Asiedu, 2002 ; Kinda, 2008)...

forme de gouvernement, peu importe le type de règles. Selon Butkiewicz et Yanikkaya (2006), les mesures les plus fréquemment utilisées pour analyser les conséquences politiques de l'instabilité sont classées en trois catégories : la stabilité du gouvernement, l'agitation sociale/stabilité et la violence politique.

De façon large, l'instabilité sociopolitique se présente sous trois formes (Gupta, 1991) : l'instabilité d'élite ou de l'exécutif qui englobe les coups d'Etat, les changements et crises de gouvernement, l'instabilité de masse qui correspond aux mouvements sociaux tels que les grèves, les manifestations ou les émeutes, enfin l'instabilité armée ou violente prenant en compte la guerre civile et les guérillas et toute action politique violente. En examinant chacune de ces trois formes d'instabilité, nous avons porté notre choix sur la troisième dimension de l'instabilité en ce sens que c'est la cause la plus aigüe de l'instabilité politique dans les pays d'Afrique subsaharienne. En effet, selon l'indice des conflits et de la violence politique construit par Maplecroft[4], en 2014, 5 pays d'Afrique subsaharienne sont classés dans la catégorie des pays à risque extrême de violence politique et 10 pays sont à risque élevé. De même, la carte des risques politiques de Marsh (2015) montre que 14 des principaux points chauds politiques en 2015 dans le monde se situent en ASS. De surcroît, sur la période 1975-2015, la région la plus perturbée politiquement était l'Afrique subsaharienne, avec 1814 événements d'instabilité politique, représentant 35% du total mondial (CNTS[5], 2015).

1.2. Lien entre instabilité politique et croissance économique

Une littérature tend à montrer que l'instabilité politique est associée à des médiocres performances en termes de croissance économique (Chen et Feng, 1996; Jong-a-Pin, 2009; Klomp et De Haan, 2009; Aisen et Veiga, 2013 ; Barro, 1991). Mankiw (1995) soutient que l'instabilité politique, mesurée par la fréquence des révolutions, des coups d'Etat ou des guerres, est inversement associée à la croissance économique. De tels résultats ont été également trouvés par Alesina et al. (1996) et Persson et Tabellini (1999). Collier et al. (2003) soulignent que la guerre civile entraîne une baisse de la production nationale en empêchant l'activité économique, en détruisant les infrastructures et le capital physique, mais également en détournant les ressources vers des secteurs non productifs comme les dépenses militaires.

Abu et al. (2015) examinent la relation entre la corruption, l'instabilité politique et le développement économique dans les pays de CEDEAO sur la période 1996-2012 en utilisant un modèle à correction d'erreur. Les résultats révèlent l'existence d'une relation de causalité entre l'instabilité politique et le développement économique à court terme. Un tel résultat a été également obtenu par Okafor (2017) sur le même échantillon de pays de la CEDEAO.

Dans l'ouvrage de Arndt, McKay et Tarp (2016), l'importance pour le développement économique et social de la stabilité politique et de la prévention des conflits est bien reconnue dans les expériences de la Côte d'Ivoire (Cogneau, Houngbedji, Mesplé-Somps, chap. 14) et de Madagascar (Stifel, Razafimanantena et Rakotomanana, chap. 16). Selon les auteurs, dans quatorze pays sur les seize pays d'Afrique subsaharienne représentant près des trois quarts de la population, la stabilité politique se présente comme une condition préalable à la stimulation de la croissance et à la réduction de la pauvreté.

[4] Maplecroft est une société mondiale de conseil en risques et stratégie basée à Bath, au Royaume-Uni. Son travail consiste notamment à analyser les principaux risques politiques, économiques, sociaux et environnementaux affectant les entreprises et les investisseurs mondiaux.

[5] *Cross-National Time Series data set.* Cette base de données a été l'œuvre d'Arthur Banks en 1979.

1.3. La relation entre IDE et instabilité politique

Sachs et Sievers (1998) affirment que la stabilité politique est l'un des plus importants déterminants des IDE en Afrique. Les travaux de Busse et Hefeker (2007), Daude et Stein (2007), Alfaro et al. (2008) et Anyanwu et Yameogo (2015) ont également montré qu'il existe une relation négative et statistiquement significative entre les IDE et l'instabilité politique. Rogoff et Reinhart (2003) ont eux montré qu'il existe une relation négative entre les IDE et les conflits en Afrique. Gouenet (2016), sur une étude portant sur le Cameroun sur la période 1960-2002, trouve aussi que l'indicateur de risque d'instabilité sociopolitique exerce un effet négatif sur les flux entrants d'IDE. D'autres auteurs cependant ne trouvent aucun lien entre les institutions politiques et l'attraction des IDE (Wheeler et Mody, 1992; Noorbakhsh et al., 2001; Blonigen et Piger, 2014), voire même décèlent un lien positif (Campos et Nugent, 2003).

La littérature tend toutefois à s'accorder sur le fait que le risque d'instabilité politique crée un environnement défavorable et augmente l'incertitude, ce qui réduit l'impact que peuvent avoir les investissements étrangers sur la croissance.

1.4. Instabilité politique, IDE et croissance économique

Une question mérite d'être approfondie sur le plan empirique : comment l'instabilité politique joue sur la relation entre IDE et croissance économique? De nombreux arguments ont été avancés pour montrer que l'instabilité politique augmente l'incertitude de l'environnement dans lequel les IDE ont lieu, et par conséquent diminue l'incitation des sociétés transnationales ou multinationales à investir. A ce titre, elle réduit à la fois le volume des IDE et leur efficience. De plus, les pays d'ASS souffrant d'instabilité politique sont généralement caractérisés par des infrastructures insuffisantes et détériorées, un faible niveau de développement humain et une mauvaise gouvernance. Par contre, de bonnes institutions caractérisées par un climat politique stable pourraient garantir une allocation plus efficace des facteurs, permettre d'investir dans des activités à plus haut rendement, réduire l'incertitude, favoriser la convergence entre les rendements privés et sociaux et faciliter la coordination entre les agents économiques.

Toutefois, il importe de signaler qu'un nombre très limité de travaux empiriques s'est intéressé à la prise en compte des facteurs institutionnels et plus spécifiquement de l'instabilité politique pour explorer comment elles conditionnent l'effet des IDE sur la croissance (Durham, 2004; Busse et Groizard, 2008; Farole et Winkler, 2012; Jude et Levieuge, 2017; Williams, 2017).

Par exemple, les résultats des travaux de Jude et Levieuge (2017) révèlent que la qualité institutionnelle module l'effet des IDE sur la croissance économique dans les pays en développement. Il ressort des résultats que les IDE pris isolément n'ont pas d'impact significatif sur la croissance et qu'il existe un niveau minimum de qualité institutionnelle au-delà duquel la relation entre IDE et croissance devient significative et positive. Les auteurs soulignent ainsi l'importance de la non-linéarité dans l'analyse de la relation IDE-croissance. L'une des recommandations en termes de politique économique des auteurs est que toute réforme dans le domaine de la responsabilité démocratique, de la qualité de la bureaucratie, des variables de risque politique (notamment les tensions ethniques et la présence des militaires en politique) est susceptible d'entraîner un plus grand effet des IDE sur la croissance économique.

Williams (2017), quant à lui, intègre l'instabilité politique à l'analyse de l'impact des IDE sur la croissance. L'étude porte sur un échantillon de 68 pays en développement sur la période 1975-2005. L'auteur utilise plusieurs indicateurs d'instabilité réunis en trois dimensions afin d'étudier si les IDE et la croissance économique réagissent différemment à l'instabilité politique. En outre, l'auteur cherche à savoir si l'instabilité politique affecte la croissance et les IDE en ASS différemment comparativement aux autres régions en développement. Les résultats montrent que l'instabilité d'un régime réduit la croissance et de manière significative les entrées d'IDE. L'auteur aboutit également à la conclusion que l'effet de l'instabilité politique dans ses différentes dimensions sur la croissance et l'IDE n'est pas différent en ASS par rapport aux autres régions.

Williams (2017) se limite à spécifier un système à deux équations (à savoir une équation des IDE et une de la croissance économique) et considère l'instabilité politique comme un facteur exogène. De manière générale, un trait commun aux travaux présents dans la littérature est de considérer l'instabilité politique comme un facteur qui détermine la croissance économique sans qu'elle soit elle-même influencée par le développement et les performances économiques. L'apport de notre étude est justement d'introduire une équation pour expliquer également l'instabilité politique, à l'instar de la littérature en science politique (Gyimah-Brempong et Traynor, 1999).

2. PRÉSENTATION DE L'INDICE DE RISQUE D'INSTABILITÉ POLITIQUE

Cette étude s'appuie sur des données de panel non cylindrées provenant de 31 pays d'Afrique subsaharienne (voir tableau A-1 en annexe) pour la période 1984-2015. Le choix de cette période se justifie par le fait que les données issues d'*International Country Risk Guide* (ICRG) sur les variables de risque politique ne sont pas disponibles avant 1984. Les pays ont été également sélectionnés en fonction de la disponibilité des données relatives aux différentes variables considérées provenant des indicateurs du développement dans le monde (*World Development Indicators*) de la Banque mondiale.

Pour capter l'effet du risque politique, à l'instar des travaux formalisés qui retiennent cette variable (Busse et Hefeker, 2007 ; Alfaro et al., 2008 ; Asiedu et Lien, 2011 ; Méon et Sekkat, 2012 ; Burger et al., 2016), nous nous sommes appuyés sur la base de données du Guide International du Risque Pays produite par le « *Political Risk Service Group* » (PRS Group). Quelles que soient les réserves méthodologiques et statistiques que l'on peut émettre à l'encontre de ces indicateurs, ils sont particulièrement suivis par les investisseurs étrangers et les organismes de conseil. L'avantage principal de ces données par rapport à d'autres indicateurs de risque politique réside dans leur disponibilité sur une période relativement longue (1984-2015) et permettant ainsi d'analyser leur influence sur les IDE et la croissance économique.

A la suite des travaux empiriques de Alesina et al. (1996), Alesina et Perotti (1996) et Barro (1991), nous avons mis l'accent sur certains aspects du risque politique comme les conflits internes, la stabilité gouvernementale, les tensions religieuses, les conflits externes, les tensions ethniques et l'implication des militaires dans la politique[6]. Ces variables mesurant l'instabilité politique au sein d'un pays sont notées sur des échelles variables, une note élevée indiquant un meilleur climat politique (voir tableau A-3 en annexe pour la composition et l'échelle de notation

[6] Pour être en cohérence avec l'objectif de notre étude, nous avons choisi seulement les six composantes qui sont considérées comme traduisant un degré de vulnérabilité et susceptibles de provoquer une grave instabilité politique dans un pays (Saha et Yap, 2014). Les variables telles que les conditions socioéconomiques, le profil des investissements, la corruption, le respect des textes et lois juridiques, la conduite de la démocratie et la qualité bureaucratique font référence principalement au climat des affaires qui peut se révéler persuasif ou dissuasif pour la décision d'entreprendre une activité économique mais pas être en tant que tel la cause d'une instabilité politique chronique.

des indicateurs). Nous avons normalisé ces indicateurs sur une échelle de 0 à 10 afin de pouvoir comparer ces données et les utiliser ensuite pour produire un indice agrégé.

Utiliser ces six indicateurs à la fois dans l'analyse peut causer des problèmes de multicolinéarité car ils pourraient être fortement corrélés. Il y a aussi un risque de suridentification dû au nombre élevé de coefficients à estimer. En revanche, utiliser chacune de ces six variables pourrait conduire à un biais d'omission de variables (Keho, 2012). Une solution pour arbitrer entre ces problèmes est de créer un indicateur synthétique avec des poids spécifiques à l'instar de l'indice du développement humain (IDH) publié régulièrement par le PNUD. Evidemment, une telle approche se heurte à la question du choix des pondérations à accorder à chaque variable. Afin d'éviter toute subjectivité dans la définition de ces poids, nous recourons, à l'instar des travaux de Buchanan et al. (2012), Keho (2012) et Globerman et Shapiro (2002), à une analyse en composantes principales (ACP). Cette méthode d'analyse factorielle multidimensionnelle des données permet de résumer la structure d'un ensemble de variables quantitatives au moyen de facteurs. Nous ne développerons pas ici les aspects techniques de cette méthode, bien connue[7].

Tableau 1. Moyennes des variables de risque politique dans les pays d'Afrique subsaharienne

	1984-2000	2001-2014	1984-2014
Stabilité des gouvernements	4,19	5,90	5,21
Conflits internes	5,21	5,48	5,23
Conflits externes	5,94	6,88	6,44
Militaires en politique	3,83	4,41	4,26
Tensions religieuses	5,90	6,20	6,17
Tensions ethniques	4,20	4,74	4,55
Indice agrégé d'instabilité politique (1984-2014) : 5,92			

Source : Nos calculs à partir des données du Guide International du risque pays.

Tableau 2. Moyennes des variables de risque politique en Asie de l'Est

	1984-2000	2001-2014	1984-2014
Stabilité des gouvernements	5,22	6,89	6,18
Conflits internes	7,46	7,74	7,67
Conflits externes	6,71	7,50	7,18
Militaires en politique	5,69	8,56	7,12
Tensions religieuses	6,71	7,43	7,06
Tensions ethniques	6,42	7,90	7,17
Indice agrégé d'instabilité politique (1984-2014) : 7,01			

Le panel de l'Asie de l'Est est composé des pays et territoires suivants : Chine, Hong Kong, Corée, Malaisie, Singapour, Thaïlande et Taiwan.

Source : nos calculs à partir des données du Guide international du risque pays.

Le tableau A-4 (en annexe) expose les résultats de l'analyse en composantes principales. Les résultats de notre ACP sont assez robustes. L'ACP vérifie les conditions de factorisation. L'indice de Kaiser-Meyer-Olkin (KMO) qui mesure la qualité

[7] Qui peuvent être trouvés par exemple dans Lebart L., Morineau A. et Piron M. (1995), *Statistique exploratoire multidimensionnelle*, Dunod ; Jambu M. (1999), *Méthodes de base de l'analyse des données*, Dunod. Disons simplement que l'ACP explique la structure de variance-covariance d'un ensemble de données à l'aide d'un nombre réduit de combinaisons linéaires des variables d'origine.

d'échantillonnage est de 0,781, ce qui est un bon indice[8]. Le test de sphéricité de Bartlett est très significatif[9]. Les résultats de ces deux tests sont consignés en annexe A-5 et fondent l'utilisation de l'analyse factorielle.

Il ressort de l'analyse que la première composante principale extrait 51,93% de la variance totale initiale; la seconde composante principale restitue 18,16% de la variance. Dans ces conditions, nous retenons les deux premières composantes car elles restituent ensemble 70,09% de la variance totale. Les pourcentages de variance expliquée par chacune de ces deux composantes sont utilisés pour obtenir les pondérations spécifiques servant au calcul de l'indice d'instabilité politique.

Le tableau 1 présente les moyennes par sous-périodes de ces variables désagrégées ainsi que les valeurs de l'indice agrégé d'instabilité politique construit sur la période 1984-2014. Par ailleurs, nous illustrons en guise de comparaison, l'évolution de ces indicateurs dans les pays d'Asie de l'Est. Comme le montre le tableau 1, la plupart des indicateurs dans les pays d'Afrique subsaharienne affiche des scores qui oscillent autour de 5, ce qui révèle leur faiblesse. Comparés aux pays d'Asie de l'Est, les pays d'Afrique subsaharienne connaissent dans l'ensemble un retard sensible. Les pays asiatiques ont enregistré des progrès remarquables en ce qui concerne l'amélioration des indicateurs du risque politique sur la période.

Comment l'indice agrégé d'instabilité politique (appelé *Polinst* par la suite) affecte-t-il les IDE et la croissance économique dans les pays d'ASS ?

3. MÉTHODOLOGIE

Nous décrivons d'abord la méthode d'estimation utilisée. Ensuite nous présentons la spécification des équations et le modèle permettant d'identifier les facteurs explicatifs de l'instabilité politique et d'analyser les interactions entre instabilité politique, IDE et croissance économique dans les pays d'ASS.

3.1. Méthode économétrique

Nous estimons un modèle à équations simultanées dynamiques afin de capter l'effet retardé des différentes variables dépendantes sur les variables expliquées (à savoir l'instabilité politique, les investissements directs étrangers et le taux de croissance économique du PIB réel par tête). Pour ce faire, notre système dynamique est estimé en utilisant d'abord la méthode des moments généralisés sur panel dynamique (GMM). La méthode GMM est retenue car elle permet de contrôler les effets spécifiques individuels et temporels et de pallier le problème d'endogénéité susceptible d'être attaché à certaines variables explicatives. En outre, cette méthode permet d'apporter des solutions aux problèmes de biais de simultanéité, de causalité inverse et de variables omises. Cette méthode respecte également les conditions d'orthogonalité qui existent entre la variable retardée endogène et le terme d'erreur. La consistance de l'estimateur GMM repose sur la validité des hypothèses suivantes : (*i*) les instruments sont bien valides et (*ii*) les termes d'erreur ne sont pas autocorrélés. Pour tester la validité des variables retardées comme instruments, Arellano et Bond (1991), Arellano et Bover (1995) et Blundell et Bond (1998) proposent le test de suridentification de Sargan/Hansen. Pour vérifier l'hypothèse de non corrélation des termes d'erreur, ces mêmes auteurs suggèrent un test d'autocorrélation de second ordre, car par construction le terme d'erreur en différence

---

[8] Kaiser a suggéré une graduation utilisant les points de référence suivants : inacceptable en dessous de 0,5 ; médiocre entre 0,5 et 0,6 ; moyen entre 0,6 et 0,7 ; bien entre 0,7 et 0,8 ; très bien entre 0,8 et 0,9 ; excellent au-delà de 0,9.

[9] Le test est très significatif s'il tend vers 0, significatif s'il est inférieur à 0,05, acceptable entre 0,05 et 0,10, et non significatif au-dessus de 0,10.

première est corrélé au premier ordre, mais il ne doit pas l'être au second ordre. Il existe deux principaux types d'estimateurs GMM en panel dynamique à savoir l'estimateur GMM en première différence et l'estimateur GMM en système. Blundel et Bond (1998) ont montré à travers des simulations de Monte Carlo que le second est plus performant que le premier, qui fournit des résultats biaisés sur des échantillons finis quand les instruments sont faibles. Ce qui nous conduit à retenir l'estimateur GMM en système.

Ensuite, afin d'analyser la robustesse des résultats, nous avons recouru à l'estimateur des triples moindres carrés (3SLS). Plusieurs raisons militent en faveur du choix de cette technique. Premièrement, c'est la méthode adaptée au cas de panels non cylindrés comme c'est le cas ici. Deuxièmement, cette méthode permet de prendre en compte les problèmes d'endogénéité et permet de réduire au maximum les problèmes d'hétéroscédasticité. La méthode des 3SLS est un estimateur approprié pour tester des systèmes d'équations de manière plus robuste. Les 3SLS sont plus efficients que les 2SLS et le GMM de type Arrelano et Bond car ils permettent de se prémunir contre le biais de simultanéité[10]. En outre, Greene (2005) montre que parmi tous les estimateurs de variables instrumentales, l'estimateur des triples moindres carrés est asymptotiquement efficace. Cette méthode des triples moindres carrés consiste d'abord à estimer chaque équation par les doubles moindres carrés (ou les variables instrumentales) puis à utiliser les résidus de cette première étape pour estimer la liaison entre les aléas des différentes équations et utilise enfin les moindres carrés généralisés (MCG) pour estimer globalement l'ensemble du modèle en tenant compte de cette information.

3.2. Spécification des modèles

A l'instar des travaux de Gyimah-Brempong et Traynor (1999), nous traitons l'instabilité politique et la croissance économique comme étant conjointement endogènes.

Première équation : l'instabilité politique

Suivant la littérature, notre équation représentant l'instabilité politique est spécifiée comme suit :

$$Polinst_{i,t} = \alpha_0 + \alpha_1 Polinst_{i,t-1} + \alpha_2 g_{i,t} + \alpha_3 Y_{i,t-1} + \alpha_4 X_{i,t} + \eta_i + \mu_t + \varepsilon_{i,t} \qquad (1)$$

où i représente le pays, t la dimension temporelle, *Polinst* représente l'indicateur agrégé de l'instabilité politique. Nous avons introduit une forme autorégressive avec $Polinst_{t-1}$ en faisant l'hypothèse que les variables explicatives retenues présentent aussi une action retardée. g est le taux de croissance du PIB réel par tête. Toutes choses égales par ailleurs, une croissance économique plus rapide devrait militer en faveur d'une plus grande stabilité politique. Y_{t-1} représente le logarithme du revenu réel par habitant retardé. Nous avons retenu cette variable puisque le niveau de développement d'un pays est susceptible d'influencer le niveau d'instabilité politique et ne manifeste ses premiers effets qu'avec un certain retard. X est un vecteur de variables de contrôle censé influer sur l'instabilité politique. η_i représente l'effet spécifique individuel qui peut être fixe ou aléatoire, μ_t l'effet spécifique temporel et $\varepsilon_{i,t}$ le terme d'erreur du modèle.

Le vecteur X inclut différentes variables explicatives (voir leur définition dans le tableau A-2 en annexe).

[10] La méthode GMM a des limites en termes de biais de simultanéité et Holtz-Eakin et al. (1988) proposent d'utiliser les triples moindres carrés (3SLS).

Le taux d'inflation (*Infl*). L'inflation est un indicateur de stabilité macroéconomique et permet de contrôler l'effet de l'incertitude économique sur l'instabilité politique. De plus, un meilleur contrôle de l'inflation peut améliorer la crédibilité du gouvernement, et donc réduire la probabilité d'instabilité politique. A titre d'exemple, les émeutes récentes en Tunisie, en Égypte et dans d'autres pays africains sont en partie attribuables aux taux élevés d'inflation qui ont endommagé le pouvoir d'achat et sapé la confiance de la population envers leur gouvernement respectif. Dans la littérature, les travaux de Paldam (1987) ont montré qu'il existe une forte causalité entre l'inflation et l'instabilité politique. Un signe positif est donc attendu.

Le taux de mortalité infantile (pour 1000 naissances vivantes) (*Mort*). A l'instar des travaux de Goldstone et al. (2010), nous utilisons le taux de mortalité infantile comme mesure de la qualité du niveau de vie. Selon ces auteurs, cette variable est l'un des meilleurs déterminants de l'instabilité politique. Son signe devrait être positif.

Le stock de capital humain mesuré par le taux brut de scolarisation dans le secondaire (*tss*). L'effet attendu de cette variable sur la probabilité d'instabilité politique est ambigu (Xu, 2011). Dans la mesure où cette variable mesure l'accessibilité à l'enseignement et peut être considérée comme un indicateur du niveau d'éducation dans un pays, on peut s'attendre à ce qu'elle ait un effet négatif sur la probabilité d'instabilité politique (Alesina et Perotti, 1996). A cet effet, une population éduquée pourrait être plus consciente des problèmes politiques ou socioéconomiques et donc mieux à même d'agir contre le gouvernement. En même temps, une population éduquée peut être plus susceptible qu'une population sans éducation de faire part de ses préoccupations par les voies politiques régulières avant d'adopter un comportement plus radical.

Les inégalités de revenus sont approximées par le *coefficient de Gini* (*ineg*) qui est couramment utilisée dans les études (Ncube et al. 2014). Un coefficient positif est attendu, puisque selon les travaux de Ortiz et Cummins (2011), Marshall et Cole (2011) et Ncube et al. (2014), des inégalités de revenus très prononcées sont une source d'instabilité et de conflits sociaux et politiques.

Une autre variable considérée est le *taux de croissance annuel de la population urbaine* (*Urb*). L'effet attendu de cette variable sur l'instabilité politique reste ambigu. Selon Manarik (1984), la répartition des revenus tend à être moins équitable dans les zones urbaines, ce qui pourrait être source d'éventuels conflits entre les différentes classes sociales. En outre, en raison de la forte densité de la population dans les zones urbaines, il est plus facile d'organiser des manifestations contre le gouvernement. Auvinen (1997) et Annett (2000) soutiennent aussi qu'il est plus difficile pour le gouvernement de fournir des services de base dans des villes très peuplées, ce qui pourrait provoquer des mécontentements. Sur la base de ces arguments, on peut s'attendre à un effet positif de cette variable. Mais, à l'inverse, Collier et Hoeffler (2004) soutiennent que le taux d'urbanisation croît moins durant les périodes d'instabilité politique. Les gouvernements ont en général un meilleur service d'ordre dans les pays fortement urbanisés. Avec des taux d'urbanisation faibles, la population est dispersée et il est plus difficile pour le gouvernement de contenir les manifestations.

La dernière variable indépendante incluse dans l'équation est une variable institutionnelle. A la suite des travaux empiriques, nous retenons le *degré de démocratie* (*Demo*) selon la définition de l'ICRG. La démocratie confère aux différents acteurs de la société des élections libres et équitables, la possibilité d'exercer des pressions sur l'Etat voire de pouvoir le sanctionner. Par ailleurs, la littérature considère la démocratie comme une méta institution, c'est-à-dire une institution à partir de laquelle se renforce la qualité des autres institutions dans un pays (Rodrik, 2000 ; Acemoglu, Johnson et Robinson, 2005). Ainsi, un coefficient négatif est attendu.

Deuxième équation : les IDE

Le but est ici d'évaluer comment l'instabilité politique affecte les IDE dans le contexte africain. Nous spécifions l'équation comme suit :

$$IDE_{i,t} = \phi_0 + \phi_1 IDE_{i,t-1} + \phi_2 Polinst_{i,t} + \phi_3 Polinst_{i,t-1} + \phi_4 g_{i,t} + \phi_i X'_{i,t} + \eta_i + \mu_t + \varepsilon_{i,t} \quad (2)$$

où IDE représente les entrées nettes d'investissements directs étrangers (en % du PIB). Nous avons inclus une variable retardée des IDE dans l'équation afin de rendre compte de l'effet retardé des variables explicatives et de la nature dynamique des IDE. *Polinst,* le degré d'instabilité politique à l'année même et à l'année précédente, est supposé moduler les entrées d'IDE. *X'* est un vecteur de variables de contrôle censé influer sur les investissements directs étrangers. Il inclut les variables suivantes.

Le degré d'ouverture de l'économie (Ouv) est défini par la somme des exportations et des importations rapportée au PIB. Cette variable capte de manière générale la politique commerciale et pourrait influencer positivement l'entrée des IDE.

Le taux d'inflation (Infl). En tant qu'indicateur de stabilité macroéconomique, l'inflation rend compte de la qualité des politiques économiques mises en œuvre. Un signe négatif est attendu puisqu'un taux d'inflation élevé est susceptible d'avoir un effet néfaste sur les entrées d'IDE.

Le taux de croissance du PIB réel par tête (g). La croissance du marché et du revenu par habitant sont des déterminants importants de l'entrée d'IDE en Afrique subsaharienne. Un signe positif de ce coefficient est donc escompté.

Les investissements domestiques en % du PIB (*Inv*) sont mesurés par la formation brute de capital fixe, déduction faite des IDE. Cette variable comprend les investissements productifs et les investissements en infrastructure (Asiedu et Lien, 2011). Un coefficient positif est attendu.

Le taux de croissance de la population (*pop*). Cette variable représente d'une certaine manière l'évolution de la taille du marché potentiel pour les capitaux étrangers. Un coefficient positif est attendu.

Troisième équation : la croissance économique

Nous spécifions enfin une troisième équation dans laquelle le taux de croissance économique est expliqué séparément par les IDE et *Polinst.* Nous retenons aussi une quatrième équation prenant en compte un effet possible de l'interaction entre les IDE et l'instabilité politique.

$$g_{i,t} = \beta_0 + \beta_1 Y_{i,t-1} + \beta_2 IDE_{i,t} + \beta_3 Polinst_{i,t} + \beta_i X''_{i,t} + \eta_i + \mu_t + \varepsilon_{i,t} \quad (3)$$

$$g_{i,t} = \beta_0 + \beta_1 Y_{i,t-1} + \beta_2 IDE_{i,t} + \beta_3 Polinst_{i,t} + \beta_4 IDE * Polinst_{i,t} + \beta_5 X''_{i,t} + \eta_i + \mu_t + \varepsilon_{i,t} \quad (4)$$

X'' est un vecteur de variables de contrôle censé influer sur la croissance économique. Il inclut quelques déterminants de la croissance couramment utilisés dans la littérature : le stock de capital humain, la formation brute de capital physique, un indicateur de développement financier, le degré d'ouverture de l'économie et le taux d'inflation.

Inv, tss, Ouv et *infl* ont déjà été définis précédemment.

Le développement financier (*Credsp*) est approximé par le crédit domestique au secteur privé en pourcentage du PIB. Plusieurs indicateurs de développement financier ont été utilisés dans les analyses empiriques analysant le lien entre la finance et le développement économique. Dans le cadre de cette étude, nous avons privilégié le crédit domestique au secteur privé. Il a l'avantage par rapport aux autres indicateurs (taux d'intérêt ou agrégats monétaires) de représenter le volume des fonds canalisés vers le secteur privé. Il apparaît également être l'indicateur le plus approprié pour l'ASS car le développement financier a lieu surtout dans le secteur bancaire.

Le modèle empirique

Finalement, le modèle à équations simultanées dynamiques que nous retenons se compose des trois équations (1, 2 et 3) :

$$\begin{cases} Polinst_{i,t} = \alpha_0 + \alpha_1 Polinst_{i,t-1} + \alpha_2 g_{i,t} + \alpha_3 y_{i,t-1} + \alpha_4 Infl_{i,t} + \alpha_5 Mort_{i,t} \\ \quad + \alpha_6\, tss_{i,t} + \alpha_7\, ineg_{i,t} + \alpha_8\, Urb_{i,t} + \alpha_9\, Demo_{i,t} + \eta_i + v_t + \varepsilon_{i,t} \\ IDE_{i,t} = \varphi_0 + \varphi_1 IDE_{i,t-1} + \varphi_2 Polinst_{i,t} + \varphi_3 Polinst_{i,t-1} + \varphi_4 g_{i,t} + \varphi_5 Ouv_{i,t} \\ \quad + \varphi_6\, Infl_{i,t} + \varphi_7\, inv_{i,t} + \varphi_8\, pop_{i,t} + \eta_i + v_t + \varepsilon_{i,t} \\ g_{i,t} = \beta_0 + \beta_1 y_{i,t-1} + \beta_2 IDE_{i,t} + \beta_3 Polinst_{i,t} + \beta_4 tss_{i;t} + \beta_5 inv_{i,t} + \beta_6 Credsp_{i,t} \\ \quad + \beta_7 Ouv_{i,t} + \beta_8 Infl_{i.t} + \eta_i + v_t + \varepsilon_{i,t} \end{cases} \qquad (5)$$

La description des variables retenues ainsi que leur source sont présentées au tableau A-2 en annexe.

A partir du modèle (5), on peut estimer l'effet total d'une hausse d'un point d'écart de l'instabilité politique sur la croissance économique au cours de la même période :

$$dg/dPolinst = \partial g/\partial Polinst + (\partial g/\partial IDE)(\partial IDE/\partial Polinst) = \beta_3 + \beta_2 \phi_2 \qquad (6)$$

et de l'effet de l'instabilité politique en t-1 sur la croissance économique en t :

$$dg/dPolinst_{t-1} = \beta_2 \varphi_3 + \beta_3 \alpha_1 \qquad (7)$$

Notons que cette relation entre instabilité politique et croissance économique ne représente pas l'effet multiplicateur total : est uniquement calculé dans les équations 6 et 7 l'effet que l'instabilité politique pourrait avoir sur la croissance économique quelle que soit la source de la variation de l'instabilité politique, c'est-à-dire sans tenir compte des effets en retour des variables à travers les différentes interdépendances du modèle.

Les variables utilisées pour estimer le modèle se présentent comme des moyennes sur des périodes de quatre années (1984-1987; 1988-1991; 1992-1995; 1996-1999; 2000-2003; 2004-2007; 2008-2011; 2012-2015) de manière à lisser les variations de court terme liées aux cycles conjoncturels.

Le tableau A-6 en annexe donne les statistiques descriptives des variables. Il montre que certains écarts types sont élevés. Il parait donc utile de faire une transformation logarithmique des variables afin de normaliser les séries. Les variables sous forme logarithmique ont aussi l'avantage de donner une interprétation plus claire des coefficients en termes de variation.

Pour vérifier la présence de multicolinéarité, nous utilisons le test VIF (facteurs d'inflation des variances). Le tableau A-7 présente les résultats du test de multicolinéarité entre les différentes variables retenues dans chaque équation. Comme on peut le constater, le test conclut dans l'ensemble à l'absence de multicolinéarité significative entre les variables.

Le tableau A-8 en annexe rapporte les résultats des tests de racine unitaire des différentes séries. Après normalisation des séries, les résultats montrent que toutes les variables sont stationnaires en niveau au sens de Fisher.

4. ÉVALUATION DES INTERACTIONS ENTRE INSTABILITÉ POLITIQUE, IDE ET CROISSANCE

4.1. Les résultats empiriques

Les résultats consignés dans le tableau 3 découlent d'une estimation à l'aide de la Méthode des Moments Généralisés en système à deux étapes[11], qui s'avère robuste pour tout type d'hétéroscédasticité (Asiedu et Lien, 2011). Ces résultats sont globalement significatifs et les tests valident les instruments utilisés : les statistiques du test de suridentification de Hansen et du test d'autocorrélation d'ordre 2 d'Arellano et Bond ne permettent pas de rejeter, respectivement, l'hypothèse de validité des instruments utilisés et l'hypothèse d'absence d'autocorrélation.

Plusieurs résultats émergent des estimations économétriques du modèle à équations simultanées. Dans l'équation de l'instabilité politique, on peut noter que le niveau de développement capté dans notre étude par le logarithme du revenu réel par habitant retardé (Y_{t-1}) affiche un coefficient négatif et est statistiquement significatif au seuil de 1%. Un tel résultat est conforme avec ceux trouvés par Alesina et al. (1996) et Siermann (1998). Il ressort qu'une hausse de 1% du PIB par habitant retardé amène une diminution du degré d'instabilité politique de 0,02%. En termes d'implications politiques, un tel résultat signifie que l'amélioration des conditions économiques dans les pays d'ASS peut progressivement instaurer un environnement politique plus stable.

Les résultats des estimations montrent également que le coefficient de la variable du taux de scolarisation brut dans le secondaire est négatif et statistiquement significatif au seuil de 1%. Un tel résultat signifie que l'amélioration du niveau d'éducation dans les pays d'ASS paraît jouer un rôle important dans la promotion de la stabilité politique. Ce résultat est compatible avec ceux d'Alesina et Perotti (1996).

Le taux de croissance de la population urbaine agit positivement sur l'instabilité politique. Les populations dans les zones urbaines peuvent plus facilement se rassembler, défendre des positions et alimenter les tensions.

En ce qui concerne *Ineg*, son signe positif atteste que plus les sociétés sont inégales plus la probabilité d'avoir des évènements d'instabilité politique augmente (Alesina et Perotti, 1996 ; Ortiz et Cummins, 2011 ; Marshall et Cole, 2011).

Le signe négatif du coefficient de la variable *Demo* est conforme avec les résultats de Blanco et Grier (2009). Ainsi, nous pouvons en déduire que pour les pays d'ASS considérés la démocratie aide à la stabilité politique. Les pays avec des régimes démocratiques forts tendent à moins souffrir d'instabilité politique.

Le modèle autorégressif (effet positif de $Polinst_{t-1}$) montre que les différentes variables explicatives jouent à la fois directement en t et avec des effets de retard sur l'instabilité politique.

Il ressort des résultats de l'équation des IDE que les coefficients de $Polinst_t$ et $Polinst_{t-1}$ affichent un signe négatif statistiquement significatif au seuil de 1%. Il apparaît donc que l'instabilité politique tend à avoir des effets répulsifs sur les investissements directs étrangers dans les pays d'ASS : une augmentation de 1% de l'ins-

[11] Toutes les estimations ont été réalisées avec la commande *xtabond2* développée par Roodman.

tabilité politique entraîne une diminution des IDE de l'ordre de 3,4% à la même période ; une augmentation de 1% de *Polinst* à la période précédente conduit à une diminution de 2,77% des IDE.

Tableau 3. Equations d'instabilité politique, d'IDE et de croissance : estimateur GMM en système sur panel dynamique

	Coefficient	Std. Error	Z	P>|z|	[95% Conf. Interval]	
Variable dépendante : Instabilité politique (Polinst)						
$Polinst_{t-1}$	0,681099	0,0576648	11,81	0,000	0,5680781	0,79412
g	0,0325414	0,0237841	1,37	0,171	-0,0140747	0,0791575
Y_{t-1}	-0,0231582	0,0081623	-2,84	0,005	-0,039156	-0,0071603
Infl	0,0000236	0,0000365	0,65	0,518	-0,0000479	0,0000951
Mort	0,003235	0,0018459	1,75	0,080	-0,0003828	0,0068528
tss	-0,0133081	0,0022399	-5,94	0,000	-0,0176981	-0,008918
Ineg	0,0327906	0,0048973	6,70	0,000	0,0231921	0,0423892
Urb	0,0073511	0,003016	2,44	0,015	0,0014398	0,0132624
Demo	-0,1739699	0,079255	-2,20	0,028	-0,3293069	-0,018633
Constante	0,0781513	0,533864	0,15	0,884	-0,9682029	1,124506
AR2 (p-value)	0,78 (0,436)					
Hansen J test (p-value)	25,79 (1,000)					
Variable dépendante : Investissement Direct étranger (IDE)						
IDE_{t-1}	0,4144092	0,0181631	22,82	0,000	0,3788101	0,4500083
Polinst	-3,453206	0,7127701	-4,84	0,000	-4,85021	-2,056202
$Polinst_{t-1}$	-2,770089	0,1357917	-20,40	0,000	-3,036236	-2,503942
Ouv	0,0708949	0,0026272	26,99	0,000	0,0657457	0,076044
Infl	-0,0017589	0,0020681	-0,85	0,395	-0,0058123	0,0022945
g	0,4378124	0,0268269	16,32	0,000	0,3852326	0,4903923
Inv	0,0068853	0,0252288	0,27	0,785	-0,0425622	0,0563328
pop	2,802964	0,2367533	11,84	0,000	2,338936	3,266992
Constante	-2,281043	1,430479	-1,59	0,111	-5,08473	0,522644
AR2 (p-value)	-0,48 (0,632)					
Hansen J test (p-value)	21,19 (0,326)					
Variable dépendante : Taux de croissance économique (g)						
Y_{t-1}	-0,0692749	0,0119899	-5,78	0,000	-0,0927747	-0,0457751
IDE	0,328334	0,0185262	17,72	0,000	0,2920234	0,3646446
Ouv	-0,0457167	0,0015421	-29,65	0,000	-0,0487391	-0,0426943
Infl	-0,000827	0,0000276	-29,93	0,000	-0,0008811	-0,0007728
tss	0,0329242	0,0079207	4,16	0,000	0,0173999	0,0484485
Inv	0,0572194	.0177188	3.23	0.001	.0224913	.0919476
Credsp	0,033229	0,0172479	1,93	0,054	-0,0005762	0,0670343
Polinst	-0,3278203	0,1731568	-1,89	0,058	-0,6672013	0,0115607
Constante	-3,871301	0,8416073	-4,60	0,000	-5,52082	-2,221781
AR2 (p-value)	1,52 (0,128)					
Hansen J test (p-value)	23,82 (1,000)					

Note : La statistique AR2 représente le test d'autocorrélation d'ordre 2. Les valeurs ainsi que les p-value montrent une absence d'autocorrélation d'ordre 2. Bien que les statistiques AR1 ne soient pas présentées ici, elles valident l'hypothèse d'autocorrélation à l'ordre 1 des termes d'erreur. J-test est le test de suridentification de Hansen. Le test de Hansen ne permet pas de rejeter l'hypothèse nulle de validité des instruments. Source : Estimation de l'auteur.

Le coefficient positif et significatif de *g* valide l'hypothèse selon laquelle les pays dont la croissance économique est relativement plus élevée vont attirer davantage d'IDE. Ce résultat est compatible avec ceux trouvés par Krugell (2005), Onyeiwu et Shrestha (2004) et Nsiah et Wu (2004) sur des échantillons de pays africains.

Les résultats suggèrent aussi que les réformes visant une plus grande ouverture sur l'extérieur (variable *Ouv*) seraient favorables à l'entrée des IDE.

Le coefficient positif de *pop* suggère que les multinationales pourraient considérer la croissance de la population comme un facteur pouvant intervenir dans leur décision d'investir dans un pays (Aziz et Makkawi, 2012). Le coefficient des investissements directs étrangers retardé dans l'équation des IDE affiche aussi un coefficient de signe positif et est statistiquement significatif au seuil de 1%. Ce résultat indique l'existence d'un effet avec retard des différentes variables explicatives *Polinst, g, Ouv et pop.*

A l'examen des résultats de l'équation de croissance, nous constatons que le coefficient du PIB initial par tête a un signe négatif statistiquement significatif, montrant l'existence d'un phénomène de convergence conditionnelle entre les pays d'ASS considérés. L'instabilité politique affiche un coefficient négatif significativement différent de zéro au seuil de 10%. Une hausse de 1% de l'instabilité politique provoque une diminution de la croissance économique de 0,32%. Cet effet est relativement important étant donné que le taux de croissance moyen du PIB par habitant en Afrique subsaharienne au cours de la période d'étude est dans son ensemble seulement de 0,94%, même si les différences entre les pays sont fortes (voir tableau A-6). Ce résultat rejoint de manière générale ceux de Barro (1991), Alesina et al. (2003) et Aisen et Veiga (2013). Par ailleurs, les IDE paraissent jouer un rôle important dans la stimulation de la croissance économique des pays d'ASS (Aizenman et al. 2013 ; Adamu et Oriakhi, 2013 ; Seyoum et al. 2015 ; Gui-Diby, 2014 ; Chong et al. 2010 et Zghidi et al., 2016). De même, les coefficients du taux de scolarisation et des investissements domestiques affichent un signe positif attendu, significatif au seuil de 1%. Le crédit domestique au secteur privé est significatif au seuil de 10%. Il ressort également des résultats que le taux d'inflation exerce un effet négatif sur la croissance économique dans les pays d'ASS.

L'ouverture commerciale exerce un effet négatif sur la croissance économique. Un tel résultat peut être discuté car cet effet direct de *Ouv* doit être mis en rapport avec ses effets indirects qui montrent que, d'après les autres équations, l'ouverture favorise les IDE et donc la croissance. Il n'empêche, d'après cette équation, que le résultat vient apparemment conforter celui qui est soutenu par la CNUCED (2010) et les théoriciens de la dépendance. Selon la CNUCED, l'ouverture commerciale a exposé les industries locales des pays moins avancés (PMA) à une concurrence à laquelle elles étaient mal préparées. En conséquence, de vastes pans du secteur manufacturier ont disparu ces vingt dernières années en Afrique (Ondoa, 2013) et au lieu de réduire leurs vulnérabilités structurelles, la libéralisation du commerce les a accentuées. En bref, cette libéralisation était prématurée dans les PMA, vu leur niveau de développement (CNUCED, 2010). De plus, la plupart des pays exportent des matières premières et importent des produits manufacturiers, ce qui sans politique de diversification peut empêcher la transformation structurelle des économies.

Au final, les effets négatifs et statistiquement significatifs de la valeur courante et retardée de l'instabilité politique dans l'équation des IDE combinés avec l'effet positif et significatif des IDE dans l'équation de croissance amènent à un impact négatif de l'instabilité politique sur la croissance économique via le canal des IDE. L'instabilité politique dans les pays d'ASS affecte la croissance économique de deux manières : de façon directe comme dans l'équation (3) et de manière indirecte par son impact sur les niveaux, actuels et futurs, des IDE. L'effet total d'une hausse d'un point de l'instabilité politique sur la croissance économique au cours de la même période est égal à $dg/dPolinst = \beta_3 + \beta_2\phi_2 = -1{,}461$ qui se décompose comme suit : -0,328 (effet direct) et -1,134 (effet indirect à travers la réduction des IDE). L'impact inter-temporel de l'instabilité politique sur la croissance est égal à $dg/dPolinst_{i,t-1} = \beta_2\phi_3 + \beta_3\alpha_1 = -1{,}1325$. Ainsi, on peut en conclure que les études qui ne tiennent pas compte des effets indirects ont tendance à sous-estimer les effets de l'instabilité politique sur la croissance économique dans les pays d'ASS ou, du moins, à omettre les canaux par lesquels l'instabilité politique affecte la croissance économique.

4.2. Robustesse des résultats

Nous soumettons ces résultats à des tests de robustesse. Pour ce faire, nous avons recouru premièrement à l'estimateur des triples moindres carrés (3SLS). Les résultats sont donnés au tableau 4. Deuxièmement, nous testons la robustesse des résultats obtenus à travers l'estimation de l'équation (4) de croissance économique où est incluse une variable interactive $IDE * Polinst$ dans le but de capter l'effet de l'instabilité politique sur la relation IDE-croissance[12]. Les résultats de l'estimation de l'équation (4) sont présentés dans le tableau 5. Les questions liées à l'autocorrélation et à l'hétéroscédasticité qui se posent dans le modèle à équations simultanées ont été résolues par l'utilisation respective du test alternatif de Durbin-Watson, de Breusch-Godfrey et de White. Seuls les principaux résultats et enseignements à tirer sont exposés.

Les estimations entreprises par la méthode des triples moindres carrés confortent les résultats essentiels. Les coefficients des variables dans les différentes équations ont les signes attendus et sont statistiquement significatifs, à l'exception du taux de scolarisation dans l'équation d'instabilité politique, du taux de croissance de la population dans l'équation des IDE, du taux de scolarisation, du crédit au secteur privé ainsi que du degré d'ouverture économique, discuté auparavant, dans l'équation de croissance dont les coefficients apparaissent statistiquement non significatifs. Les résultats réaffirment l'effet pénalisant de l'instabilité politique sur la croissance économique dans les pays d'Afrique subsaharienne. L'effet total d'une hausse de 1% de l'instabilité politique réduit la croissance économique de -1,16% au cours de la période actuelle et de -1,23% au cours de la période antérieure.

Concernant le modèle avec la variable interactive (équation 4), les résultats issus des estimations économétriques donnés au tableau 5 soulignent le rôle crucial des IDE pour la croissance économique dans les pays d'Afrique subsaharienne. Les résultats montrent que le coefficient associé à l'indicateur d'instabilité politique *Polinst* est négatif et statistiquement significatif au seuil de 10%. Les résultats montrent aussi que l'effet marginal associé au terme d'interaction *IDE * Polinst* est négatif et statistiquement significatif. Ce résultat suggère ainsi que si les investissements

12 Ce modèle de croissance a été testé dans le cadre d'un modèle à effets fixes. Pour la vérification de l'existence des effets fixes individuels nous avons mis en œuvre le test d'existence des effets spécifiques de Fisher dont l'hypothèse nulle repose sur l'homogénéité des effets individuels. Les statistiques calculées rejettent l'hypothèse nulle. Ainsi, la présence d'effets fixes individuels dans notre modèle est avérée. Nous avons par la suite cherché à savoir si ces effets ne sont pas en fait des effets aléatoires. Le test de Hausman indique que le modèle à effets fixes est la technique d'estimation optimale à utiliser.

directs étrangers ont tendance à influencer positivement la croissance économique, l'instabilité politique contribue à atténuer cet effet. Un tel résultat confirme notre hypothèse de base, stipulant que l'instabilité politique constitue un frein dans la chaîne de transmission des effets des IDE sur la croissance économique dans les pays d'ASS.

Tableau 4. Equations d'instabilité politique, d'IDE et de croissance : estimateur par les triples moindres carrés sur panel dynamique

	Coefficient	Std. Error	Z	P>|z|	[95% Conf. Interval]	
Variable dépendante : Instabilité politique (Polinst)						
$Polinst_{t-1}$	0,9682625	0,0986489	9,82	0,000	0,77491	1,161611
g	-0,0370591	0,0309776	-1,20	0,232	-0,097774	0,0236558
Y_{t-1}	-0,0748785	0,0321582	-2,33	0,020	-0,1379074	-0,0118495
Infl	0,0001603	0,0001169	1,37	0,170	-0,0000688	0,0003893
Mort	0,0021307	0,0039408	0,54	0,589	-0,0055931	0,0098546
tss	-0,0053438	0,005204	-1,03	0,304	-0,0155434	0,0048558
Ineg	0,0401764	0,0082934	4,84	0,000	0,0239216	0,0564311
Urb	0,0165293	0,0058387	2,83	0,005	0,0050857	0,0279729
Demo	-0,2282502	0,0673318	-3,39	0,001	-0,3602182	-0,0962823
Constante	2,665985	0,5667698	4,70	0,000	1,555137	3,776834
Variable dépendante : Investissement Direct étranger (IDE)						
IDE_{t-1}	0,730476	0,0885429	8,25	0,000	0,5569352	0,9040168
Polinst	-1,070201	1,012543	-1,06	0,291	-3,054749	0,9143468
$Polinst_{t-1}$	-1,279135	0,7480669	-1,71	0,087	-2,745319	0,1870494
Ouv	0,0344057	0,0164355	2,09	0,036	0,0021927	0,0666188
Infl	0,0007859	0,0006324	1,24	0,214	-0,0004535	0,0020253
g	0,2310881	0,1245104	1,86	0,063	-0,0129478	0,475124
Inv	0,192181	0,0683834	2,81	0,005	0,058152	0,3262099
pop	1,043339	0,8323628	1,25	0,210	-0,5880627	2,67474
Constante	-9,15946	4,161857	-2.20	0,028	-17,31655	-1,002371
Variable dépendante : Taux de croissance économique (g)						
Y_{t-1}	-0,8049358	0.,077815	-10,34	0,000	-0,9574514	-0,6524203
IDE	0,4280769	0,1711778	2,50	0,012	0,0925746	0,7635793
Ouv	-0,0000154	0,0107957	-0,00	0,999	-0,0211745	0,0211437
Infl	-0,0012123	0,000493	-2,46	0,014	-0,0021785	-0,0002461
tss	-0,0134227	0,0204738	-0,66	0,512	-0,0535507	0,0267052
Inv	0,2892213	0,0881701	3,28	0,001	0,1164111	0,4620314
Credsp	0,093238	0,0574811	1,62	0,105	-0,0194228	0,2058989
Polinst	-0,703559	0,2882593	-2,44	0,015	-1,268537	-0,1385812
Constante	-0,8049358	0.,077815	-10,34	0,000	-0,9574514	-0,6524203

Source: estimation de l'auteur sous Stata 14.0.

Au total, on peut avancer que l'estimation du modèle à équations simultanées dynamiques à partir de la méthode GMM sur panel dynamique et celle à partir des triples moindres carrés permettent une meilleure évaluation des connexions entre l'instabilité politique, les IDE et la croissance en ASS. Le modèle structurel retenu vient conforter les conclusions de Gyimah-Brempong et Traynor (1999) qui stipulent que les modèles à équations simultanées se présentent comme des modèles très utiles dans la recherche des différents canaux par lesquels l'instabilité politique affecte la croissance économique.

Tableau 5. Résultats de l'estimation de l'équation (4) de croissance économique

	Méthode à effets fixes		
Variables	Coefficient	*t*	P>|t|
IDE	2,074168	5,40	0,000
Polinst	-0,8828918	-1,70	0,091
*IDE*Polinst*	-0,3156644	-4,93	0,000
tss	0,0725548	1,73	0,086
Inv	0,0055794	0,07	0,941
Credsp	0,1175769	2,02	0,045
Ouv	0,0169743	0,91	0,366
Infl	-0,0012687	-2,86	0,005
Constante	-14,65694	-4,12	0,000
F-statistic (*P-value*)	6,49 (0,0000)		
Hausman test (*P-value*)	101,96 (0,0000)		

Source : estimation de l'auteur sous Stata 14.0.

5. CONCLUSION

Dans cet article, nous tentons d'analyser l'interaction entre l'instabilité politique, les IDE et la croissance économique sur un ensemble de pays d'ASS sur la période 1984-2015. Nous avons utilisé d'abord une analyse en composante principale pour construire un indice composite d'instabilité politique. Ensuite, nous avons analysé empiriquement la relation moyennant l'estimation d'un modèle à équations simultanées dynamiques qui semble plus adapté pour évaluer les facteurs et les effets de l'instabilité politique du fait de l'interdépendance entre ces variables.

Les résultats de l'étude montrent que l'instabilité politique exerce un impact négatif et statistiquement significatif sur la croissance économique dans les pays d'Afrique subsaharienne. De plus, les résultats issus des estimations montrent que l'instabilité politique affecte la croissance économique aussi bien directement qu'indirectement à travers un effet répulsif sur les investissements directs étrangers.

Au regard de ces résultats, un certain nombre d'implications en termes de politiques peuvent être formulées. Il importe d'abord de convenir que les risques politiques ne doivent pas être négligés si les pays d'ASS veulent atteindre et conserver des taux de croissance élevés. N'ayant pas accordé une place centrale aux problèmes d'instabilité politique, les différentes réformes entreprises en matière de libéralisation et de promotion des IDE n'ont pas toujours permis de soutenir la croissance durablement. Pour cela, les pays d'ASS doivent veiller à la qualité des institutions pour prévenir et résoudre les conflits internes et externes, aplanir les tensions religieuses et ethniques, réduire la présence militaire dans la politique et améliorer la stabilité gouvernementale. Cela pourrait passer comme l'attestent les résultats de notre étude par de meilleures performances économiques, par l'instauration et le renforcement des régimes démocratiques et par la réduction des inégalités de revenu. Ce sont ces nombreux défis que les pays d'Afrique subsaharienne se doivent de relever afin de mieux tirer avantage des investissements directs étrangers qui constituent un moteur de la croissance économique.

REFERENCES

Abu N., Abd Karim M.Z., Aziz M.I. (2015) "Corruption, Political Instability and Economic Development in the Economic Community of West African States (ECOWAS): Is There a Causal Relationship? ", *Contemporary Economics*, 9 (1), 45-60.

Acemoglu D., Johnson S., Robinson J.A. (2005) "Institutions as the Fundamental Cause of Long-Run Growth", In P. Aghion et S. Durlauf (eds.) *Handbook of Economic Growth*. Amsterdam, North-Holland.

Adams S. (2009) "Foreign Direct investment, domestic investment, and economic growth in Sub-Saharan Africa", *Journal of Policy Modeling*, 31, 939-949.

Adams S., Opoku O. (2015) "Foreign direct investment, regulations and growth in sub-Saharan Africa", *Economic Analysis and Policy*, 47, 48-56.

Agbloyor E.K., Abor J.Y., Adjasi C.K., Yawson A. (2014) "Private capital flows and economic growth in Africa: The role of domestic financial markets", *Journal of International Financial Markets, Institutions and Money*, 30, 137-152.

Ahmed S., Hassan S., Sukar A. (2007) "The effect of foreign direct investment on economic growth: the case of sub-Sahara Africa", *Southwestern Economic Review*, 61-74.

Aisen A., Veiga J. (2013) "How does political instability affect economic growth?" *European Journal of Political Economy*, 29, 151-167.

Aizenman J., Jinjarak Y., Park D. (2013) "Capital flows and economic growth in the era of financial integration and crisis, 1990–2010", *Open Economies Review*, 24 (3), 371–396.

Ajayi S.I. (2006) "The Determinants of Foreign Direct Investment in Africa: A Survey of the Evidence", in S. I. Ajayi (ed.), *Foreign Direct Investment in Sub-Saharan Africa: Origins, Targets, Impact and Potential*, African Economic Research Consortium, Nairobi.

Akinlo A.E. (2004) "Foreign direct investment and growth in Nigeria: An empirical investigation" *Journal of Policy Modeling*, 26, 627-639.

Akoli J.K., Chrysostome E., Sidibé H. (2005) "La gestion du risque pays lié aux investissements directs étrangers dans les pays en voie de développement", *Perspective Afrique*, 1,1, 90-110.

Alesina A., Perotti R. (1996) "Income distribution, political instability, and investment", *European Economic Review*, 40(6), 1203-1228.

Alesina A., Ozler S., Roubini N., Swagel P. (1996) "Political Instability and Economic Growth", *Journal of Economic Growth*, 1(2), 189-211.

Alesina A., Devleeschauwer A., Easterly W., Kurlat S., Wacziarg R. (2003) "Fractionalization", *Journal of Economic Growth*, 8, 155-194.

Alfaro L., Kalemli-Ozcan S., Volosovych V. (2008) "Why Doesn't Capital Flow from Rich to Poor Countries? An Empirical Investigation", *Review of Economics and Statistics*, 90, 347-368.

Alfaro L., Chanda A., Kalemli-Ozcan S. Sayek S. (2004) "FDI and Economic Growth: The Role of Local Financial Markets", *Journal of International Economics*, 64(1), 89-112.

Alfaro L., Chanda A., Kalemli-Ozcan S., Sayek S. (2010) "Does foreign direct investment promote growth? Exploring the role of financial markets on linkages", *Journal of Development Economics*, 91, 242-256.

Alguacil M., Cuadros A., Orts V. (2011) "Inward FDI and growth: The role of macroeconomic and institutional environment", *Journal of Policy Modeling*, 33, 481-496.

Amin S. (1974), *Accumulation on a world scale: A critique of the theory of underdevelopment*. New York, Monthly Review Press.

Annett A. (2000) "Social fractionalization, Political instability and the size of Government", *IMF Working Paper*, No. 82.

Anyanwu J. C., Yameogo N. (2015) "What Drives Foreign Direct Investments into West Africa? An Empirical Investigation", *African Development Review*, 27, 3, 199-215.

Anyanwu J.C. (2014) "Factors Affecting Economic Growth in Africa: Are There any Lessons from China?", *African Development Review*, 26, 3, 468-493.

Arndt C., McKay A., Tarp F. (Ed.) (2016) *Growth and Poverty in Sub-Saharan Africa*, Oxford University Press.

Asiedu E. (2002) *Aggressive trade reform and infrastructure development: A solution to Africa's foreign direct investment woes.* Kansas: Department of Economics, University of Kansas. Mimeo.

Asiedu E., Lien D. (2011) "Democracy, foreign direct investment and natural resources", *Journal of International Economics,* 84, 99-111.

Asiedu E., Gyimah-Brempong K. (2008) "The Impact of Trade and Investment Liberalization on Foreign Direct Investment, Wages and Employment in Sub-Saharan Africa," *African Development Review,* 20(1), 49-66.

Auvinen J. (1997) "Political Conflict in Less Developed countries", *Journal of Peace Research,* 34(2), 175-195.

Ayanwale A.B. (2007) "FDI and economic Growth: Evidence from Nigeria", *African Economic Research Consortium Paper 165,* Nairobi.

Azman-Saini W.N.W., Baharumshah A.Z., Law S.H. (2010) "Foreign Direct Investment, Economic Freedom and Economic Growth: International Evidence", *Economic Modelling,* 27, 5, 1079-1089.

Balasubramanyam V.N., Salisu M., Sapsoford D. (1996) "Foreign Direct Investment and Growth in EP and IS Countries", *Economic Journal,* 106, 92-105.

Barro R.J. (1991) "Economic Growth in a Cross Section of Countries", *Quarterly Journal of Economics,* 106(2), 407-443.

Bengoa M., Sanchez-Robles B. (2003) "Foreign direct investment, economic freedom and growth: new evidence from Latin America", *European Journal of political Economy,* 19, 529-545.

Blomstrom M., Kokko A. (1998) "Multinational Corporations and Spillovers", *Journal of Economic Surveys,* 12, 3, 247-277.

Blonigen B.A., Piger J. (2014) "Determinants of Foreign Direct Investment", *Canadian Journal of Economics,* 47(3), 775-812.

Blundell R., Bond S. (1998) "Initial conditions and moment restrictions in dynamic panel-data models", *Journal of Econometrics,* 87(1), 115-143.

Bobbo A. (2018) "Volatilité de l'inflation, gouvernance et investissements directs étrangers entrants en Afrique sub-saharienne", *African Development Review,* 30, 1, 86-99.

Borensztein E., De Gregorio J., Lee J.W. (1998) "How does Foreign Direct Investment affect growth ? ", *Journal of International Economics,* 45(1), 115-135.

Bornschier V., Chase-Dunn C. (1985) *Transnational corporations and underdevelopment,* Praeger, New York.

Buchanan B., Le Q. V., Rishi M. (2012) "Foreign direct investment and institutional quality: some empirical evidence", *International Review of Financial Analysis,* 21, 81-89.

Burger M., Ianchovichina E., Rijkers B. (2016) "Risky Business: Political Instability and Sectoral Greenfield Foreign Direct Investment in the Arab World", *World Bank Economic Review,* 30, 2, 306-331.

Busse M., Groizard J.L. (2008) "Foreign direct investment, regulations and growth", *World Economy,* 31(7), 861-886.

Busse M., Hefeker C. (2007) "Political Risk, Institutions and Foreign Direct Investment", *European Journal of Political Economy,* 23(2), 397-416.

Campos N., Nugent J. (2002) "Who is afraid of political instability?", *Journal of Development Economics,* 67, 157-72.

Campos N.F., Nugent J.B. (2003) "Aggregate Investment and Political Instability: An Econometric Investigation", *Economica,* 70(279), 533-49.

Chen B., Feng Y. (1996) "Some political determinants of economic growth: theory and empirical implications", *European Journal of Political Economy,* 12, 609-627.

Collier P., Elliott V.L., Hegre H., Hoeffler A., Reynal-Querol M., Sambanis N. (2003) *Breaking the Conflict Trap: Civil War and Development Policy,* Oxford University Press, New York, 2003.

CNUCED (2015), *Rapport sur l'investissement dans le monde : Réformer la gouvernance de l'investissement international : Vue d'ensemble,* Nations Unies, Genève et New York.

Daude C., Stein E. (2007) "The Quality of Institutions and Foreign Direct Investment", *Economics and Politics,* 19(3), 317-44.

Demekas D., Horváth B., Ribakova E., Wu Y. (2007) "Foreign direct investment in European transition economies. The role of policies", *Journal of Comparative Economies, 35*(2), 369-386.

De Mello L.R. (1997) "Foreign direct investment in developing countries and growth: A selective survey", *Journal of Development Studies*, 34(1), 1-34.

De Mello L.R. (1999) "Foreign Direct Investment-led Growth: Evidence from time series and panel data", *Oxford Economic Papers,* 51, 133-15.

Driffield N., Jones C. (2013) "Impact of FDI, ODA and migrant remittances on economic growth in developing countries: A systems approach", *The European Journal of Development Research,* 25 (2), 173-196.

Dupasquier C., Osakwe P.N. (2006) "Foreign direct investment in Africa: Performance, challenges, and responsibilities", *Journal of Asian Economics,* 17, 241-260.

Durham B. (2004) "Absorptive Capacity and the Effects of Foreign Direct Investment and Equity Foreign Portfolio Investment on Economic Growth", *European Economic Review*, 48(2), 285-306.

Esso L.J. (2010) "Long-run relationship and causality between foreign direct investment and growth: evidence from ten African Countries", *International Journal of Economics and Finance,* 2, 2, 168-177.

Farole T., Winkler D. (2012) Foreign firm characteristics, absorptive capacity and the institutional framework: the role of mediating factors for FDI spillovers in low and middle-income countries, *The World Bank Policy Research Working Paper Series*, 6265.

Findlay R. (1978) "Relative Backwardness, Direct Foreign Investment, and the Transfer of Technology: A Simple Dynamic Model", *Quarterly Journal of Economics*, 92, 1, 1-16.

Fosu A.K. (2001) "Political instability and economic growth in developing economies: Some specification empirics", *Economics Letters*, 70(2), 289-294.

Fosu A.K. (1992) "Political Instability and Economic Growth: Evidence from Sub-Saharan Africa", *Economic Development and Cultural Change*, 40, 4, 829-841.

Gasiorowski M.J. (1999) "Development Theory-Macroeconomic Conditions and Political Instability: An Empirical Analysis", *Studies in Comparative International Development,* 33, 3.

Ghobarath H., Huth P., Russett B. (2003) "Civil wars kill and maim people – long after the shooting stops", *American Political Science Review,* 97(2), 189-202.

Globerman S., Shapiro D. (2002) "Global foreign direct investment flows: The role of governance infrastructure", *World Development*, 30(11), 1899-1919.

Greene H.W. (2005) *Econometric Analysis*, MacMillan.

Goldstone J. A. Bates R.H., Epstein D.L., Gurr T.R., Lustik M.B., Marshall M.G., Ulfelder J., Woodward M. (2010) *"A Global Model for Forecasting Political Instability"*, *American Journal of Political Science*, 54, 1, 190-208.

Gorg H., Strobl E. (2001) "Multinational companies and productivity spillovers: A meta-analysis", *The Economic Journal*, 111(475), 732-739.

Gui-Diby S.L. (2014) "Impact of foreign direct investments on economic growth in Africa: Evidence from three decades of panel data analyses", *Research in Economics,* 68, 248-256.

Guidolin M., La Ferrara E. (2007) "Diamonds Are Forever, Wars Are Not: Is Conflict Bad for Private Firms?", *The American Economic Review,* 97, 5, 1978-1993.

Gupta D.K. (1991) "On the Methodology of Constructing a Composite Indicator for Political Instability: A Cross-National Study", In Frantz, R., Singh, H., & Gerber, J. (eds.). *Handbook of Behavioral Economics.* JAI Press Inc., Vol. 2A, 151-178.

Gyimah-Brempong K., Traynor T. (1999) "Political instability, Investment and Economic growth in Sub-Saharan Africa", *Journal of African Economies*, 8, 1, 52-86.

Hansen H., Rand J. (2006) "On the Causal Links between FDI and Growth in Developing Countries", *The World Economy*, 29, 1, 21-41.

Hermes N., Lensink R. (2003) "Foreign Direct Investment, Financial Development and economic growth", *The Journal of Development Studies*, 40, 1, 142-163.

Hoeffler A., Reynal-Querol M. (2003) "Measuring the Costs of Conflict" Oxford: *Centre for the Study of African Economies.*

Holtz-Eakin D., Newey W., Rosen H. (1988) "Estimating Vector Autoregressions with Panel Data", *Econometrica*, 56(6), 1371-1395.

Javorcik S., Wei S.J. (2009) "Corruption and cross-border investment in emerging markets: Firm-level evidence", *Journal of International Money and Finance*, 28(4), 605-624.

Jong-a-Pin R. (2009) "On the measurement of political instability and its impact on economic growth", *European Journal of Political Economy*, 25, 15-29.

Jude C., Levieuge G. (2017) Growth Effect of FDI in Developing Economies: the Role of Institutional Quality, *World Economy*, 40(4), 715-742.

Keho Y. (2012) « Le rôle des facteurs institutionnels dans le développement financier et économique des pays de l'UEMOA », *Revue Economique et Monétaire*, 12, 9-43.

Kinda T. (2008) "Infrastructures et flux de capitaux privés vers les pays en développement", *Revue économique*, 59, 537-549.

Klomp J., de Haan J. (2009) "Political institutions and economic volatility", *European Journal of Political Economy*, 25(3), 311-326.

Kose A.M., Prasad E., Terrones M. (2009) "Does openness to international financial flows raise productivity growth?", *Journal of International Money and Finance*, 28, 554-58.

Londregan J., Poole K. (1990) "Poverty, The Coup Trap and the Seizure of Executive Power", *World Politics*, 42(2), 152-83.

Lucas R., (1988) "On the Mechanisms of Economic Development", *Journal of Monetary Economics*, 22, 3-42.

Mankiw G. (1995) "The Growth of Nations", *Brookings Papers on Economic Activity*, 1, 275-310.

Marshall M.G., Cole B. (2011) Global Report 2011: Conflict, Governance, and State Fragility, Center for Systemic Peace, December, Vienna, VA, USA.

McGowan P., Johnson T. (1994) "African Military Coups d'état and Underdevelopment: A Quantitative Historical Analysis", *Journal of Modern African Studies*, 22(4), 633-666.

Méon P., Sekkat K. (2004) "FDI Waves, Waves of Neglect of Political Risk", *World Development*, 40 (11), 2194-2205.

MIGA WIPR REPORT (2010), Investment and Political Risk in Conflict-Affected and Fragile Economies, The International Bank for Reconstruction and Development /The World Bank.

Morrisset P. (2000) "Foreign direct investment to Africa: Policies also matter", *Transnational Corporation*, 9, 107-125.

Nicet-Chenaf D., Rougier E. (2010) "IDE et croissance: une analyse des canaux de transmission sur les pays méditerranéens", *Mondes en Développement*, De Boeck, Février.

Ncube M., Anyanwu J., Hausken K. (2014) "Inequality, Economic Growth and Poverty in the Middle East and North Africa (MENA)" *African Development Review*, 26, 3, 435-453.

Ndikumana L., Verick S. (2008) "The Linkages between FDI and Domestic Investment: Unravelling the Developmental Impact of Foreign Direct Investment in Sub-Saharan Africa", *IZA Working Paper* No. 3296.

Noorbakhsh F., Paloni A., Youssef A. (2001) "Human Capital and FDI Inflows to Developing Countries: New Empirical Evidence", *World Development*, 29(9), 1593-1610.

OCDE (2002) "L'investissement direct étranger au service du développement, optimiser les avantages, minimiser les coûts", Paris.

Okafor G. (2017) The impact of political instability on the economic growth of ECOWAS member countries, *Defence and Peace Economics*, 28(2), 208-229.

Ortiz I., Cummins M. (2011) "Global Inequality: Beyond the Bottom Billion: A Rapid Review of Income Distribution in 141 Countries", UNICEF Social and Economic Policy Working Paper, April, UNICEF, New York.

Otchere I., Soumaré I., Yourougou P. (2016) "FDI and Financial Market Development in Africa"n *Thc World Economy*, 39, 5, 651 678.

Pack H., Saggi K. (1997) "Inflows of Foreign Technology and Indigenous Technological Development", *Review of Development Economics*, 1, 1, 81-98.

Paldam M. (1987) "Inflation and political instability in eight Latin American countries 1946-1983", *Public Choice*, 52, 143-168.

Persson T., Tabellini G. (1999) "Political economics and macroeconomic policy" In J. Taylor and M. Woodford (eds.), *Handbook of Macroeconomics*. Amsterdam: North-Holland.

Rebelo S.T. (1991) "Long-Run Policy Analysis and Long-Run Growth", *Journal of Political Economy*, 99(3), 500-521.

Reinhart C.M., Reinhart V.R. (2008) "Capital flow bonanzas: an encompassing view of the past and present", *NBER Working paper*, N° 14321.

Rogoff K., Reinhart C. (2003) "FDI to Africa: the role of price stability and currency instability", *International Monetary Fund*, Working Paper 03/10.

Romer P. (1986) "Increasing Returns and Long-Run Growth", *Journal of Political Economy*, , 1002-1037.

Sachs J., Sievers S. (1998) FDI in Africa, Africa Competitiveness Report, World Economic Forum, Geneva.

Saha S., Yap G. (2014) "The Moderation Effects of Political Instability and Terrorism on Tourism Development: A Cross-Country Panel Analysis", *Journal of Travel Research*, 53(4), 509-521.

Seetanah B., (2009) "Is foreign direct investment growth conducive? New evidences from Sub-Saharan African countries, 1980–2005", *Applied Econometrics and International Development*, 9(2), 185-201.

Siermann L.J. (1998) *Politic, Institutions and the Economic Performance of Nations*, Edward Elgar Publishing.

Solow R. (1957) "Technical Change and the Aggregate Production Function", *The Review of Economics and Statistics*, 39, 3, 312-320.

Soumaré I. (2015) "Does foreign direct investment improve economic development in North African countries?", *Applied Economics*, 47, 51, 5510-5533.

Wheeler D., Mody A. (1992) "International Investment Location Decisions: The Case of U.S. firms", *Journal of International Economics*, 33, 57-76.

Williams K. (2017) "Foreign Direct Investment, Economic Growth, and Political Instability", *Journal of Economic Development*, 42(2), 17-37.

World Bank (2012), Global Development Finance 2012: External Debt of Developing Countries, World Bank, Washington DC, USA.

Yabi O.G. (2010) *Investissements directs étrangers et croissance. Théories et analyse économétrique appliquée aux pays en voie de développement*. Éditions Universitaires Européennes.

ANNEXES

Tableau A-1. Liste des pays

Afrique du Sud	Ethiopie	Liberia	Sierra Leone
Angola	Gabon	Malawi	Soudan
Botswana	Gambie	Mali	Tanzanie
Burkina Faso	Ghana	Mozambique	Togo
Cameroun	Guinée	Namibie	Ouganda
Congo, Rép.	Guinée Bissau	Niger	Zambie
Congo, Rép. dém.	Kenya	Nigeria	Zimbabwe
Côte d'Ivoire	Madagascar	Sénégal	

Tableau A-2. Définition et source des variables

Variables	Définition	Sources
Polinst	Indice agrégé d'instabilité politique	Auteur
g	Taux de croissance du PIB réel par tête	World Development Indicators
IDE	Investissements directs étrangers, entrées nettes (en % du PIB)	World Development Indicators
Y	PIB réel par tête	World Development Indicators
Ouv	(Imports + exports) / PIB	World Development Indicators
Taux d'inflation	Taux de variation annuel de l'indice des prix à la consommation (en %)	World Development Indicators
pop	Taux de croissance annuel de la population (en %)	World Development Indicators
Urb	Taux de croissance annuel de la population urbaine (en %)	World Development Indicators
Mort	Taux de mortalité infantile (pour 1000 naissances vivantes).	World Development Indicators
tss	Taux de scolarisation brut dans le secondaire	World Development Indicators
Ineg	Indice de Gini	World Development Indicators
Inv	Formation brute de capital fixe (hors IDE)	World Development Indicators
Credsp	Crédit domestique au secteur privé (en % PIB)	
Demo	Responsabilité démocratique (*democratic accountability*). Le maximum de points est attribué lorsqu'une alternance des gouvernements est liée à des élections libres et équitables telles que mentionnées dans la constitution. Le minimum de points est attribué lorsque le leadership de l'Etat est le fait d'un seul individu (autocratie).	International Country Risk Guide (ICRG)

Tableau A-3. Indicateurs institutionnels du groupe PRS

L'Indicateur ICRG (*International Country Risk Guide)*, créé en 1980 par les éditeurs de *International Report*, comporte 30 indices pour plus de 140 pays. Ils rejoignent en 1992 le *PRS Group (Political Risk Services)*. Nous avons retenu six indicateurs en fonction des objectifs de notre étude.

POLITICAL RISK COMPONENTS		
Indicateurs	**Définition**	**Point (max.)**
Stabilité gouvernementale	Elle mesure l'aptitude des pouvoirs publics à réaliser les programmes qu'ils ont prévus et à se maintenir en place.	12
Conflits internes	L'indice des conflits internes se rapporte au degré de violence politique dans le pays.	12
Conflits externes	Les conflits externes concernent les risques encourus par le gouvernement du fait d'actions de l'étranger qui peuvent aller de pressions externes non violentes (par exemple, restrictions commerciales, litiges territoriaux et pressions diplomatiques) à des conflits transfrontaliers et à la guerre.	12
Militaires en politique	Mesure la participation des militaires dans la politique. L'implication militaire peut provenir d'une menace externe ou interne, être symptomatique de difficultés sous-jacentes ou être une prise de pouvoir militaire à grande échelle. À long terme, un système de gouvernement militaire réduit la responsabilité démocratique.	6
Tensions religieuses	Mesure les tensions liées à la domination de la société par un seul groupe religieux qui tend à remplacer le droit civil par le droit religieux, qui supprime la liberté religieuse ou l'expression de l'identité religieuse.	6
Tensions ethniques	Mesure le degré de tension attribuable aux divisions raciales, nationales ou linguistiques.	6

Source : International Country Risk Guide.

Tableau A-4. Résultats de l'analyse en composantes principales (ACP)

Composantes						
	PCA1	PCA2	PCA3	PCA4	PCA5	PCA6
Valeurs propres	3,1159	1,0894	0,6957	0,4699	0,4207	0,20819
% de variance	51,93	18,16	11,60	7,83	7,01	3,47
% Cumulé	51,93	70,09	81,68	89,52	96,53	100
Vecteurs						
Variable	Vecteur 1	Vecteur 2	Vecteur 3	Vecteur 4	Vecteur 5	Vecteur 6
Conflits externes	0.4367	-0.296	-0.214	-0.723	-0.0272	0.3884
Militaires en politique	0.3725	0.407	-0.578	0.2054	0.5641	-0.0048
Stabilité gouvernementale	0.3106	-0.6531	0.322	0.3964	0.4538	0.1005
Conflits internes	0.5119	-0.119	-0.034	-0.0526	-0.2743	-0.8028
Tensions religieuses	0.3054	0.5240	0.717	-0.2419	0.243	0.0192
Tensions ethniques	0.4677	0.1744	0.016	0.4645	-0.5838	0.4406

Tableau A-5. Résultats du test de Kaiser et de Bartlett à partir de l'ACP

Bartlett test of sphericity Chi-square = 587.737 Degrees of freedom = 15 P-value = 0.000 Kaiser-Meyer-Olkin Measure of Sampling Adequacy KMO = 0.781

Tableau A-6. Statistiques descriptives des variables

Variables	Obs.	Moy.	Ecart-type
Polinst	248	5.615091	1.226851
IDE	248	3.362238	6.18119
g	248	0.937866	4.310135
Ouv	248	66.62631	31.4945
Inv	248	18.74451	7.785939
Infl	248	79.22491	635.0753
pop	248	2.731783	0.8170055
Urb	248	35.67027	15.13107
Mort	248	82.90974	32.58087
tss	248	30.89484	18.97947
Ineg	125	45.70947	8.867426
Demo	245	2.938265	1.147349
Credsp	248	17.40393	21.26935

Source: Estimation de l'auteur sous Stata 14.0.

Tableau A-7. Test de multicolinéarité à partir du calcul du VIF

Equation 1			Equation 2			Equation 3		
Variable	**VIF**	**1/VIF**	**Variable**	**VIF**	**1/VIF**	**Variable**	**VIF**	**1/VIF**
tss	3.08	0.324	IDE (-1)	1.38	0.725	Y_{t-1}	1.18	0.8477
Mort	2.15	0.464	Polinst	2.44	0.409	IDE	1.41	0.7082
Urb	1.94	0.514	Polinst (-1)	2.55	0.392	Polinst	1.19	0.8413
Polinst (-1)	1.84	0.542	g	1.43	0.698	tss	1.96	0.5101
Ineg	1.52	0.659	Ouv	1.42	0.701	Inv	1.24	0.8076
Demo	1.43	0.699	Infl	1.08	0.922	Credsp	1.74	0.5754
g	1.27	0.789	Inv	1.27	0.789	Ouv	1.63	0.6147
Y_{t-1}	1.24	0.805	pop	1.31	0.765	Infl	1.07	0.9381
Infl	1.22	0.820						
Mean VIF	1.74		1.61			1.43		

Aucun VIF n'est supérieur ou égal à 10 (les valeurs les plus élevées sont respectivement 3,08, 2,55 et 1,96). La moyenne des VIF est inférieure à 2 (1,74 dans l'équation 1, 1,61 dans l'équation 2 et 1,43 dans l'équation 3). Ce qui conduit à conclure à l'absence de multicolinéarité significative entre les variables.

Tableau A-8. Tests de racine unitaire en panel ADF Inverse Normal statistic (Z)

Variables	Niveau	Différence première	Ordre d'intégration
Polinst	-9.4953 (0.0000) ***	-	I(0)
Log IDE	-3.3282 (0.0004) ***	-	I(0)
g	-7.0116 (0.0000) ***	-	I(0)
Log Ouv	-6.6697 (0.0000) ***	-	I(0)
Inv	-5.7758 (0.0000) ***	-	I(0)
Infl	-6.9066 (0.0000) ***	-	I(0)
pop	-9.9378 (0.0000) ***	-	I(0)
Urb	-7.2699(0.0000) ***	-	I(0)
Log Mort	-7.9426 (0.0000) ***	-	I(0)
Log tss	-6.7336 (0.0000) ***	-	I(0)
Ineg	-7.1401 (0.0000)***	-	I(0)
Demo	-4.0346(0.0000) ***	-	I(0)

Note : Les valeurs entre parenthèses sont les p-values. Avec (***), (**), (*) respectivement significatifs au seuil de 1%, 5% et 10%.

Tableau A-9. Les résultats du test d'hétérogénéité globale de Fisher

H0 : $A=A_i$ et $B=Bi$
H1: il existe au moins $i \neq j$ tel que $A_i \neq A_j$ et $B \neq B_j$
F test de A, $B=A_i$, B_i : $F(30, 143) = 1.51$
P-value=[0.0586]

Political instability, FDI and effects on economic growth in sub-Saharan African countries : A dynamic simultaneous equation model

Abstract - This study analyses the consequences of the interaction between political instability and FDI on economic growth for 31 sub-Saharan African (SSA) countries in order to examine one of the channels through which political instability undermines economic growth. On this occasion, we introduce an aggregate indicator of political instability based on the main component analysis of several political risk indicators from the ICRG database. To achieve this objective, the study uses a dynamic panel procedure and the triple least squares technique to estimate a simultaneous equation model over the period 1984-2015. Empirical results indicate that political instability affects economic growth both directly and indirectly through its impact on foreign direct investment. We also highlight the simultaneous nature of the relationship between political instability and the level of economic development in SSA countries. The results of the study thus support the idea that political instability hinders growth and call for a series of measures that should focus on improving people's income levels, establishing and strengthening democratic practices and reducing income inequality in these countries. All these measures are aimed at improving the quality of the political climate that is a prerequisite for economic growth driven by foreign direct investment.

Key-words

Political instability
FDI
Economic growth
Simultaneous equation model
SSA

Région et Développement

n° 50-2019

www.regionetdeveloppement.org

Structural transformation of Sub-Saharan Africa: Does the quality of institutions matter in its industrialization process?

Armand TOTOUOM*, Hervé FOTIO KAFFO, Fabien SUNDJO*****

Abstract - Structural transformation seems to have "bypassed" the secondary sector in Africa. Unfortunately, the national experiences of "factory less" development are very scarce and idiosyncratic to serve as a model (Cadot et al., 2016). This study contributes to a better understanding of the structural transformation of Sub-Saharan African countries by evaluating the impact of institutions on their industrial performances. Data used to estimate the different dynamic panel models specified within the period 1997-2016 are from the Worldwide Development Indicators and the World Governance Indicators. The results of this study shed light on the role of institutions as key determinants of industrial performances of African countries. The strong relationship found between the two variables is robust to various specifications and institutional measures. The following institutional measures seem to have the highest impacts on industrialization: Political Stability and Absence of Violence/Terrorism, Government Effectiveness, Regulatory Quality and Rule of Law. Improving the quality of African institutions will therefore allow the continent to perform better than its current 1.6% share of the world wide's manufacturing value added.

JEL Classification

C23, E02, O14

Key-words

Institutions
Industrialization
Sub-Saharan Africa

* University of Dschang, Cameroon ; tofolucar@yahoo.fr ; armand.totouom@univ-dschang.org
** University of Dschang, Cameroon ; rvkfo19@gmail.com ; herve.kaffo@univ-dschang.org
*** St. Monica University, University of Bamenda, Cameroon ; sundjofabien@rocketmail.com

1. INTRODUCTION

Defined as the reallocation of economic activity across the three broad sectors of agriculture, manufacturing, and services, that accompanies the process of modern economic growth (Herrendorf et al., 2013), structural transformation is viewed as an indispensable way to a sustainable and inclusive economic growth. The classical sense of structural transformation as defined by Lewis (1954) and Kuznets (1955) refers to the movement of population and economic activity from agriculture to industry (Kanbur, 2017). Since productivity is higher in the manufacturing sector than in the agricultural sector, transfer of resources into manufacturing should normally provide the basis for higher rates of productivity-induced growth structures (Oyebanji and Kaushalesh, 2017). Globally, the contribution of the industry to structural change is at three levels: First, the industry is a high value-added sector into which labour can flow. Secondly, the important difference in productivity among industrial firms of a same branch offers the scope for further labour reallocation from less efficient to more efficient firms. Finally, the diversification and the sophistication of manufactured products influence the productivity's change and growth (Page, 2012).

Till date, national experiences of development without factories are very scarce and idiosyncratic to serve as a model (Cadot et al., 2016). Industrialization is a key determinant of economic growth in Africa (Opoku and Yan, 2019). In this way, industrialization of African countries constitutes a compulsory way to their economic development. Unfortunately, the structure of most Sub-Saharan economies has not changed much over the past forty years (African Center for Economic Transformation, 2014). Moreover, though structural transformation in most developed countries took the form of a transfer of resources from the primary sector to the secondary and tertiary sectors, it seems to have "bypassed" the secondary sector in Africa (Cadot et al., 2016). Consequently, the size of the industrial sector remains very small in Africa. Although the manufacturing value added created on the continent has evolved positively from $ 79 billion to $ 144 billion between 1990 and 2014, this evolution remains very modest compared to the world's manufacturing value added, which almost doubled during the same period (from $ 4753 billion to $ 9228 billion). Statistics show that Africa's share of global manufacturing value added is only about 1.6% in 2014 (UNIDO, 2016).

Therefore, what are the factors that justify such a slow industrialisation process in Africa? The economic literature provides some answers regarding the factors that explain the level of industrialization. Newman et al. (2016) in a comparative analysis between Africa and East Asia, highlight the key role of policy choices in explaining the difference in industrialization outcomes between the two groups. Martorano et al. (2017) found that a country's initial economic conditions, its factor endowments as well as other characteristics, such as demographic structure and geography are the drivers of industrialization in developing countries. Their study also sheds light on the role of factors that can be controlled by policy makers such as the financial sector development and the promotion of macroeconomic stability. The role of institutions in explaining nations' industrial performances is also documented. The successful industrialization and structural change of some Asian economies over recent decades was favoured by the setting up of a set of policies and institutional favourable conditions (Martorano et al., 2017). Good institutions improve business climate and stimulate investments. On the other hand, poor institutions could render difficult the building up of a solid industrial sector and complicate the leading of appropriate industrial policies (Beji and Belhadj, 2016).

The analysis of the impact of institutions on economic growth has been at the heart of a prolific literature (see Lloyd and Lee, 2016; for a review). By particularly stressing on the impact of institutions on economic growth, the pioneer works of North (1990) and Williamson (1995) provided a major breakthrough in the growth literature. In return, studies that test the impact of institutions on industrialization outcomes are rare. Moreover, there is no consensus on the magnitude of the industrial impacts of institutions in the literature. In fact, while some authors found a strong positive effect of institutions on industrialization outcomes (Anaman and Osei-Amponsah, 2009; Martorano et al., 2017), other authors concluded to an insignificant impact (Mensah et al., 2016; Beji and Belhadj, 2016; Guadagno et al., 2016). Regarding these mixed results and the few existing studies which analyse the implications of institutional quality on industrialization outcomes, more studies using different techniques and measures of institutional quality are useful in order to better understand the relationship between institutions and industrialization. This study is in line with this preoccupation and aims at assessing the impact of institutions on industrialization in Sub-Saharan Africa (SSA). The study makes several contributions: Firstly, unlike most existing works that use individual dimensions of institutional quality in their analysis, our study uses the principal component analysis to build a composite measure of institutional quality. Such measure seems to be more appropriate and more complete as it takes into account the multifaceted dimensions of institutions. To our knowledge, only Beji and Belhadj (2016) used such aggregate composite index built from the data of the International Country Risk Group database. However, we have gone beyond what these authors did by further breaking down the aggregate index into individual components, in order to check the effects of each component on industrialization. We analyse the effects of six individual institutional measures on industrialization assuming that, the nature and magnitude of the effects may vary. Secondly, this study uses 5-years average data to limit the noise in high frequency data originating from measurement error. Indeed, Dollar and Kraay (2003) demonstrate that annual fluctuations in macroeconomic variables are noisy indicators of the true underlying changes in these variables. Not taking into account such issue as it is the case in previous studies might yield biased estimates. Finally, the large coverage of the Worldwide Governance Indicators (WGI) used in the analysis allows us to consider 45 Sub-Saharan African countries.

In our study, several dynamic models are estimated. The data used cover the period 1997 to 2016. The findings clearly shed light on the positive and significant impact of institutional quality on industrial performances in Africa. The breaking down of the composite measure of institutional quality used in its different components which are: Voice and Accountability, Political Stability and Absence of Violence/Terrorism, Government Effectiveness, Regulatory Quality, Rule of Law, and Control of Corruption also suggests that they are individually correlated to industrial performances.

The remainder of the paper is organised as follows. Section 2 presents some related stylised facts. Section 3 presents the econometric specification and Section 4 the results. Section 5 concludes the study.

2. SOME STYLISED FACTS IN AFRICA

2.1. Structural transformation

Busse et al. (2019) demonstrate that structural transformation contributes significantly to growth in SSA. Though there are few countries like Mauritius and South Africa that have enjoyed structural changes in their economies from 2000 onwards, the transformation has been slow and limited in most of the countries because of lack of economic diversification, especially in countries that are over-dependent on natural resource extraction, and which are therefore vulnerable to external shocks (UNECA, 2016). If indeed, SSA suffers on average from a lack of diversification, it is largely due to countries rich in natural resources (Cadot et al., 2016). Some countries such as Tanzania, Uganda, and Kenya have experienced significant export diversification in recent times while many others have not (International Monetary Fund, 2014). The Theil index of export diversification developed by the International Monetary Fund shows that Equatorial Guinea, Republic of Congo, Nigeria, Libya, Sudan, and Angola are among the ten countries of the world with the smallest export products diversification in 2010. These countries are heavily dependent on oil rents.

Diversification is closely related to structural transformation, particularly in countries in the early stages of economic development (IMF, 2014). The evolution of the structure of the African economy over the past decades shows that in terms of sectorial composition, the industrial sector has registered poor performances. Figure 1 gives the evolution of the 5-years average real value added (% of GDP) of the different sectors in SSA.

Figure 1. Trend of the 5-years average real value added (% of GDP) of different sectors in SSA

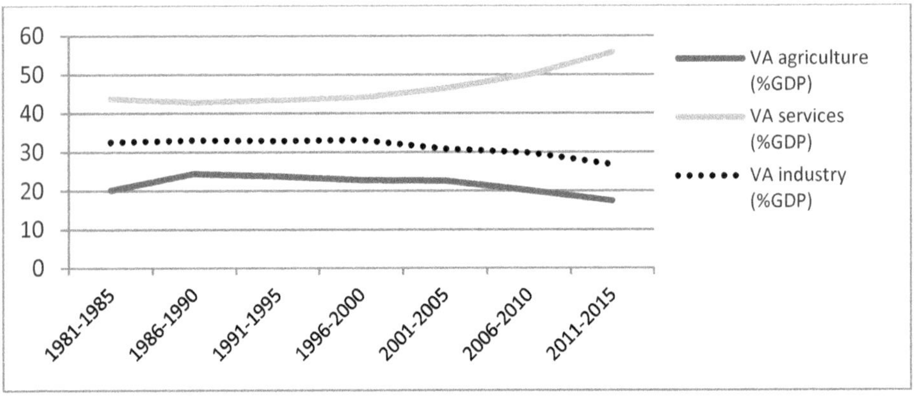

Source: Authors, based on data from the World Development Indicators.

Figure 1 shows that the service sector remains the dominant sector in Sub-Saharan economies. More so, it shows an increasing trend of the real value added of the services in SSA since 1990 after a relative constancy before that date. In contrast, the region has known a decreasing trend of the agriculture and industry value added in the overall period. As stated by Page (2012), Africa has deindustrialised since the 1970s. Data from the World Development Indicators (WDI) show that in 2016, the Sub-Saharan African countries with respectively highest and lowest industry value added (% of GDP) are Mauritius (76 %) and Sierra Leone (34%). The economies that had the most dynamic industrial sector in 2016, that is, the highest annual growth rate in proportion of the industrial value added in the GDP, are Tanzania, Cote d'Ivoire, Guinea, Ethiopia and Sierra Leone (11%, 15%, 16%, 20.55% and 27% respectively). Those with the lowest growth rates are Liberia, Equatorial Guinea, Nigeria, Namibia and Chad (-14%, -12%, -9%, -7% and -6% respectively).

The industrial sector includes the manufacturing and non-manufacturing sectors. The non-manufacturing sector mainly consists of the extractive industry. Studies tend to show that the manufacturing sector is the branch of activity which offers the most of opportunities in terms of sustainable growth, jobs and poverty reduction in Africa (UNCTAD and UNIDO, 2011). It is therefore interesting to see how the different sub-components of the industrial sector in general, and the manufacturing sector in particular has varied over time. Figure 2 shows that the trend of the 5-years average real value added (% of GDP) of the manufacturing sector is decreasing between 1981 and 2015.

Figure 2. Industrial sector: Trend of the 5-years average real value added (% of GDP) of manufacturing and non-manufacturing sectors in SSA

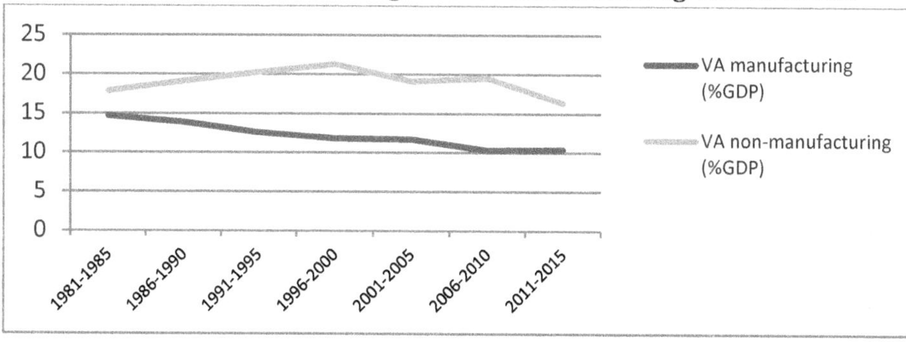

Source: Authors, based on data from the World Development Indicators.

Figure 3. Trend of the 5-years average share of employment in total employment for each sector in SSA

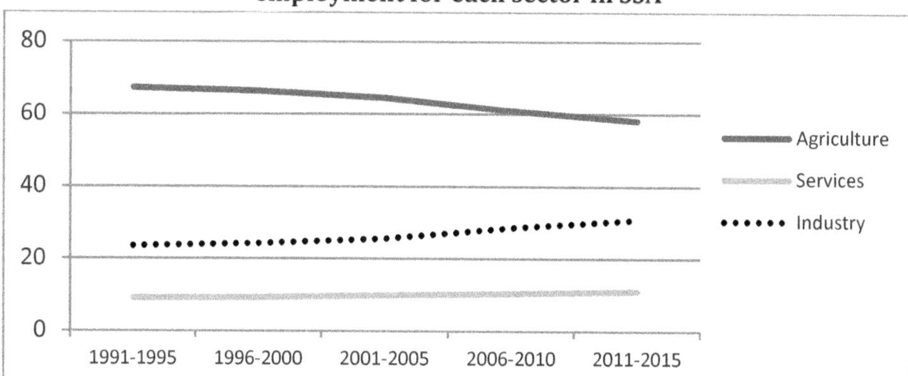

Source: Authors, based on data from the World Development Indicators.

It is also worth noting that the manufacturing sector accounts for the lowest share in the industrial sector. Its curve is below that of the non-manufacturing sector. Data from the World Development Indicators indicate that the average share of the manufacturing value added (% of GDP) over the period of 1981 to 2015 is only 12% (about 39% of the average share of the industry value added over the same period) while that of the non-manufacturing sector is 19% (about 61% of the average share of the industry value added over the period). The relative importance of the non-manufacturing sector is justified by the fact that most African countries have an economy which is scantily diversified and heavily dependent on mining.

Regarding the deployment of resources across different sectors, Figures 3 shows the trend of the 5-years average share of employment in total employment for each sector. Even if agricultural activities still involve most of the labour factor

(57% in 2015), there is a net decrease in the trend of the agricultural sector. In contrast, the proportion of employment in the services is in constant increase. The employment in the industrial sector has not varied significantly around its average of 10% over the period of 1991 to 2015.

Regarding the living standards of the population, industrialization in SSA seems to have evolved parallel to the living standard of the population. Figure 4 shows a correlation between the annual growth rates of the real value added of the industry, manufacturing and the real GDP per capita growth rates in SSA. The continent has registered interesting economic performances during the past few years. It has been growing at a rate of at least 5% over the past 15 years with leading countries such as Angola and Ethiopia, second only to the East and South Asian region (UNECA, 2016). Nevertheless, it turns out that Africa remains the poorest region of the world. Table A1 in the annex gives the classification of Sub-Saharan African countries according to their GNI per capita in 2016. It shows that of the 48 countries considered, 27 are classified as low-income countries, 15 as lower-middle-income economies, 5 as upper-middle-income economies, and only one as a high-income economy[1]. Such poor economic results translate into poor social and sustainable human development. For instance, excluding North Africa, Africa remains the most food deficient and has the lowest youth literacy rates of all regions of the world (UNECA, 2016).

Figure 4. Annual growth rates of the real GDP/capita and the real value added of industry and manufacturing in SSA

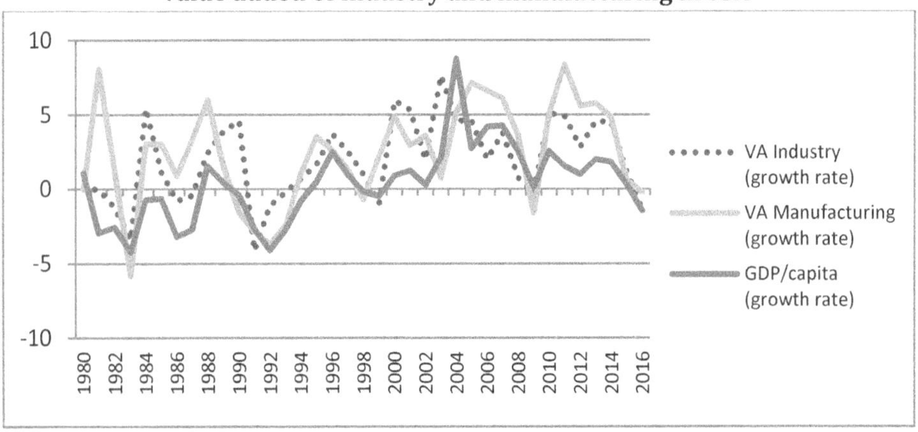

Source: Authors, based on data from the World Development Indicators.

2.2. Quality of institutions

Probably because of the natural resource curse that most African countries are experiencing due to their over-dependence on natural resource rents, they are usually looked upon as countries with weak institutional quality. Policy and institutional quality weakened in SSA amid a difficult global economic landscape and challenging domestic conditions (World Bank, 2017). Siba (2008) suggests that the poor institutional quality in Africa is due to factors such as colonial heritages, re-

[1] For the current 2018 fiscal year, low-income economies are defined as those with a GNI per capita (calculated using the World Bank Atlas method) of $1,005 or less in 2016; lower-middle-income economies are those with a GNI per capita between $1,006 and $3,955; upper middle-income economies are those with a GNI per capita between $3,956 and $12,235; high-income economies are those with a GNI per capita of $12,236 or more.

source curse and foreign aid dependence, political competition and constraints, and ethnic fractionalization.

Regarding *political stability*, it is said that the economic problems of Africa possess political origins (Humphreys and Bates, 2005). As shown in figure 5, Africa is the region of the world that has experienced the most important number of successful and attempted coups d'Etat in the world, followed by America. The continent recorded 37% (169 out of 467) of coups and attempted coups in the world between 1950 and 2010. Countries that have faced successful coups d'Etat in recent years include among others, Guinea-Bissau and Mali in 2012, Central African Republic and Egypt in 2013. Data from the Worldwide Governance Indicators show that the most unstable countries in 2016 (those that registered the lowest scores in terms of political stability) are, in increasing order: Burundi, Democratic Republic of Congo, Somalia, Sudan and South Sudan.

Figure 5. Instances of coup attempts, 1950 to 2010

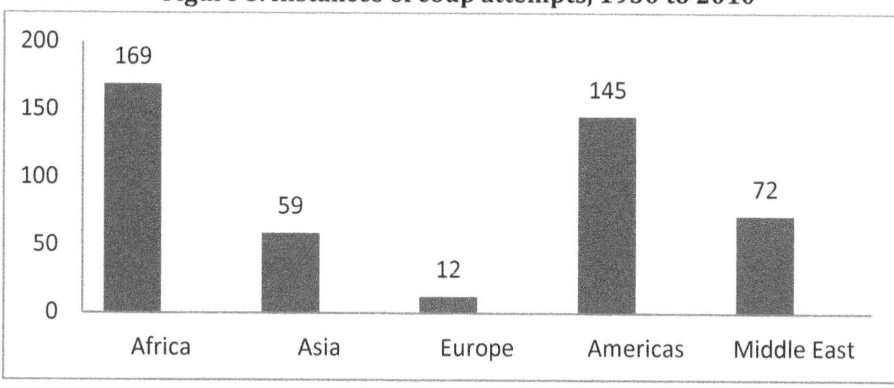

Source: Authors, based on data from Powell and Thyne (2011)

Regarding another indicator of institutional quality such as *corruption*, it turns out that it is one of the main indicators of institutional weakness of most African countries. Corruption has been presented in the literature as having fierce impacts on economic and social outcomes (see Dimant and Tosato, 2018 for a review). *Transparency International's Global Corruption Perceptions Index* shows that in 2016, most African countries had a score below 50%, indicating an endemic corruption situation. In particular, 39 Sub-Saharan African countries are characterized by endemic levels of corruption. In the *Worldwide Governance Indicators*, 34 of the 48 Sub-Saharan African countries belong to the lower half of countries classified according to low level of corruption. This ranking included 209 countries and territories. Table 1 below gives the scores and the ranking of the three highest and lowest corrupted Sub-Saharan African countries in 2016.

The *Worldwide Governance Indicators* ranking shows that in terms of *good governance*, the top less corrupted countries in SSA are: Botswana, Cape Verde, and Seychelles while in the *Transparency International* ranking which include 176 countries, it is Botswana, Cape Verde, and Mauritius[2]. It is also worth noting that the two world's most corrupt countries in the two rankings are from SSA.

Although it is a world's phenomenon, there are some evidences that corruption is widespread and increasing in the third world countries, particularly in Africa (Musila and Sigué, 2010). The increasing level of corruption in Africa is due to the level of institutional weakness in many African countries, the continuous decline in

[2] The Seychelles are absent from the Transparency International index in 2016.

the living standards of public servants associated with poor incentives in many African countries, and the blind eye often turned to corruptors by western countries. Therefore, the implementation and practice of principles of good governance is critical to achieving the structural transformation of Africa as they define the interaction among the various economic actors and stakeholders (UNECA, 2016). Good governance constitutes a pre-requisite in building an enabling environment for economic diversification (OECD and United Nations, 2011).

Table 1. Top three of the highest and lowest Sub-Saharan African corrupt countries in 2016

Transparency International Index	Countries	Somalia	South Sudan	Sudan	Mauritius	Cap. Verde	Botswana
	Score	10	11	14	54	59	60
	Ranking	176	175	170	50	38	35
Worldwide Governance Indicators	Countries	Eq. Guinea	Somalia	Sudan	Seychelles	Cap. Verde	Botswana
	Scores[3]	-1.81	-1.69	-1.61	0.79	0.88	0.93
	Ranking	209	208	206	49	44	42

Source: Authors, based on data from Transparency International and Worldwide Governance Indicators.

3. ECONOMETRIC SPECIFICATION

3.1. Estimation strategy

Following Guadagno et al. (2016), Mensah et al. (2016), Beji and Belhadj (2016), we adopt a dynamic specification to analyze the effects of institutions on industrialization in SSA. The use of a dynamic specification allows us to account for catch up or cumulativeness in the industrialization process and delayed effects of explanatory variables. The full sample comprises 45 SSA countries covering the period 1997-2016.

The baseline dynamic model is given by the following equation:

$$Y_{it} = a + \alpha Y_{it-1} + \beta Inst_{it} + X'_{it}\gamma + \varepsilon_{it} \tag{1}$$

where a, α, β, γ are the vectors of parameters to estimate. ε is an error term. Y_{it} is the dependent variable capturing industrialization and Y_{it-1} is the lagged variable. The manufacturing value added (% of GDP) is the main measure of industrialization used in the study. $isnt_{it}$ is the variable of interest capturing the institutional quality. X_{it} is the set of the control variables.

Our model as defined by equation (1) gives rise to an endogeneity issue that should be addressed. Not taking it into consideration might lead to biased estimates. Institutions are assumed to be endogenous in the model due to the causality that may run from institutions to industrialization and from industrialization to institutions. For instance, if good institutions may favour industrial development, industrialization and the improvement of the living standard that it entails is likely to make people less corrupt, and in general, more willing to set up better institutions. Because of such causality that may run in both directions, the explanatory variables of the model may be correlated with the error term. Measurement errors constitute another source of bias. Indeed, variables capturing institutions contain errors due to their subjective nature (Edison, 2003). Furthermore, the quality of institutions is not random in general. Rather, they are correlated to some unobserved characteristics that also determine the industrial performance. For all these

[3] The scores range from -2.5 (most corrupted) to 2.5 (least corrupted).

reasons, the estimation of our model by the ordinary least squares (OLS) technique is inconsistent. To cope with these issues, the estimation strategy will consist of using a Generalized Method of Moments (GMM) estimator suggested for the dynamics of adjustment that were developed by Arellano and Bover (1995) and Blundell and Bond (1998). The GMM addresses endogeneity among the variables by instrumenting them with their own lagged values.

3.2. The variables

Data on industrialization are from the *World Development Indicators*. As said earlier, the *manufacturing value added* (% of GDP) is the main measure used as proxy for industrialization. Since the industrial sector also involves activities other than manufacturing, we further used the *total industry value added* (% of GDP) to verify the robustness of our results. Total industry value added (% of GDP) and manufacturing value added (% of GDP) are the two main measures used in similar studies (Anaman and Osei-Amponsah, 2009; Adejumo et al., 2013; Guadagno, 2016; Beji and Belhadj, 2016...).

Our variable of interest is institutional quality. Defined by North (1991) as the *"humanly devised constraints that structure political, economic and social interaction"* institutions may be informal (sanctions, taboos, customs, traditions, and codes of conduct) or formal rules (constitutions, laws, property rights). In this study, we deal only with formal political institutions. Related data are from the *Worldwide Governance Indicators*. Several other datasets that capture institutions are used in previous studies. However, these datasets focus either on few dimensions of institutional quality (for instance, Transparency International's dataset focuses on corruption and Freedom House Index dataset focuses on political rights and civil liberties) or economic institutions (Heritage foundation dataset for instance). The WGI has the advantage to contain 6 variables measuring the quality of political institutions since 1996 with related values ranging from around -2.5 (worst institutional quality) to 2.5 (best institutional quality). It covers a wide range of countries and territories (200 precisely) contrary to the International Country Risk guide (ICRG) which only involves 140 countries and the widely used database Polity IV that only concerns 167 countries. The Principal Component Analysis (PCA) is used to build a composite measure of institutional quality. This composite index is calculated by applying the PCA to the following 6 variables: *Voice and Accountability, Political Stability and Absence of Violence/Terrorism, Government's Effectiveness, Regulatory Quality, Rule of Law, and Control of Corruption*. These different variables are subjective measures of institutions as they are based on data sources reporting the perceptions of governance of a large number of survey respondents and expert assessments worldwide. According to Kaufmann et al. (2010), *Voice and Accountability* refers to the extent to which the citizens are involved in the choice of their government, as well as freedom of expression, freedom of association, and free media. *Political Stability and Absence of Violence/Terrorism* refers to the likelihood of destabilizing or overthrowing of the government by unconstitutional or violent means, including politically-motivated violence and terrorism. *Government Effectiveness* is related to the quality of public services, the quality of the civil service and the degree of its independence from political pressures, the quality of policy formulation and implementation, and the credibility of the government's commitment to such policies. *Regulatory Quality* captures the ability of government to formulate and implement sound policies and regulations that permit and promote private sector development. *Rule of Law* refers to the level of confidence and observation of the citizens vis-à-vis the rules of society, and in particular the quality of contract enforcement, property rights, the police, and the courts, as well as the likelihood of crime and violence. Finally, the *Control of Corruption* measures the extent to which public power is exercised for private gain, including both petty and grand forms of corruption, as well as "capture" of the state by elites and private interests.

The institutional quality index constructed using the PCA is the first principal component of the vector of the six indicators of institution quality. This first principal component represents about 82% of the total variance in the original data. The construction of the institutional index has therefore reduced the dimension of the institutional quality indicator by five while preserving 82% of the information in the data. The results of the PCA are reported in table A2 in the annex.

The aggregate institutional quality index is normalised in order to obtain positive values that will allow us to have only positive values ranging from 0 to 1. This normalization is based on the following formula:

$$\mathrm{Inst}_N = \frac{Inst_G - \min(Inst_G)}{\max(Inst_G) - \min(Inst_G)} \qquad (2)$$

where $Inst_G$ is the gross indicator and Inst_N the normalized indicator.

In our analysis, the institutional index is further broken down into its different components to take into account the fact that each institutional component may have differentiated effects on industrialization.

Regarding the control variables, related data are from the *World Development Indicators*. The control variables include the *GDP per capita*. It is assumed that countries' industrial performances increase with GDP. Economic boom offers more opportunities for industries in terms of increasing purchasing power of consumers (and thus, the demand) that might boost their activities. However, to deal with the potential endogeneity of GDP per capita in the regressions, we consider its value at the beginning of the period (year 1997). This should help reduce a possible reverse causality bias that may arise from the share of manufacturing value added in the GDP to the subsequent levels of GDP/capita in each country. The inflation measured by the *annual growth of consumer prices* is also considered in the study. It is used as an indicator of macroeconomic instability. By assuming that investors prefer to invest in more stable economies that reflect a lesser degree of uncertainty, a negative impact of inflation on industrial output as found by Otalu and Anderu (2015) is expected. Another variable used in our analysis is the *total natural resource rents as share of GDP*. As largely documented in the resource curse literature, a high dependence on natural resources has detrimental effects on economic development (see Van Den Ploeg, 2011; Frankel, 2012; Roy et al., 2013; Papyrakis, 2016; for a review). Other control variables suggested by the literature that we consider in our study are: *Population size, Human capital* measured by the net school enrolment in the primary, *financial development* measured by the domestic credit to private sector (% of GDP) and the level of *infrastructures* measured by the Mobile cellular subscriptions (per 100 people). These four variables are expected to positively affect industrial performances. For instance, human capital is known as a key determinant of industrial development, unemployment reduction and increase of the supply of entrepreneurs in any economy (Adejumo et al., 2013).

Table A3 in the annex describes and provides descriptive statistics on the different variables. They show that the manufacturing value added (% of GDP) varies from 0.24% to 39% with an average of 11%. Also, the value added (of GDP) of the whole industrial sector ranges from 3% to 84% with a mean of 26%. As regards to institutional measures, Table A3 shows that the Political Stability and Absence of Violence/Terrorism is the institutional component with the highest average score (60%). The average composite index of institutional quality is 53%.

4. RESULTS

This section presents and discusses the results of our analysis. This analysis is carried out on a panel of 45 Sub-Saharan African countries (see the list of the 45 countries in Table A1 in annex). We begin by fitting a restricted version of our model where the explanatory variables are the institutions and the lagged of the dependent variable. The period of study (1997-2016) is divided into four sub-periods of five years each[4]. In our basic specification, all the variables are measured at the average of each sub-period.

Table 2 below presents the results of our first estimates. The dependent variable is the logarithm of the total manufacturing value added (% of GDP) and the variable of interest is the aggregate index of institutional variable. Estimates were carried out using both annual and 5-years average data.

Tableau 2. System-GMM estimates of composite index of institutional quality on manufacturing sector

Dependent variable: Logarithm of the manufacturing value added (% of GDP)		
	Annual data	5-years average data
Lag of manufacturing value added (% of GDP)	0.946***	0.908***
	(0.002)	(0.001)
Institutional quality	0.635***	2.228***
	(0.152)	(0.194)
Constant	0.095	-0.372***
	(0.098)	(0.118)
Observations	611	717
Number of countries	43	43
Hansen test of overid. restrictions	39.39	27.24

*Standard errors in parentheses *** p<0.01, ** p<0.05, * p<0.1.*

The results show that the coefficients associated with the lagged dependent variable and the institutional variables are positive and statistically significant at 1%. These results suggest that there is persistence in the structural change and industrialization process. They also suggest that good institutions positively affect industrialization. This confirms previous results suggesting a strong relationship between institutions on industrialization (Anaman and Osei-Amponsah, 2009; Martorano, 2017). Therefore, the enhancement of governance and related institutions are crucial for the industrial development in SSA. It has a central place in improving the quality of growth in many African countries (UNECA, 2016).

The industrial sector involves manufacturing and non-manufacturing activities. For robustness check and to test whether the effect of institutions also concern the whole industrial sector, we have replicated the estimates presented in table 2 using the logarithm of the total industry value added (% of GDP) instead of the manufacturing value added (% GDP). Such measure was also used by Adejumo et al. (2013), Otalu and Keji (2015) and Beji and Belhadj (2016). Mensah et al. (2016) used the logarithm of the real value added. The results of our replication are reported in table 3.

Table 3 also shows that the institutional variables have positive and statistically significant coefficients. This is a strong support to the evidence we have found so far about the positive correlation existing between the quality of institutions and the industrialization outcomes. The positive correlation between past and current levels of industrialization is also confirmed.

[4] The sub-periods are 1997-2001; 2002-2006; 2007-2011 and 2012-2016.

Table 3. System-GMM estimates of composite index of institutional quality on industrial sector

Dependent variable: Logarithm of the industry value added (% of GDP)		
	Annual data	5-years average data
Lag of Industry value added (% of GDP)	0.952***	0.948***
	(0.002)	(0.000)
Institutional quality	3.976***	0.186***
Constant	-1.064***	1.237***
	(0.046)	(0.059)
Observations	679	780
Number of countries	45	45
Hansen test of overid. restrictions	41.69	20.87

*Standard errors in parentheses *** p<0.01, ** p<0.05, * p<0.1.*

Table 4. Difference-GMM estimates with different components of institutional quality

Dependent variable: logarithm of the manufacturing value added (% of GDP)						
	1	2	3	4	5	6
Lag of manufacturing value added	0.938***	0.926***	0.934***	0.923***	0.914***	0.930***
	(0.00)	(0.003)	(0.002)	(0.003)	(0.001)	(0.001)
Control of corruption	0.421***					
	(0.054)					
Government's effectiveness		1.855***				
		(0.227)				
Political Stability			1.224***			
			(0.243)			
Regulatory quality				2.552***		
				(0.270)		
Rule of law					1.699***	
					(0.114)	
Voice and Accountability						0.341**
						(0.162)
Constant	0.341***	-0.248	-0.141	-0.665***	-0.151*	0.444***
	(0.0429)	(0.149)	(0.152)	(0.148)	(0.083)	(0.113)
Observations	717	717	717	717	717	717
Number of countries	43	43	43	43	43	43
Hansen test of overid. restrictions	25.73	24.64	26.32	23.24	26.68	26.78

*Standard errors in parentheses *** p<0.01, ** p<0.05, * p<0.1.*

In the following, we break down the aggregate index of institution into its individual components to check the robustness of our findings and the individual effects of these different components on industrialization. The nature and magnitude of the effects of each component on industrialization could be different. One could guess for instance that the extent to which the citizens are involved in the choice of their government, as well as freedom of expression, freedom of association, and free media (Voice and Accountability) matter less than Political Stability and Absence of Violence/Terrorism in the investment decisions. This conjecture is supported by some empirical evidences. For instance, most studies that use a democracy index as proxy for institutions conclude that its impact on industrial performances is not significant (Mensah et al., 2016; Guadagno et al., 2016). In contrast, studies using an indicator of political stability as proxy for institutions conclude to a strong association with industrialization (Anaman and Osei-Amponsah, 2009; Martorano et al., 2017). The individual dimensions of institutions used in the next estimates are: Voice and Accountability, Political Stability and Absence of Violence/Terrorism, Government's Effectiveness, Regulatory Quality, Rule of Law, and Control of Corruption. These variables are also normalised from 0 to 1. Therefore, the more their value is high, the more the quality of institutions is good. The results of the estimations carried out are reported in Table 4. The dependent variable is the logarithm of the manufacturing output and the 5-years average data are considered.

Table 4 shows that the six individual measures of institutional quality have positive and statistically significant coefficients. The variables that account the most in determining industrialization in SSA are Rule of law, political stability and absence of violence/terrorism, government's effectiveness and regulatory quality. Voice and Accountability is the institutional variable that seems to matter the least in the industrialization process of Sub-Saharan African countries.

Table 5: System-GMM estimates with control variables

Dependent variable: logarithm of the manufacturing value added (% of GDP)				
	1	2	3	4
Lag of manufacturing value added	0.904***	0.870***	0.867***	0.882***
	(0.002)	(0.004)	(0.009)	(0.009)
Institutional quality	0.507***	0.340**	1.256**	1.584***
	(0.077)	(0.164)	(0.517)	(0.578)
Natural resource rents	-0.023***	-0.034***	-0.040***	-0.027***
	(0.002)	(0.002)	(0.005)	(0.003)
Ln GDP0		0.089***	0.115	0.086*
		(0.017)	(0.084)	(0.049)
Consumer price index		-0.006***	-0.008***	-0.006***
		(0.0004)	(0.001)	(0.002)
Population size			0.428***	0.192**
			(0.111)	(0.085)
Human capital			0.003*	0.004***
			(0.001)	(0.001)
Financial development				-0.010
				(0.007)
Infrastructure				0.0005
				(0.002)
Constant	0.922***	1.533***	-5.905***	-2.636*
	0.057	(0.189)	(2.179)	(1.492)
Observations	717	682	667	653
Number of countries	43	42	42	41
Hansen test of overid. restrictions	32.900	37.350	35.320	33.590

*Standard errors in parentheses *** p<0.01, ** p<0.05, * p<0.1.*

So far, we have not considered the role of the control variables. Previous studies shed light on some possible variables that may have an impact on manufacturing output. We consider seven control variables in our next analysis: financial development, consumer price index, population size, GDP/capita, natural resource dependence, human capital and infrastructures. Population size and GDP/capita are expressed in their logarithmic form. The set of control variables are added gradually. The dependent variable remains the logarithm of the manufacturing output and the 5-years average data are considered for all the variables except the GDP. Table 5 reports the results.

In general, the results are consistent with the expectations. As with the results of the restricted model, the coefficients of the institutional and the lagged dependent variables remain positive and statistically significant in the different specifications. In column 1, only the resource dependency measure is introduced as additional explanatory variable in the model specified. The results show that heavy dependence on natural resources (approximated by the share of the natural resource rents in the GDP) has a negative impact on industrialization of Sub-Saharan African countries. Indeed, since the seminal works of Sachs and Warner (1995, 1999), several studies have shed light on the negative relation between natural resource and economic performances. The reason is not that natural resources are themselves detrimental to economic development; rather, they cause some distortions that serve as "transmission mechanisms" which in turn negatively affects economic growth (Behbudi, 2010). In column 2, the variables capturing the economic environment which are: initial GDP per capita and consumer price index, are added. As expected, the results suggest that countries with high levels of GDP per capita have high industrial performances. In contrast, having a bad macroeconomic stability (approximated by the consumer price index) has a detrimental impact on industrialization. In column 3, the variables on population (population size and level of human capital) are introduced. The coefficients of these variables are positive and statistically significant. Such results are justified by the fact that population size offers more market opportunities and developed human capital offers more skill workers that attract industrial investments. In column 4, the variables measuring the financial development and the level of infrastructure are introduced. The results show that their coefficients are however not statistically significant.

5. CONCLUSION

This study provides empirical evidence on the impact of institutions on industrialization in Sub-Saharan Africa. In a context where the development of industrial activities in Africa is still marginal, such analysis is important in the perspective of a harmonious structural transformation of the continent's economy. The study covers the period from 1997 to 2016. The principal component analysis was used to construct an aggregate index of institutional quality based on the six institutional variables from the Worldwide Governance Indicators. These variables are: Voice and Accountability, Political Stability and Absence of Violence/Terrorism, Government's Effectiveness, Regulatory Quality, Rule of Law, and Control of Corruption. The index was further broken down in its different components to investigate the specific effect of each component on industrialization. Our findings confirm the expected result suggesting a strong positive correlation between institutional quality and industrialization. Our findings are robust to various specifications and institutional measures. Improving the quality of African institutions will therefore allow the continent to perform better than its current 1.6% share of the world's manufacturing value added. In this perspective, a stable and peaceful environment favourable to industrial investments should be implemented. Such objective might be reached by putting in place an equitable social system of redistribution of the national wealth as well as a fair and transparent system of devolution of political power. Indeed, it turns out that the confiscation of resource rents and power by individuals or group of individuals have been the main cause of past and current conflicts observed in African countries (civil wars in Central African Republic and Cote d'Ivoire for instance). Political instability creates an environment that increases risks and reduces investments (Totouom, 2018). To address the question of corruption that constitutes one of the main institutional failures of African countries, a systematisation of sanctions against indelicate civil servants and reward of those doing their job with honesty and efficiency is required. The business environment in Africa suffers cruelly from the weakness of public services and the lack of a competent and attractive judicial framework. Corrupt public services create a legal and regulatory environment that does not reassure investors about the security of their investments (Totouom, 2018). In addition, a clear separation should be maintained between the executive and the judiciary in order to let judges discharge their duties in total independence.

REFERENCES

African Center for Economic Transformation, 2014, 2014 African Transformation Report-Growth with depth. http://africantransformation.org/wp-content/uploads/2014/02/2014-african-transformation-report.pdf

Adejumo A.V., Olomola P.A., Adejumo O.O., 2013, The Role of Human Capital in Industrial Development: The Nigerian Case (1980-2010), *Modern Economy*, 4, 639-651.

Anaman K.A., Osei-Amponsah C., 2009, Determinants of the output of the manufacturing industry in Ghana from 1974 to 2006, *Ghana Policy Journal*, 3, 69-89.

Arellano M., Bond S., 1991, Some tests of specification for panel data: Monte Carlo evidence and an application to employment equations, *The Review of Economic Studies*, 58, 277-297.

Beji S., Belhadj A., 2016, The Determinants of Industrialization: Empirical Evidence For Africa, *European Scientific Journal*, April, 219-239.

Behbudi D., Mamipour S., Karami A., 2010, Natural resource abundance, human capital and economic growth in the petroleum exporting countries. *Journal of Economic Development*, 35(3), 81-102.

Blundell R., Bond, S., 1998, Initial Conditions and Moment Restrictions in Dynamic Panel Data Models, *Journal of Econometrics*, 87, 115–43.

Busse M., Erdogan C., Mühlen H., 2019, Structural transformation and its relevance for economic growth in Sub-Saharan Africa, *Review of Development Economics*, 23, 33-53.

Cadot O., De Melo J., Plane P., Wagner L., Woldemichael M., 2016, Industrialization et transformation structurelle : l'Afrique subsaharienne peut-elle se développer sans usines ?, *Revue d'économie du développement*, 24(2), 19-49.

Dimant E., Tosato G., 2018, Causes and effects of corruption: what has past decade's empirical research taught us ? A survey, *Journal of Economic Surveys*, 32(2), 335-356.

Dollar D., Kraay A., 2003, Institutions, trade, and growth, *Journal of Monetary Economics*, 50(1), 133-162.

Edison H., 2003, Testing the links: how strong are the links between institutional quality and economic performance, *Finance and Development*, A Quarterly Magazine of the IMF, 40(2), 35-37.

Frankel J., 2012, The Natural Resource Curse: A Survey of Diagnoses and Some Prescriptions, *HKS Faculty Research Working Paper* Series RWP12-014, Harvard University.

Guadagno F., 2016, The determinants of industrialization in developing countries: 1960-2005, UNU-MERIT Working Papers, 2016-031.

Herrendorf B., Richard R., Valentinyi, 2013, Growth and Structural Transformation, Prepared for the Handbook of Economic Growth.
https://www.imf.org/external/np/seminars/eng/2013/SPR/pdf/rrog2.pdf

Humphreys M., Bates R., 2005, Political Institutions and Economic Policies: Lessons from Africa, *British Journal of Political Science*, 35(3), 403-428.

International Monetary Fund, 2014, Sustaining Long-Run Growth and Macroeconomic Stability in Low-Income Countries - The Role of Structural Transformation and Diversification, *IMF Policy Paper*, March.

Kanbur R., 2017, Structural Transformation and Income Distribution: Kuznets and Beyond, African Development Bank, Working paper series No 266.

Kaufmann D., Kraay A. Mastruzzi M., 2010, The Worldwide Governance Indicators: A Summary of Methodology, Data and Analytical Issues, *World Bank Policy Research Working Paper* No. 5430.

Kuznets, S., 1955, Economic growth and income inequality, *American Economic Review*, 45(1), 1-28.

Lewis, W. A., 1954, Economic Development with Unlimited Supplies of Labor, *Manchester School of Economic and Social Studies*, 22, 139-91.

Lloyd P., Lee C., 2018, A review of the recent literature on the institutional economics analysis of the long-run performance of nations, *Journal of Economic Surveys*, 32(1), 1-22.

Martorano B., Sanfilippo M., Haraguchi N., 2017, What factors drive successful industrialization? Evidence and implications for developing countries, Inclusive and Sustainable Industrial Development Working Paper Series WP 7.

Mensah J.T., Adu G., Amoah A., Abrokwa K.K., Adu J., 2016, What drives structural transformation in Sub-Saharan Africa, *African Development Review*, 28(2), 157-169.

Musila J. W., Sigué S. P., 2010, Corruption and international trade: A, empirical investigation of African countries, *The World Economy*, 33(1), 129-146.

Newman, C., Page, J., Rand, J., Shimeles, A., Soderbo, M. and Tarp. F. (Eds.), 2016, *Manufacturing Transformation Comparative Studies of Industrial Development in Africa and Emerging Asia*, Oxford: Oxford University Press.

North D. C., 1991, Institutions, *The Journal of Economic Perspectives*, 5 (1), 97-112.

OECD, United Nations, 2011, Economic Diversification in Africa: A Review of Selected Countries.

Opoku E.E.O., Yan I.K., 2019, Industralization as a driver of sustainable growth in Africa. *The Journal of International Trade and Economic Development*, 28(1), 30-56.

Otalu J. A, Keji Sunday Anderu, 2015, An Assessment of the Determinants of Industrial Sector Growth in Nigeria, *Journal of Research in Business and Management*, 3(7), 1-9.

Oyebanji Oyelaran-Oyeyinka, Kaushalesh Lal, 2017, *Structural Transformation and Economic Development: Cross Regional Analysis of Industrialization and Urbanization countries: Cross regional analysis*, Routledge.

Page J., 2012, Can Africa Industrialise?, *Journal of African Economies*, 21, AERC Supplement 2.

Papyrakis E., Gerlagh R., 2004, The resource curse hypothesis and its transmission channels. *Journal of Comparative Economics*, 32(1), 181-193.

Powell and Thyne, 2011, Global instances of coups from 1950 to 2010: A new dataset. *Journal of Peace Research*, vol. 48(2), 249-259

Roy B. C., Sarkar S., Mandal N. R., 2013, Natural Resource Abundance and Economic Performance - A Literature Review, *Current Urban Studies*, 1(4), 148-155.

Sachs, J. D. and Warner A. M., 1995, Natural Resources Abundance and Economic Growth, NBER Working Paper 5398, NBER, Cambridge, MA.

Sachs J. D., Warner A. M., 1999, The Big Push, Natural Resource Booms and Growth, *Journal of Development Economics*, 59(1), 43-76.

Siba E.G., 2008, Determinants of Institutional Quality in Sub-Saharan African Countries. School of Business, Economics and Law, University of Gothenburg. Working paper in Economics No 310.

Totouom F.L.A., 2018, Les obstacles au développement industriel de l'Afrique, L'*Actualité Economique*, 96(3).

UNCTAD et UNIDO, 2011, Le développement économique en Afrique, Rapport 2011.

UNECA, 2016, Measuring corruption in Africa: The international dimension matters, African report governance IV.

UNIDO, 2016, Industrial Development Report 2016, the Role of Technology and Innovation in Inclusive and Sustainable Industrial Development.

Van Den Berg Ploeg F., 2011, Natural Resources: Curse or Blessing?, *Journal of Economic Literature*, 49(2), 366-420.

Williamson. O. E., 1995, The Institutions and Governance of Economic Development and Reform, Proceedings of the World Bank Annual Conference on Development Economics 1994, 171-197.

World Bank, 2017, Country Policy and Institutional Assessment (CPIA) Africa : assessing Africa's policies and institutions, Washington, DC : World Bank Group.

World Bank, 2018, World Bank Country and Lending Groups.

ANNEX

Table A1. List of SSA countries

Low-income economies	Benin	Gambia	Rwanda
	Burkina Faso	Guinea	Senegal
	Burundi	Guinea-Bissau	Sierra Leone
	Central African Republic	Liberia	*Somalia**
	Chad	Madagascar	*South Sudan**
	*Comoros**	Malawi	Tanzania
	Congo, Dem. Rep	Mali	Togo
	Eritrea	Mozambique	Uganda
	Ethiopia	Niger	Zimbabwe
Lower-middle-income economies	Angola	Equatorial Guinea Ghana	São Tome and Principe
	Cameroon	Kenya	Sudan
	Cabo Verde	Lesotho	Swaziland
	Congo, Rep.	Mauritania	Zambia
	Côte d'Ivoire	Nigeria	
Upper-middle-income economies	Botswana	Mauritius	South Africa
	Gabon	Namibia	
High-income economies	Seychelles		

**Due to the lack of related data, these countries were not included in the empirical analysis.*
Source: World Bank (2018).

Table A2. Principal components/correlation

Component	Eigenvalues	Difference	Proportion (%)
Comp1	4.929	4.531	0.822
Comp2	0.398	0.100	0.066
Comp3	0.298	0.069	0.050
Comp4	0.229	0.144	0.038
Comp5	0.086	0.025	0.014
Comp6	0.060	/	0.010

Table A3. Description and statistics on the variables

Variables	Obs	Mean	Std. Dev.	Min	Max
Manufacturing, value added (% of GDP)	725	10.821	6.599	0.237	39.465
Industry, value added (% of GDP)	798	26.395	13.887	2.595	84.283
Composite measure of Institutional quality	805	0.528	0.193	0	1
Control of Corruption	806	0.398	0.204	0	1
Government Effectiveness	805	0.480	0.181	0	1
Political Stability and Absence of Violence/Terrorism	805	0.602	0.207	0	1
Regulatory Quality	805	0.513	0.171	0	1
Rule of Law	805	0.512	0.183	0	1
Voice and Accountability	805	0.500	0.232	0	1
Ln GDP per capita (1997)	1080	5.661	2.696	0	9.377
Domestic credit to private sector (% of GDP)	878	19.486	23.452	0.410	160.125
Consumer price index (2010=100)	862	89.789	65.504	0.095	1592.385
Total natural resource rents (% of GDP)	917	13.417	13.169	0.001	74.403
Ln population size	955	15.720	1.564	11.256	19.041
Infrastructure	942	32.990	38.180	0	162.384
Human capital	753	96.197	23.341	23.548	149.307

La transformation structurelle de l'Afrique subsaharienne : la qualité des institutions est-elle importante dans son processus d'industrialisation ?

Résumé - La transformation structurelle semble avoir « contourné » le secteur secondaire en Afrique. Or les expériences nationales de développement « sans usines » sont très rares et idiosyncrasiques pour servir de modèle (Cadot et al., 2016). Cet article étudie la transformation structurelle des pays d'Afrique subsaharienne en évaluant l'impact des institutions sur leurs performances industrielles. Les données utilisées pour estimer les différents modèles de panel dynamique sur la période 1997-2016 proviennent du *World Development Indicators* et du *Worldwide Governance Indicators*. Les résultats des estimations mettent en évidence le rôle des institutions comme un déterminant clé des performances industrielles des Etats africains. Les indicateurs de la qualité des institutions qui semblent avoir les effets les plus significatifs sur l'industrialisation sont la stabilité politique et l'absence de violence/terrorisme, la qualité du service public, la qualité de la régulation et l'Etat de droit. Une amélioration de la qualité des institutions pourrait permettre au continent africain d'accroître sa part dans la valeur ajoutée manufacturière mondiale qui n'est que de 1,6%.

Mots-Clés
Institutions
Industrialisation
Afrique Subsaharienne

COMPTE RENDU

Théophile Ahoua N'Doli, *Le réveil de l'éléphant d'Afrique*. Tome 1, *Côte d'Ivoire : Des élans maintes fois brisés*, Préface d'Alassane Ouattara, L'Harmattan Côte d'Ivoire, 2017, 276 p.

Théophile Ahoua N'Doli, *Le réveil de l'éléphant d'Afrique*. Tome 2, *Côte d'Ivoire : De l'effondrement au sursaut*, Préface d'Alassane Ouattara, L'Harmattan Côte d'Ivoire, 2017, 237 p.

Théophile Ahoua N'Doli est économiste et expose dans les deux tomes de son ouvrage « Le réveil de l'éléphant d'Afrique » le processus de développement économique de la Côte d'Ivoire depuis la période coloniale jusqu'à nos jours et les perspectives pour devenir une économie émergente. Ces deux ouvrages peuvent être considérés comme une référence pour la compréhension des soubresauts de la croissance et des politiques économiques et sociales ivoiriennes, et ce pour plusieurs raisons. D'abord, l'auteur explique l'évolution de l'économie ivoirienne sur une longue période avec des exemples clairs et concis. Ensuite, il met en exergue les différentes politiques économiques appliquées par les autorités avant et après l'indépendance du 7 août 1960. L'auteur analyse les défis à relever pour être une puissance économique en Afrique, voire parmi les pays en développement. Enfin, les livres d'Ahoua sont bien rédigés, clairement illustrés et accessibles à tout public.

Le tome 1 est structuré en cinq chapitres. Ahoua analyse la genèse et le fonctionnement de l'économie ivoirienne durant la période coloniale. Il expose notamment la transformation de la société lignagère en économie de marché. Cette transformation est abordée au niveau des institutions économiques et politiques. Cependant, force est de constater qu'il aborde le terme « institution » sans faire référence aux auteurs de la Nouvelle Economie des Institutions, notamment D. North. Cela aurait en effet permis de mieux comprendre le passage de la société lignagère à une économie de marché. Dans ce cas précis, il y a eu un changement des contraintes informelles (coutume, codes de conduite, totems, croyances, etc.) en des contraintes formelles (lois, droit de propriété privée, etc.). Rappelons que, pour North (1994, p. 360)[1], « les institutions sont des contraintes élaborées par les hommes pour structurer leurs interactions. Elles sont constituées de contraintes formelles[2], de contraintes informelles, et de dispositifs de mise en application. Toutes ensemble, elles définissent les structures des sociétés et des économies ». Ahoua fait aussi le bilan des structures d'activité (primaire, secondaire, tertiaire). L'auteur aurait toutefois dû analyser le bilan sectoriel en tant qu'une « économie de traite » caractérisée par la domination des exportations de café, cacao, banane, ananas et palmier à huile, etc. A titre d'exemple, la France est le principal partenaire commercial de la Côte d'Ivoire entre 1950 et 1960. Les parts de ce pays dans

---

[1] North D.C., 1994, "Economic performance through time", *American Economic Review*, vol. 84, n°3, pp. 359-368.

[2] Elles comprennent les règles politiques et juridiques (les constitutions, les lois, les décrets, etc.), les règles économiques (les droits de propriété) et les contrats. Quant aux contraintes informelles, elles concernent la culture, la croyance, l'idéologie, les conventions, les codes de conduite, etc. Leur pérennisation devient une cause de changement des contraintes formelles dans une économie de marché.

les importations ivoiriennes sont supérieures aux exportations. Elles oscillent entre 32% et 75% sur la décennie mentionnée.

Notre réflexion va à l'encontre de celle d'Ahoua affirmant le succès des plans économiques appliqués en Côte d'Ivoire, même si le taux de croissance économique moyen était de 7% sur la période de 1960 à 1980 (chapitre 2). Durant les vingt ans après l'indépendance de 1960, les autorités ivoiriennes ont appliqué trois plans économiques qui selon nous se sont soldés par un échec. Le premier plan quadriennal (1967-1970) a mis en œuvre une stratégie d'industrialisation basée sur la substitution des importations. Il fut un fiasco du fait des capacités d'absorption limitées du marché intérieur (Attébi, 1995, p. 43)[3]. Comme solution, la Côte d'Ivoire adopta un second plan quinquennal (1971-1975). Il consistait à obtenir une croissance économique tournée vers les marchés extérieurs afin de trouver des débouchés aux exportations des produits nationaux (café et cacao, etc.). Autrement dit, il s'agissait de valoriser les exportations. Le troisième plan (1976-1980) avait pour objectifs la modernisation de l'agriculture et le renforcement des infrastructures économiques de base. Ces objectifs n'ont pas été atteints. Au final, le modèle économique du pays repose sur une croissance extravertie, sur laquelle l'auteur n'insiste d'ailleurs pas. Le pays accueille une abondante main-d'œuvre immigrée pour travailler dans les plantations et construire les infrastructures ; il accueille aussi des cadres expatriés, des capitaux et des nouvelles technologies. De plus, la Côte d'Ivoire emprunte sur les marchés internationaux pour investir dans des projets à rentabilité douteuse, tels que les complexes sucriers (Chaléard, 2000, p. 49)[4].

De 1981 à 1993, on assiste à l'effondrement de la croissance économique. Cet effondrement est causé par la détérioration des termes de l'échange (avec la réduction des revenus de l'Etat qui s'ensuit) et l'endettement. Quant aux plans d'ajustement structurel (PAS) proposés par les institutions de Breton Woods, ils se sont soldés par de graves problèmes. Cette période a vu la pauvreté augmenter dans le pays (Michailof, 2005, p. 398)[5]. De 1985 à 1993, le taux de pauvreté de la population a triplé, passant de 10% à 31%, puis à 36,8% en 1995. Cette pauvreté s'est conjuguée à la famine dans les grandes villes ivoiriennes (Abidjan, Bouaké, Korogho, Daloa et Man). Ainsi, on a noté dans ces villes une baisse de 27% de l'apport nutritionnel par habitant, entre 1980 (2746 calories) et 1990 (2162 calories) (Attébi, 2011, p. 21)[6]. La pauvreté et la famine sont toutefois passées sous silence par l'auteur (chapitres 3 et 4).

Entre 1994 et 1999, on constate une relance économique, impulsée en partie par la dévaluation du franc de la communauté financière africaine (F. CFA), autrefois appelé le franc des colonies françaises d'Afrique, et créé le 26 décembre 1945 (chapitre 5). Or, alors qu'Ahoua prend position pour son maintien, d'autres considèrent que, de par son origine et son fonctionnement, cette monnaie témoigne en fait d'un lien postcolonial avec la France et les pays de la zone monétaire (Koulibaly, 2005, et Nubupko, 2007)[7]. Sans entrer dans le débat, elle devrait à terme céder

[3] Attébi D., 1995, *Le défi africain. L'urgence d'une alternative économique en Côte d'Ivoire*, L'Harmattan, Paris.

[4] Chaléard J.-L., 2000, « Les derniers carrés de chocolat. La fin d'un système économique-politique en Côte d'Ivoire ? », *Afrique Contemporaine*, n°193, pp. 45-55.

[5] Michailof S., 2005, « Côte d'Ivoire : bienvenu sur le Titanic ! », *Commentaire*, n° 110, pp. 393-403.

[6] Attébi D., 2011, *Du miracle économique à la crise politique en Côte d'Ivoire*, L'Harmattan.

[7] Koulibaly M., 2005, *Les servitudes du pacte colonial*, Abidjan, CEDA/NEI. Nubupko K., 2007, Politique monétaire et servitude volontaire. La gestion du franc CFA par la BCEAO, *Politique Africaine*, n° 105, pp. 70-84.

la place à la monnaie unique de la Communauté Economique des Etats de l'Afrique de l'Ouest (CEDEAO), à savoir l'ECO.

Le tome 2, organisé en quatre chapitres, décrit l'état de la Côte d'Ivoire depuis l'année 2000 et envisage les perspectives économiques futures du pays. L'auteur explique la décennie de la crise socio-politique et ses conséquences entre 2000 et 2010 (chapitre 1). Il omet néanmoins d'y analyser les causes réelles de ce conflit, à savoir la crise économique, l'explosion démographique et le concept d'ivoirité (Dago, 2016, pp. 57-69)[8].

Ainsi, Ahoua se concentre sur la relance économique, à partir de 2012. Celle-ci s'explique par la mise en œuvre du programme national de développement (PND, 2012-2015/2016-2020), par la réalisation des grands travaux et par la sortie des pays pauvres très endettés (PPTE) en juin 2012 (le pays bénéficie maintenant d'une réduction substantielle du stock de sa dette extérieure). Mais cette embellie économique masque le faible niveau de développement humain (l'IDH se situe à 0,462 en 2014 et la Côte d'Ivoire occupe la 172ème place sur 187 pays[9]), le taux de pauvreté est de près de la moitié de la population (46,3%, en 2015), un taux de chômage élevé chez les jeunes diplômés (17,1% contre une moyenne nationale de 7% en 2015) ainsi que la cherté de la vie (Akindès, 2017, pp. 22-25)[10]. De surcroît, on note une fragilité de la cohésion sociale due au non-achèvement du processus de Désarmement Démobilisation et Réinsertion (DDR) des ex-combattants rebelles des Forces Nouvelles (y compris les miliciens de l'ex-régime d'Abidjan), du processus de la réconciliation nationale et des milliers de réfugiés ivoiriens à l'intérieur du pays comme dans la sous-région ouest-africaine.

En résumé, l'auteur tente de faire le bilan en considérant cinq phases de l'évolution de l'économie ivoirienne de 1960 à nos jours. Ces cinq phases sont mises en relation avec la métaphore de l'éléphant (emblème de la Côte d'Ivoire). Il permet de mieux appréhender les titres des deux tomes de l'ouvrage. Après un démarrage impressionnant de l'éléphant sur les vingt ans glorieux (1960-1980), on assiste à son trébuchement deux décennies plus tard (1981-2011)[11], malgré un bref relèvement entre 1994 et 1998. A partir de 2012, l'éléphant se relève et accélère pour rattraper le temps perdu.

Enfin, nous terminerons sur les défis à relever pour que la Côte d'Ivoire selon l'auteur puisse devenir une économie émergente. Les dix-huit défis dont parle Ahoua N'Doli sont plutôt des recommandations. Il s'agit des investissements productifs judicieux à réaliser par l'emprunt (1), de l'enjeu de la mobilisation de l'épargne intérieure (2), de l'accès des PME-PMI au crédit (3), de la formalisation du secteur informel (4), de la disponibilité et du bon usage d'un capital humain de qualité (5), d'un développement durable face au changement climatique (6), du développement de l'économie numérique (7), de la lutte contre le chômage des jeunes (8), de la quête de compétitivité et de débouchés extérieurs (9), de la question de la performance du système statistique national (10), de la sécurisation du domaine foncier rural et urbain (11), d'une production énergétique suffisante et de qualité (12), du passage d'une économie agricole à une économie à dominante

---

[8] Dago G.J., 2016, *Histoire économique et sociale de la Côte d'Ivoire de 1843 à nos jours*, L'Harmattan Côte d'Ivoire.

[9] PNUD, Rapport sur le développement humain 2015, où figure un classement annuel de l'Indice de Développement Humain par continent et par pays.

[10] Akindès F., 2017, On ne mange pas les ponts et les goudrons : les sentiers sinueux d'une sortie de crise en Côte d'Ivoire, *Politique africaine*, vol. 4, n° 148, pp. 5-26.

[11] L'éléphant trébuche durant les années de crise économique de 1981 à 1993. Il s'affaisse totalement pendant la décennie de crise socio-politique entre 2000 et 2011.

industrielle (13), d'une croissance inclusive (14), de l'intégration régionale dans un contexte de problèmes sécuritaires sous-régionaux (15), de la bonne gouvernance (16), du civisme (17) et de l'achèvement du processus de réconciliation nationale (18). Cependant, Ahoua ne fixe pas les échéances de la transformation socio-économique et politique. Selon Kuyo (2013, pp. 42-43)[12], la durée nécessaire à la Côte d'Ivoire pour atteindre le niveau d'un pays émergent, d'après les principes de la théorie du rattrapage, serait de vingt ans. L'année 2012 fut celle de référence de ces calculs. L'émergence de la Côte d'Ivoire ne serait pas possible à l'horizon 2020 (comme annoncée par les autorités ivoiriennes depuis 2011), mais plutôt dans les années 2030.

Un autre défi attend prochainement la Côte d'Ivoire. A l'approche des élections présidentielles de 2020, le jeu politique est marqué par la recomposition de la classe politique. Les conditions sont-elles réunies pour que le pays évite de plonger dans un autre conflit électoral ?

En conclusion, par les problèmes abordés, les analyses données et les questions soulevées, ces deux livres sur la Côte d'Ivoire méritent à différents titres d'être lus aussi bien par les étudiants, les universitaires que les professionnels.

Guéby Joseph DAGO
Université Jean Lorougnon Guédé,
Daloa, Côte d'Ivoire
LAREG, LED, Université de Paris 8

[12] Kuyo S., 2013, *Côte d'Ivoire, pays émergent à l'horizon 2020 : mythe ou réalité*, Abidjan, CDM Edition.

REVUE RÉGION ET DÉVELOPPEMENT

Site Web : www.regionetdeveloppement.org

Recommandations aux auteurs

La Revue Région et Développement publie en français ou en anglais des articles originaux, des notes et documents et des comptes rendus de lecture. Pour soumission à publication, l'auteur doit adresser à la rédaction de la revue le texte par courrier électronique (ou le manuscrit dactylographié en deux exemplaires). La présentation des chapitres, des références bibliographiques et des notes de bas de page doit être conforme à celle de la revue. Les articles doivent être accompagnés d'un résumé en français et en anglais d'une dizaine de lignes, des mots-clés correspondants et de la classification du JEL. Le nom de l'auteur, l'institution à laquelle il appartient et l'adresse complète doivent figurer en page de garde.
Les articles proposés à la revue Région et Développement sont évalués par le Comité de rédaction puis soumis de manière anonyme à un ou deux referees. L'auteur reçoit un rapport d'évaluation, lui aussi anonyme, concluant à publication, révision ou refus.
Après avis favorable à la publication dans la revue, il sera demandé à l'auteur un envoi par mail du texte en Word (y compris figures, tableaux et formules mathématiques compatibles avec Word 2010).

Les propositions d'articles doivent être adressées à la rédaction de la revue :

Professeur Maurice Catin
Revue Région et Développement
Université de Toulon
Laboratoire d'Economie Appliquée au Développement (LEAD)
Faculté de Sciences Économiques et de Gestion
70 Avenue Roger Decouvoux - 83000 Toulon

Mail : maurice.catin@univ-tln.fr

BULLETIN D'ABONNEMENT

Revue Région et Développement

• **Je désire souscrire un abonnement pour l'année 2019 (deux numéros) :**

☐ France, DOM-TOM : 44 € ☐ Étranger : 47 €

• **Règlement :**

Pour la France

- Chèque bancaire
- Virement sur le compte *CCP 23 625 44 N Paris*
- Paypal sur le lien *paiement.harmattan.fr*
- Carte Bancaire sur le lien *paiement.harmattan.fr*

Pour l'étranger

- Virement (en euros uniquement) sur le compte *CCP 23 625 44 N Paris*
- Paypal sur le lien *paiement.harmattan.fr*
- Carte Internationale Visa/Mastercard sur le lien *paiement.harmattan.fr*

Nom et Prénom : ....
Adresse : ....
....
Code Postal : .... Ville : ....
Pays : ....
Date : Signature :

Ce bulletin d'abonnement à la revue Région et Développement et votre règlement sont à retourner à :

Éditions L'HARMATTAN - 7, rue de l'École-Polytechnique, 75005 PARIS
Tél. : 01 40 46 79 14 - fax : 01 43 29 86 20 - site web : www.editions-harmattan.fr

Abonnement annuel : 2 numéros
France, DOM-TOM : 44 € ; Étranger : 47 €

Structures éditoriales du groupe L'Harmattan

L'Harmattan Italie
Via degli Artisti, 15
10124 Torino
harmattan.italia@gmail.com

L'Harmattan Hongrie
Kossuth l. u. 14-16.
1053 Budapest
harmattan@harmattan.hu

L'Harmattan Sénégal
10 VDN en face Mermoz
BP 45034 Dakar-Fann
senharmattan@gmail.com

L'Harmattan Cameroun
TSINGA/FECAFOOT
BP 11486 Yaoundé
inkoukam@gmail.com

L'Harmattan Burkina Faso
Achille Somé – tengnule@hotmail.fr

L'Harmattan Guinée
Almamya, rue KA 028 OKB Agency
BP 3470 Conakry
harmattanguinee@yahoo.fr

L'Harmattan RDC
185, avenue Nyangwe
Commune de Lingwala – Kinshasa
matangilamusadila@yahoo.fr

L'Harmattan Congo
67, boulevard Denis-Sassou-N'Guesso
BP 2874 Brazzaville
harmattan.congo@yahoo.fr

L'Harmattan Mali
Sirakoro-Meguetana V31
Bamako
syllaka@yahoo.fr

L'Harmattan Togo
Djidjole – Lomé
Maison Amela
face EPP BATOME
ddamela@aol.com

L'Harmattan Côte d'Ivoire
Résidence Karl – Cité des Arts
Abidjan-Cocody
03 BP 1588 Abidjan
espace_harmattan.ci@hotmail.fr

L'Harmattan Algérie
22, rue Moulay-Mohamed
31000 Oran
info2@harmattan-algerie.com

L'Harmattan Maroc
5, rue Ferrane-Kouicha, Talaâ-Elkbira
Chrableyine, Fès-Médine
30000 Fès
harmattan.maroc@gmail.com

Nos librairies en France

Librairie internationale
16, rue des Écoles – 75005 Paris
librairie.internationale@harmattan.fr
01 40 46 79 11
www.librairieharmattan.com

Librairie l'Espace Harmattan
21 bis, rue des Écoles – 75005 Paris
librairie.espace@harmattan.fr
01 43 29 49 42

Lib. sciences humaines & histoire
21, rue des Écoles – 75005 Paris
librairie.sh@harmattan.fr
01 46 34 13 71
www.librairieharmattansh.com

Lib. Méditerranée & Moyen-Orient
7, rue des Carmes – 75005 Paris
librairie.mediterranee@harmattan.fr
01 43 29 71 15

Librairie Le Lucernaire
53, rue Notre-Dame-des-Champs – 75006 Paris
librairie@lucernaire.fr
01 42 22 67 13

www.ingramcontent.com/pod-product-compliance
Lightning Source LLC
LaVergne TN
LVHW021237061026
849535LV00008B/3095
* 9 7 8 2 3 4 3 1 9 0 0 9 9 *